中等职业教育通用基础教材系列

引 领 成 长

主　编　张文改
副主编　祖　蕾　仲志远　姜永姝　张凤益
参　编　赵俊华　高　婷　李　慧　赵　一
黄炳华　胡潇文　吴建军

中国人民大学出版社
·北京·

图书在版编目（CIP）数据

引领成长/张文改主编．—北京：中国人民大学出版社，2015.7
中等职业教育通用基础教材系列
ISBN 978-7-300-21656-0

Ⅰ.①引…　Ⅱ.①张…　Ⅲ.①素质教育－中等专业学校－教材　Ⅳ.①G711

中国版本图书馆 CIP 数据核字（2015）第 155865 号

中等职业教育通用基础教材系列
引领成长
主　编　张文改
副主编　祖　蕾　仲志远　姜永姝　张凤益
参　编　赵俊华　高　婷　李　慧　赵　一　黄炳华　胡潇文　吴建军
Yinling Chengzhang

出版发行	中国人民大学出版社		
社　　址	北京中关村大街 31 号	**邮政编码**	100080
电　　话	010－62511242（总编室）		010－62511770（质管部）
	010－82501766（邮购部）		010－62514148（门市部）
	010－62515195（发行公司）		010－62515275（盗版举报）
网　　址	http：//www.crup.com.cn		
经　　销	新华书店		
印　　刷	北京昌联印刷有限公司		
规　　格	185 mm×260 mm　16 开本	**版　　次**	2015 年 7 月第 1 版
印　　张	13.25	**印　　次**	2023 年 2 月第 5 次印刷
字　　数	228 000	**定　　价**	38.20 元

青春寄语

青春如此短暂，光阴飞逝如箭，抓住它，它就是机会；描绘它，它就是彩虹。青春如流星，虽转瞬即逝，也要划破黑暗，光照人间。青春是人生中最美丽的时光。如果好好把握，前途将是一片光明；如果浪费了，你将后悔莫及。青春充满希望和阳光，青春充满快乐和甜蜜，青春需要你用热情和勤奋去灌溉。青春不会常在，希望你能珍惜。在我小小的心里，种着一个名字，像悠悠岁月里一棵常青树，悄悄生长着思念，悄悄生长着深情。我们的友情，是生活的结晶，比宝石还要纯净，比黄金还要珍贵。愿我们的友谊如太阳与大地的结合一样自然、一样自由、一样充满生机。青春是一首小诗，我相信我们的前程将开满鲜花，散发出最迷人的气息。青春是我们生命中最灿烂的时期。善良者最快乐，最幸福，最富有。有行动，一切皆有可能。昨天，我还是一名天真幼稚的小学生，岁月稍纵即逝，在激情飞扬的青春怎能不努力创造美好的未来呢？不是因为有些事情难以做到而失去自信，而是因为失去自信，有些事情才难以做到。自信的价值无法估量。把握青春、抓住时机就等于创造财富。海到无边天作岸，山登绝顶我为峰。让我们一起高唱青春的壮歌，敞开尘封已久的心扉，共同开创美好的未来。青春无权享受，青春无权闲适，青春只有证明，青春只有奋斗！

青春，流露着浓浓的诗情画意；青春，散发出淡淡的清香幽情。青春里拥有难以忘怀的篇目，也有不堪回首的章节。对拥有青春的你，我将送你一句话：青春是生命之晨，要珍惜自己的青春，不要轻言放弃，让你的青春绽放出别样的光彩。青春的幻想既狂热又可爱。青年是时代的浪潮。人由少年逐渐走向老年是自然规律。少年会变成青年，青年会变成壮年，宛若大海的巨浪，任何力量也无法阻挡，又似地球的自转，永远不可能停止。青年们必将以势如破竹之势进入下一个时代。生命本是一泓清泉，只有挑战自我的人才能品味出其中的甘洌；生命本是一部史书，只有挑战自我的人才能体味出其中的浩荡；生命就像一首优美的歌曲，只有挑战自我的人才能谱写出优美的旋律。人生，没有过不去的坎，你不能站在坎边等它消失，只能想办法迈过它；人生，没有永远的伤痛，再深的痛，伤口也会痊愈。青春时代是一个短暂的美梦，当你醒来时，它早已消失得无影无踪。我是一个平凡的人，虽平凡但不平庸，我只是在等，等待化蛹为蝶的那一刻。不要幻想人生一帆风顺，要培养自己敏锐的洞察人世的能力。知识是一种力量，切不可轻易妥协、苟且偷生，而应该用勇气和智慧与社会搏斗，在艰难困苦的磨砺中成长。社会确实矛盾重重，需要解决的问题堆积如山。但是，倘若把一切都归咎于人世，就没有真正意义上的自我成长。我们要做的就是使自己具有力量，不在世俗中随波逐流，成为一个推动社会进步、改变环境的人。人必须革命，当你很认真地去奋斗，但没有取得辉煌的成绩时，是否应该考虑舍弃一些东西。人的生命是有限的，只有把有限的时间和精力相对集中地投入到某一个具体的人生目标上，才有可能成功。

青春是什么，每个人都有自己的见解。我们只是借着青春的名义再肆无忌惮一次，用时光绘画着未来的颜色，用汗水打造着理想的殿堂，用岁月承载着曾经的梦想，再将它们一一打磨，雕刻成最美丽的模样。我们只是想让这青葱的岁月留下些回忆，这样的回忆，是能够让我们在多年之后笑着流泪，并且说“我不曾后悔”。抬头看看天，看乌云的缝隙里钻出的斑驳阳光，重新拾起前行的勇气和信心；回首望望来时的路，想想丢下了什么，还有什么可以丢下，只要心灵轻松些，任何放弃都是一种努力。坚定地走吧，毕竟梦想在远方，未来在远方，终点也在远方。生命对每个人来说只有一次，而青春则是这仅有的一次生命中易逝的一段。我坚信：流星虽然短暂，但在它划过夜空的一刹那，已经点燃了最美的青春。这让我们肩负起历史的使命，让身体里流淌的血液迸发出激情！让我们都做夜空下那颗闪亮的星星吧！青春是美妙的，挥霍青春就是犯罪。青春给予我们激情，我们就要热烈地去拥抱生活；青春给予我们力量，我们就要执着地拼搏追求；青春给予我们思考，我们就要理智地做人处世；青春给予我们勇气，我们就要无畏地接受挑战……青春给予我们一切，我提醒自己，要以最成功的姿态回报青春。

目录

第1章 致青春——非常“90后”

1.1 个性青春

读一读

案例一：发微博泄露机密　被辞退并成被告

小美是刚刚参加工作的“90后”女孩，在一家通讯科技公司担任设计师助理，从事智能手机的研发工作。在小美入职之初，公司专门就商业保密问题对新员工进行了培训，同时在劳动合同中约定，一旦泄露公司核心商业机密，公司有权解除劳动关系并要求赔偿损失。

小美平时爱玩微博，去年8月，她将在实验室的自拍照片上传至微博，但照片背景中有一款公司新研发的智能手机实验机型。照片被大量转发后，导致该款智能手机实验机型被提前曝光，影响了该通讯科技公司的商业推广计划。为此，该公司将小美辞退，并通过诉讼程序向小美索要赔偿。

案例二：伪造假条看球赛　被公司发现开除

小夏是去年7月刚刚走出大学校园的“90后”职场新人，在一家建筑监理公司工作。他平时酷爱足球运动，经常熬夜看球赛。去年8月恰逢伦敦奥运会足球决赛，小夏为了看球赛，通过网络购买了一张病假证明，并向单位请病假一周。

建筑监理公司人事部门核实后，发现小夏提交的病假证明是伪造的。考虑到建筑监理工作对员工诚信度的高要求，依据单位的规章制度，该公司决定与小夏解除劳动关系。因为一时的侥幸心理而被单位开除，小夏懊悔不已。

案例三：看不上基层岗位　不计后果频“闪辞”

小梁1992年出生，本科学历，专业为市场营销。前年下半年，小梁经过层层选拔，成为一家奢侈品牌销售公司的管理培训生。培训结束后，小梁被派到公司下属专卖店担任店员，并被告知考核合格后可晋升为高级店员，如果连续年度销售业绩较佳，还可以被推荐为店长乃至区域经理。

“虽然公司品牌好，可是要从基层做起，起点太低了。”于是工作两个月后，小梁就离开了这家公司。去年小梁入职一家IT公司销售部，但工作3个月后，又因工作环境与理想中的职业状态差异较大，再次离职。

想一想

每个人都有自己的个性，每个人都会在社会舞台上扮演特定的角色。然而个性与角色有时候会产生矛盾。就在个性与角色的和谐与不和谐中，人生演绎出一幕幕得失、荣辱、成败的精彩戏剧。当下“90后”主张个性生活，活出自我，不拘泥于条条款款。但是当你的“个性”给你带来“麻烦”时，自己将何去何从？

讲一讲

个性也可称为性格或人格，是在一定的社会条件和教育影响下形成的比较固定的特性。它是事物的特殊性，一切个性都是有条件的、暂时存在的，所以是相对的。张扬个性就是着重强调和突出自身区别于其他个体的具有优势的方面，我们提倡张扬个性、发展个性，这样才能使自身得到全面和长远的发展，从最大意义上实现自身的人生价值。

社会这个大舞台上的角色都是由富有个性的我们来充当的。当社会需要我们时，我们的个性就有了用武之地，个性与角色处于和谐之中，我们就会演绎出精彩的人生；当很多人同时看中社会大舞台上的某一个角色，并有能力去扮演它时，个性与角色便处于矛盾之中。要处理好个性与角色的关系，首先要充分认识并努力张扬自己的个性，其次要正确认识社会的需要，努力寻找两者之间的切合点，使之和谐统一。

议一议

案例：“90 后”创业者成为总理座上宾

来自汕头的“90 后”创业者王锐旭因为“总理座上宾”而声名鹊起。

2015 年 1 月 27 日上午，“90 后”广州九尾信息科技公司 CEO 王锐旭和其他九位代表一起，在中南海与李克强总理面对面，对《政府工作报告（征求意见稿）》提出意见和建议，现场获得了李克强总理盛赞：“非常欣赏年轻人白手起家”。

王锐旭的创业项目叫“兼职猫”，这是一个一句话就可以介绍清楚的 APP：大学生的兼职招聘平台。他的“九尾科技有限公司”估值已经过亿元。

你如何看待案例中主人公的成功？

总结升华

“90 后”出生时，改革开放已经显现出明显成效，是中国信息飞速发展的年代。所以，“90 后”可以说是信息时代的优先体验者。受中国计划生育政策的影响，“90 后”普遍为独生子女。由于时代的发展和变化，“90 后”的思想和理念与老一辈中国人有很大的不同。虽然社会上不乏对“90 后”的批评，但“90 后”的社会价值也渐渐得到了许多人的认可。在 1990 年后出生的中国公民中，“95 后”以年轻、活跃、勇于接受新鲜事物的态度，被大众定义为“玩得酷靠得住”的一代。“95 后”“玩得酷靠得住”的性格标签也逐渐成为 90 后这一代人共同的先锋宣言。

一、“90 后”特点

1. 性格特点

（1）平均智商超过了以前的同龄人，好奇心强、接受新生事物的能力强；

（2）很多人都有一技之长；

（3）自信又脆弱，敏感而自私；

(4) 往往具有成年人很难理解的古怪爱好；

(5) 内心世界：从童年就开始变“老”，更加懂得成人世界的规则；

(6) 比较了解中国社会的主流思想和价值观，且价值观更加现实；

(7) 市场消费观念强烈，但名利作用被过分强化；

(8) 张扬自我个性，相对比较缺乏团队忠诚感；

(9) 拥有网络时代的广阔事业，信息和知识丰富，但内心有时较为空虚；

(10) 内心比较孤独，渴望得到更多的朋友；

(11) 有自己独特的思考能力和办事准则，喜欢推陈出新。

2. 能力特点

“90后”一般自视甚高，也很聪明，学习能力较强，自我评价普遍较高。

3. 情绪特点

“90后”追求快乐，很有活力，遇到问题比较淡定，很多时候“70后”的行为在他们眼里就是“很幼稚”。

4. 兴趣特点

兴趣爱好广泛，放得开。有时候很“自我”，受环境的影响较小。

5. 动机特点

很现实，事业和家庭并重，金钱和名誉齐飞。

二、“90后”性格缺陷

(1) 很多孩子学习上比较焦虑。

(2) 自私且承受挫折能力弱：“90后”大多数是独生子女，有些“90后”会不自觉地流露出自私的一面，做事往往只考虑自己不考虑别人；承受挫折的能力相对较弱，甚至遇到小的事情也会有很大的情绪反应，并会采取过激的行为。

(3) 嫉妒心比较强：有些“90后”嫉妒心比较强，看不惯别人比他（她）强，“我没有的别人不能有，不允许别人比我‘拽’”，否则他们就会做些小动作，甚至会想方设法让你“拽不起来”。

(4) 有强烈的反叛意识：许多“90后”学生有自己的观点，敢于反抗，对父辈、学校一些不甚合理的说法和规定敢于质疑，语言的创新性更强。这是这一代人的显著特点，但是有时他们的反叛意识也会出现偏差。一旦在学校遭遇意外事件，如偶然的停水、停电，有些学生（包括平时比较老实的学生）便会通过起哄、制造混乱来宣泄心中的情绪。

(5) 极力表现与众不同：一部分学生在学业上无法做到出类拔萃时，会选择其他各种方式获得心理满足。比如，上课调皮捣蛋、起哄，穿奇装异服等，他们试图通过这样的表现来获得“与众不同”的感觉，引起老师和同学的关注，寻求心理平衡。现在大街上的“90 后”青少年，已经有部分男生打了耳钉、染了头发，有些女生刻意模仿自己喜欢的日韩明星的穿着打扮。

(6) 对网络十分依赖：青少年上网现象被称为“网络海洛因”，这也是影响青少年成长的重要因素。迷恋网络的孩子，有的求助心理咨询，他们往往都知道迷恋网络的害处，又无法控制自己。

三、“90 后”价值观

社会转型时期，由于关注的利益边界不同，人们会产生隔阂与对抗，复杂的社会思潮不断分化，一部分上升为意识形态，一部分汇成社会普通心理，还有一部分沉淀为社会潜意识。青少年主要通过沟通、理解、调适、合作与摩擦来不断地认识自我。他们成长的空间大，选择多，由于自身发展水平的不同而存在明显的个体差异性，一部分青年更注重内部世界的发现与价值，另一部分青年对外部世界汹涌的资本逻辑存在迷惘。从我们所做的相关调查结果来看，大一统的主流社会思潮似乎并不存在。

当今对“90 后”影响比较大的社会思潮主要有全球化、消费主义、实用主义、功利主义和非理性主义。全球化趋势将地球压缩成平面，各国间的依存度不断增强。在这过程中，曾经流行于西方发达国家的消费主义现象普遍蔓延，其主要原则是追求体面的消费，渴求无节制的物质享受和消遣，并以此为生活目标和人生价值。与消费主义相伴的是实用主义和功利主义。实用主义崇尚的是“有用即真理”，只考量行动能否带来回报而不考问是否合乎原则；功利主义讲究的是效益，提倡追求“最大幸福”，但在中国好像已望文生义地被篡改和歪曲；而非理性主义则把世界看作无序、偶然、荒诞的安排，为理性所不能理解。

虽然部分“90 后”未必能准确理解“意识形态”、“西方马克思主义”、“实用主义”等概念和思潮，未必能清晰分辨“爱国主义”、“民族主义”、“民粹主义”，但他们对社会价值、人生价值的选择的主体性成熟度在逐渐加强。

四、“90 后”对社会问题敏感

“90 后”关注改革中出现的政治腐败、贫富分化、社会安全、民生保障等问题，尤其关注国家对教育的投入、社会的就业前景，他们比较担忧社会分配不公，希望社会治安得到进一步改善。比起吸毒贩毒和卖淫嫖娼，他们更加痛恨官员腐败和假冒伪劣产品；基于多元的社会价值评价体系，他们对社会道德失范问题会比成人社会更加宽容。

“90 后”在主动思考未来的过程中，往往敏感伴着躁动，叛逆伴着迷惘。“校飘族”、“蚁族”的出现，一方面说明“知识改变命运”已近神话，另一方面也显示出大学生生存空间被挤压的现状。这对大部分尚在求学阶段的“90 后”形成了一种不小的外部压力。“90 后”中存在思想意识、政治观念、道德准则和行为方式有时不一致甚至相反或是分裂的情况。因此，需警惕社会变迁所带来的异化，诸如无力感、无意义感、无规范、自我疏离、社会孤立等，这些异化都容易直接导致政治被动、价值紊乱、精神抑郁、逃学、自杀的现象。如果处理不当，这些现象都将不可避免地重复发生，其传导和共振效应都将是负面的。

五、“90 后”开放的价值取向

传统中国的价值论主要涉及义利之争、理欲之辩，而现代的价值理论主要体现在西方的实用主义哲学中，强调经验世界中对自己产生的有利效果。存在主义作为一个哲学的非理性主义思潮，强调的是个人、独立自主和主观经验。调查显示，“90 后”的感性得以张扬，理性反思略显不足。应当指出，“90 后”并不缺少社会责任意识，虽然基于社会环境和网络诚信度的问题，不少人会害怕受骗，但还是有接近一半的青年会响应号召去帮助别人。他们认为“吃喝玩乐”并非一个贬义词，而是生活的重要调味剂和组成部分。口袋书、忽悠、恶搞都不过是娱乐，没什么可大惊小怪的。“90 后”在婚恋、消费、娱乐等方面反映出来的行为特征都是社会变迁的产物。社会思潮往往是以“异端”的姿态出现，其叛逆性、时代性非常明显，“90 后”需要更多地认识生活、理解社会。

总之，在一个社会思潮主流更加分散，派别更加多元，观念更新更迅速的时代，各社会思潮间相互联系又相互排斥，“90 后”在其成长过程中必有自己的主动思考和分析、批判和选择。

拓展训练

你眼中的“90 后”是怎样的？当代“90 后”应如何在当下展现个性，绽放自我？

1.2 成长路不同

读一读

案例：逆境出人才

史蒂芬·霍金是当代非常著名的物理学家。1942 年 1 月 8 日生于牛津，那一天刚好是伽利略逝世三百周年。可能因为出生在第二次世界大战的时代，他小时候对模型特别着迷。他十几岁时不但喜欢做模型飞机和轮船，还和学友制作了很多不同种类的战争游戏，这反映出他研究和操控事物的渴望。这种渴望驱使他攻读博士学位，并在黑洞和宇宙论的研究上获得重大成就。

霍金十三、十四岁时已下定决心要从事物理学和天文学的研究。十七岁那年，他拿到了自然科学的奖学金，顺利入读牛津大学。学士毕业后他转到剑桥大学攻读博士，研究宇宙学。不久之后，他发现自己患上了会导致肌肉萎缩的卢伽雷病。由于医生对此病束手无策，起初他打算放弃从事研究的理想，但后来病情恶化的速度减慢了，他便重拾心情，排除万难，从挫折中站起来，勇敢地面对不幸，继续研究。

二十世纪七十年代，他和彭罗斯证明了著名的奇性定理，并在 1988 年共同获得沃尔夫物理奖。他还证明了黑洞的面积不会随时间减少。1973 年，他发现黑洞辐射的温度和其质量成反比，即黑洞会因为辐射而变小，但温度却会升高，最终会发生爆炸而消失。

二十世纪八十年代，他开始研究量子宇宙论。这时他的行动已经出现问题，后来由于得了肺炎而接受穿气管手术，他从此再不能说话。现在他全身瘫痪，要靠电动轮椅代替双脚，不但说话和写字要靠电脑和语言合成器帮忙，连阅读也要别人替他把每页纸摊平在桌上，让他驱动着轮椅逐页去看。

霍金一生贡献于理论物理学的研究，被誉为当今最杰出的科学家之一。他的著作有《时间简史》和《黑洞、婴儿宇宙及其他》。虽然大家都觉得他非常不幸，但他在科学上的成就却是在他病发后获得的。他凭着坚毅不屈的意志，战胜了疾病，创造了一个奇迹，也证明了残疾并非成功的障碍。他对生命的热爱和对科学研究的热诚，是值得年轻一代学习的。

是否逆境对人的成长更有利？

想一想

每个人成长的环境不同，长大后所走的路也千差万别。那么，环境怎样影响一个人的发展呢？

讲一讲

天地是一个大的化学物理实验室，一个小环境也是一个小的化学锅炉，人在什么样的环境下成长就会受到什么样的影响。人是唯一能接受暗示的生物体，在什么样的环境就会受到什么样的暗示，暗示会对人的情绪和生理状态产生影响，可以造就人，也可以毁灭人：好的环境可激发人的内在潜能，发挥人的超常水平，使人进取奋进；消极的环境会使人堕落腐化，会在不知不觉中腐蚀善良的心，使人渐渐变得颓废，人生变得痛苦。

现实生活中，在怎样的环境中生存很重要，甚至能改变成长轨迹，决定人生成败。人生中最不幸的是：人的执迷不悟，使人生变得平庸、不分是非、黯然失色。和勤奋的人在一起，就不会懒惰，不会消沉；与智者同行，就会不同凡响；与高人为伍，就能登上巅峰。

原本很好的人，由于受到周围消极环境因素的影响，便缺乏向上的动力、丧失前进的方向而变得俗不可耐、庸俗愚昧。积极的人像太阳，照到哪里哪里亮；黑暗的人像乌云，罩到哪里哪里就凄凉压抑。心态决定一切，有什么样的心态，就有什么样的未来；性格决定命运，有怎样的性格，就有怎样的人生。

不是有这样的一句话吗？“大多数人带着未演奏的乐曲走进了坟墓”。

“你是谁并不重要，重要的是你在什么样的环境和怎样的人在一起”。雄鹰在鸡窝里长大，就会失去飞翔的本领，还怎能搏击长空、翱翔蓝天？野狼在羊群里成长，也会“爱上羊”而丧失狼性，还怎能驰骋大地？

环境造就人。人生就是这样：在好环境和进取的人在一起，将会变得聪明。善于发现别人的优点，并把它转化为自己的长处，就会成为聪明人；善于把握人生的机遇，并把它转化成自己的机遇，就会成为优秀者。对待他人的成功像对待自己的成功一样充满热情，学最好的别人，做最好的自己，此乃成功之道。

议一议

“90 后”女孩弃副总　微博卖手链 8 个月售 60 万元

雷雨，一位“90 后”重庆女孩，家境优越，大学毕业后进入家族企业，担任一家劳务公司的副总。一次西藏旅行中，她在拉萨八角街与珠子结缘，并成为微博上炙手可热的 DIY 达人。她放弃了“家族生意”，过起了与“珠”相伴的生活，没有实体店，不开淘宝店，仅靠一部手机做起了自己的小生意。她是“无心插柳”的创业者，去年 12 月至今，她平均每天卖出 10 串自己 DIY 的链子，8 个月销售额超过 60 万元。

总结升华

“90 后”的成长环境可从社会背景、家庭环境、教育环境和信息环境四个方面进行分析。

一、社会背景

“90 后”从出生开始，生活环境相对前几代优越许多，但是有时候会跟“70 后”、“80 后”的人产生代沟。“90 后”没有经历过历史和政治上的动荡，也没有经历过大的经济波动。由于计划生育政策的影响，大部分的“90 后”都是独生子女，除父母外，亲情观相对淡薄。在这样的生长环境里，有一小部分人比前几代人更孤僻。今日的中国信息发展迅速，由于“经济全球一体化”的原因，全球各地的物品均涌入中国，各国交流日益广泛。而“90 后”相对年轻，对新事物的接受能力较强，在审美观和价值观方面也与前人有很大不同，所以“90后”也是新一代的接班人。

市场经济的法则、竞争机制的强力、机会资源的有限以及全球化的浪潮变得更加具体和真切，这无疑使“90后”变得不仅理性、务实，而且更加开放、坦然。例如，面对在一定时期内存在的巨大就业压力，他们的择业观念更加实际、更加灵活，面对异常激烈的职场竞争，他们的心态更加冷峻、更加淡定。在行动层面上更加重视规则，在机会面前更加注重实力。

中国向现代社会的转型进程中，现代化的成就在逐渐地彰显人的价值。而21世纪初科学发展观的提出，把以人为本作为了中国发展的一个重要目标，因此，成长在这种氛围之下的“90后”的价值观中，人本化取向将是极其鲜明和强烈的。例如，更加热心公益事业，更加反感对人性的扭曲和人格的变态。

中国社会正在从同质社会向异质社会变迁，以僵化的、单一的形式传递文化的同质社会，所塑造的是从众人格；而以弹性的、多样的形式传递文化的异质社会，所塑造的则是自律人格。从众人格的特征是共性化，而自律人格的特征则是个性化。“90后”将是大力张扬个性的一代，这种个性张扬将从衣着、发型等个人生活领域向参与、表达等社会生活领域扩展。

当社会的理性化趋势不断扩张的时候，科技的力量、市场的强势等所导致的紧张、忙碌，使得很多人没有时间去回眸历史、思考意义、接近自然，人更多的是存活于当下，较少知道何谓超越性的关怀和终极性的追求。在生存层面的生活中，多获得一些资格证书，比多读一些哲学书更加实用。

随着消费时代的来临，似乎一切社会生活领域都被娱乐化机制所渗透，娱乐成为社会运行的拖拉机和润滑剂，而娱乐本身也成了一个产业。娱乐社会的兴起，不仅表现在娱乐明星产生的周期缩短，而且表现在娱乐成为一种大众共同的消费品。娱乐明星的收入常常是一般人收入的许多倍，就是娱乐价值的最好证明。处在这种背景下，娱乐从一开始便成为“90后”的一种基本生活方式。不仅如此，他们还时常引领社会的娱乐潮流。

二、家庭环境

“90 后”的家庭突破了很多传统，父母的生活态度有了很大改变，他们主张独立与开放，追求成功的事业与高质量的生活。所以对孩子的教育脱离不了金钱，不能从情感的角度去感化孩子，这势必使“90 后”产生叛逆的心理。

部分家长在对孩子教育的过程中感到迷茫，他们成了孩子的“钱包”，指责孩子自私，只有自我，没有他人。随着物质生活的丰富，孩子的自控能力越来越差，学习成绩令人担忧，与孩子的沟通存在很大的问题。而另一方面，孩子在巨大的竞争压力下，已经丧失了很多本应该拥有的快乐，还被冠以“问题少年”，他们自然觉得十分委屈，以致矛盾双方很难找到一个平衡点，孩子与父母之间渐渐产生代沟。

三、教育环境

“90 后”成长在一个充满矛盾的教育体系中。由于时代变迁，国家经济转型，“90 后”的父母们刚成家立业时就遇到了与他们从小早已习惯的生活模式大相径庭的体制改革——多年沿袭的“铁饭碗”被打破了。他们需要重新选择职业，需要靠自己奋斗，许多人被卷入了下海的大潮，巨大的压力使他们把绝大部分时间都放在工作上。

“90 后”的孩子接受义务教育的过程中，经历了多次教育改革，虽然体验过“减负”、“素质教育”，但这个时代的孩子承受更多的还是学习压力、升学压力、繁重的课业负担和心理压力，这使得部分“90 后”对学习没有兴趣甚至厌学。

四、信息环境

现代社会是信息社会，网络的迅速发展使得各种各样的信息充斥着“90 后”的生活。

1999 年，中国只有四百多万互联网使用者。而在 2015 年，中国网民数量将超 8 亿。根据中国青少年研究中心的调查显示，7 岁～15 岁的中国儿童中，超过 70%至少上过一次网。如今超过一半的城镇儿童家中连接了互联网。在教育方面，从 1997 年以来的一系列改革已经让中国教育体系慢慢脱离死记硬背，迈向注重独立思考的西式教育理念，“90 后”与前一代中国人的学习方法也大为不同。

拓展训练

查阅资料或从自己周边了解更多关于环境对人的影响的事例，并从中领悟环境对人影响的真谛。

1.3 成长问题多

读一读

案例：青少年成长过程“问题频发”

2015 年 2 月 3 日凌晨，一辆开往广州的货车行至广乐高速花山服务区附近路段时，突然被一辆面包车截停。车上下来的男子持枪劫走了货柜车上价值 100 多万元的牛肉。近日，14 名团伙犯罪嫌疑人被抓获，最小成员年仅 15 岁。

沛县院办理的犯罪嫌疑人张某（17 岁）、艾某（16 岁）、王某（16 岁）抢劫案：该三人在将盗窃来的赃物卖给被害人刘邵唐时，发现刘家有钱，遂产生抢劫的念头。后以卖废品为由骗门入室，将刘某及其妻子两人勒死，抢劫现金 6 300 元。

九里院办理的王某（17 岁）、孙某（17 岁）等人故意伤害、聚众斗殴案：两人均为徐州某学院学生，因以往矛盾约好在学校内斗殴，两人分别纠集数十人在宿舍楼下打斗，王某将参与斗殴的吴满义捅成重伤。睢宁县院办理的汤某、宋某、郝某案，丰县院办理的王某案，鼓楼院办理的吴某、杨某案等，均是因生活中一些小摩擦发生争吵进而殴打，最后产生了被害人重伤或死亡的严重后果。

泉山院办理的王某抢劫案：王某模仿电视情节，在多个居民小区采用搂抱、持刀威胁等手段劫取 5 名女被害人的现金、手机等财物，并强行猥亵被害人，严重破坏社会治安。

沛县院办理的邓某案：邓某受暴力电影、书籍的不良影响，为树威风，与人预谋后，打着“踏平六中”的旗号纠集二十余人持刀棍窜至沛县六中门口，与人发生打斗，最终将学生赵某捅伤致死。

犯罪嫌疑人刘某，随身携带冰毒 13 克，在某市某高档商务会所房间内吸食时被当场查获。犯罪嫌疑人温某（18 岁）、李某（17 岁）在某市某宾馆门口贩卖毒品时被当场抓获，从身上搜出 0.2 克毒品一包。泉山院办理的案件中，李某等人长期沉溺于网吧，后因无钱上网便结伙抢劫，对被害人王某等实施殴打，强行劫取其现金和手机。

有关数据表明，在过去的一二十年里，青少年的心理健康水平在下降，消极的心理特征，如心理问题、焦虑水平、抑郁水平等逐渐增多。例如，从 1992 年到 2005 年，青少年的焦虑得分增加了约 8%，敌对心理得分增加了近 8%；从 1989 年到 2005 年，抑郁得分增加了约 7%。同时，部分积极的心理特征，如自尊水平却在逐渐下降，从 1997 年到 2007 年青少年自尊得分下降了 11%。

想一想

“90 后”是年轻的一代，是充满活力的一代，是祖国未来的花朵，象征着祖国的美好明天，但为何在成长的过程中“问题频发”?

讲一讲

90 年代后成长起来的青少年出现了很多心理问题：缺少理想和信仰、功利欲望心强烈、过分自我和追求个性，这导致青少年犯罪、追星、网瘾、暴力叛逆等刺激反应现象的出现，已经成为一个越来越严重的社会问题。既没有形成正确的现代价值观，又没有把优秀的传统价值继承下来，“90 后”的很多青少年处于一种精神匮乏的“悬空状态”，他们迫切需要孝心、爱心和感恩心的教育，需要学会平等、尊重和承担责任。“90 后”出生后，父母和社会开始向他们屏蔽信息，所以，“90 后”很分化也很分裂。在学校和家里是一套语言和生活方式，在网上又是另一套语言，生活方式更是热闹得让人瞠目结舌。

由于知识经验相对增多，认知能力和思维能力相对发展，他们对外部世界的认识不断广泛而深入。特别是对新的自我的发现，使他们的心理活动开始指向自己的内部世界，指向内部世界和外部世界的关系，此时他们逐渐出现了心理上的闭锁性。这种闭锁性，使他们不再轻易向别人吐露真情，交往中的要求较高，选择条件也比较苛刻，此时，他们很难找到“心心相印”、“相互理解”、可以产生心理共鸣的知音，因此常感到不易被人理解并由此而产生不同程度的孤独感。但由于社会化的要求，他们又强烈地想与人交往，想得到别人的理解，想向能理解自己的人敞开心理的大门。但由于很难找到这种知音，他们常常感到烦闷不安，对自己的未来感到迷茫。

议一议

案例：谁毒害了谁？

“开平市中学生当众凌辱女生恶性虐待视频”在网上广泛流传。在长达 7 分钟的视频中，一名受害少女在开平市一个房间里，遭受多名青年男女的殴打和凌辱，全身赤裸的少女被打倒在地，背上布满淤痕，少女还遭受了性侵犯……记者赶赴开平实地调查证实，受害者确实是开平当地一名在校学生，被轮奸后遭受凌辱，而对她进行凌辱的人，有的竟是她的同班同学。目前开平警方已立案调查，并抓获了参与强奸的 4 名男孩和几名涉案女孩，还有至少两名女孩在逃，警方正在追捕。2008 年以来，网上接连曝出校园“90 后”性早熟的 N 重门视频，使得“摸奶门”、“脱裤门”等红遍网络，也让越来越多的目光聚集到这些低俗事件的主角——“90 后”身上，许多声音甚至认为“90 后”已经成为网络毒药。对此，一位 90 后代表站出来喊冤：“网络毒药的帽子不公平，90 后问题的关键在于学校教育的缺失”。也有专家指出，与其说 90 后是网络毒药，不如说是网络把“90 后”一代的青少年毒害了。然而，到底是谁毒害了谁，则需要全社会的反思。

总结升华

一、“90 后”犯罪的特点

（1）以盗窃、抢劫犯罪为主。

（2）“义”字当先，结伙犯罪。“90 后”思想欠成熟，讲江湖义气，大多时候往往听人一吆喝就跟随着一起犯罪。

（3）容易冲动，危害后果严重。部分“90 后”自我控制力差，易冲动，遇事缺乏冷静、理智的思考，经常因生活琐事或者逞强好胜的心理导致口角甚至殴打，由于年轻气盛，一旦火气上来不考虑可能产生的后果，由此导致后果比较严重。

（4）肆意模仿，作案动机单纯。“90 后”辨别是非能力弱，但又有强烈的好奇心，模仿能力强，易受外界影响。

（5）出入娱乐场所，毒品犯罪增多。部分“90 后”经常出入 KTV 等娱乐场所，接触毒品后进而引发吸食、持有甚至贩卖等犯罪行为。

（6）受网络负面影响严重。部分“90 后”因沉溺于网络游戏、色情网站无法自拔，导致侵财型犯罪、严重暴力犯罪或强奸罪增多。

二、“90 后”犯罪高发的原因

（1）社会环境因素。“90 后”青少年正处于人生观、世界观形成期，缺乏社会经验和明辨是非的能力，做事具有一定的盲目性和模仿性，容易受外界影响，而社会主义市场经济的发展在促进社会全面进步的同时也伴随着拜金主义、享乐主义等腐朽思想及黄色、暴力等不良行为的产生，这些极端倾向对思想尚未定性的“90 后”产生很大的负面影响。如“90 后”在伴随着网络一路成长，享受现代科技带来的便捷生活的同时，也面临着网络的极大诱惑，部分青少年因禁不住诱惑，沉迷于网络难以自拔，并受网络不良内容的影响而实施犯罪。

（2）学校因素。学校是青少年学习成长的主要场所，也是加强他们德智等各方面教育的主阵地，在学生人生观、世界观的培养方面发挥着不可替代的作用，但由于教育体制的缺陷等多种原因，中国的素质教育理念尚未完全深入人心，一些学校仍片面追求教学质量、单纯追求升学率，忽视对学生心理素质、思想道德等全方位的培养教育，一些教师只关注学生成绩，不关心学生生活、思想动态；只关心课堂之上的教学、不关注课堂外的学生活动，师生之间缺少有效沟通。

（3）家庭因素。“90 后”生活的家庭与传统家庭相比具有不同的特点。有些父母因外出务工，将孩子留在家中由祖父母或外祖父母等人照顾，致使出现大批“留守儿童”，他们心理上的问题得不到及时、正确的疏导；有些父母由于工作压力或自己追求享乐生活等原因缺少与孩子的感情交流，使得孩子得不到家庭的关爱，叛逆心理加剧；更有一些生活在离异家庭中的孩子，父母的争吵、家庭暴力等行为给他们造成心灵上的创伤，使其变得冷漠自私，缺乏爱心和责任感。

（4）个人因素。“90 后”多为独生子女，无兄弟姐妹，缺少朋友，心理闭锁，不愿轻易向别人吐露内心感受，与家人缺少及时有效的沟通，容易产生不同程度的孤独感，造成孤独、焦虑、猜疑的性格缺陷或以封闭和发泄为两极的心理疾患。部分“90 后”缺乏积极向上的思想信仰，对社会上追求金钱、享乐、奢靡生活及“黄色污染”等腐朽思想的自觉抵抗能力弱，在各种不良因素的影响下其世界观、人生观、价值观发生偏差甚至扭曲。

三、预防和矫正“90后”犯罪的建议

（1）贯彻宽严相济的刑事政策，切实维护青少年合法权益。司法机关在办理“90后”等青少年犯罪案件时，要认真落实司法保护原则，准确把握宽严界限，坚持教育为主、惩罚为辅的原则，强化对未成年罪犯的教育、感化和挽救。公检法三机关应密切联系、相互配合，在侦查、起诉、审判等各环节对未成年人给予有别于成年人的特殊对待，对初犯、偶犯、社会危害性相对较小的未成年罪犯，要慎用刑罚，可以探索实行附条件不起诉制度，给未成年犯一个改过自新的机会。但对于引诱、胁迫青少年犯罪的成年犯罪分子，依法严厉打击。坚决贯彻宽严相济的刑事政策，切实保护未成年人的合法权益，努力为未成人成长营造一个良好、健康的环境。

（2）积极延伸职能，做好案外的教育、挽救工作。对未成年人犯罪案件不能简单一捕一诉了之，也不能不捕不诉放任之，要充分发挥司法机关已掌握的司法资源，将教育、挽救工作向案外延伸，积极做好不诉未成年罪犯、缓刑未成年罪犯的跟踪和回访工作。可以针对不同情况，尝试依托不同社会组织对青少年罪犯进行行为矫治，如帮助戒除网瘾及毒瘾、适时进行心理干预等。可组织与未成年罪犯日常生活接触较多的法定代表人、所在村组成员、学校教师等人组成专门的帮教队伍，形成三位一体的帮教矫正网络，对未成年罪犯进行跟踪、帮教。办案人员定期对涉案未成年罪犯进行回访及综合考察工作，切实做好对未成年罪犯案后教育、挽救工作的监督。

（3）做好特殊青少年群体的调查统计和帮教工作。了解辖区内青少年的基本情况，做好特殊青少年群体的统计调查工作，确定每个需要帮助的青少年都能得到及时有效的帮助，建立合理的帮教网络。重点关注家庭离异、流浪、残疾、存在精神和智力障碍以及有不良行为倾向的青少年，确立跟踪帮教对象，随时了解其思想动态，对存在心理和行为恶习的不捕、不诉未成年矫正对象实行次级社区矫正，定期做好跟踪回访工作，帮助他们及时回归社会，预防再犯。

（4）主动加强与家庭、学校、社会的沟通与配合，共同关爱青少年成长。协助家庭、学校、社会组织以及志愿者对青少年进行全方位的教育和保护，做好心理疏导工作，帮助其解决成长中的烦恼和困惑。与家庭、学校及相关部门共同努力为青少年营造一个和谐的家庭环境、良好的校园环境、健康的社会环境。同时针对青少年思想特点，开展内容丰富、灵活多样的法律宣传，加强法律宣讲力度，提升法律宣传效果，配合有关部门进一步净化青少年成长环境，为青少年健康成长搭建一个良好的平台。

（5）培养专门人才，提高与“90后”青少年的沟通交流能力。要把对

青少年犯罪的预防和矫正工作作为一项重要工作抓好抓实，探索建立培养专门人才机制，针对青少年的心理和生理特点有针对性地开展工作，不断增强对青少年的法制教育能力和情感交流能力。在当前情况下，可以充分发挥青年检察官年轻、能更好地与青少年沟通交流的优势，切实做好青少年的法律宣传教育工作、未成年罪犯的矫正、心理疏导和预防再犯工作。

拓展训练

打听一下身边的朋友中有没有因某些“成长问题”而受困扰或是因为这些问题无法解决最终走上不归路的例子。针对“90 后”成长过程中遇到的不健康、阻碍自身发展的成长问题，发表一下自己的观点。

1.4　“横眉冷对千夫指”

读一读

案例：陈光标纽约行善　有人叫好有人骂

当地时间 2014 年 6 月 24 日，中国富翁陈光标在纽约街头向流浪汉和街头艺人赠送百元纸币，但有的人拒绝了。

中国企业家陈光标的美国慈善午餐 25 日在美国纽约曼哈顿中央公园如约举行，不过，流浪汉们是“只见牛排不见钱”。美联社、法新社等多家媒体报道，一时间，有人作嘘声，有人叫倒好，但也有人表示理解和赞许。陈光标为这顿宴请数百人的午餐亲自挑选菜品，包括芝麻金枪鱼、牛排、浆果等；他与 30 多名身穿雷锋装的志愿者一道，举起“为人民服务”的标语；他还与流浪汉们同唱英文歌“天下一家”。“如果你是一条河，你最好懂得如何与别人分享”，路透社援引陈光标的话报道：“我们是这个世界上的一个大家庭。”

陈光标说，他想改变人们对中国有钱人只会买奢侈品的印象。美联社说，他参加这次活动使用的名片上标注的英文头衔是“中国最有魅力的慈善家”。宴会前，陈光标展示了装在篮子里的成捆美钞。宴会采用中式围桌的吃法，圆桌，台布，瓷碗，但电视上播放的是美剧，包括《欲望都市》。在接受美国哥伦比亚广播公司采访时，陈光标说：“我并非出生在富裕家庭或官员家庭，我 4 岁的时候，我的兄弟姐妹因饥饿而死亡，我是靠自己的信心、信念和努力获得成功。”两天前，陈光标站在纽约街头，给他认为是穷人的路人递上百元美钞。

宴会前，受纽约市援助会接济的流浪者安东·希尔斯说：“我很期待这顿饭和这段时光，我认为他是个好人，他正帮助我们的国家。”不过，宴会开始后，流浪汉们才发现，虽然有吃有喝，但他们没有按先前宣传的那样在宴会上拿到大礼包。活动前，他们被告知，每个人都会得到一个包括衣物、现金等在内的价值 300 美元的大礼包。一些人开始按捺不住，在宴会现场高喊：“我们现在就想要!”还有一些人等在餐厅外，被告知因为没有提前登记而无法进入。有人开始指责陈光标是“骗子”，声称自己先前已经为这笔钱做好如何开支的准备。吃上大餐的越战美国老兵哈里·布鲁克斯说，虽然他对不发钱感到“极度沮丧”，但却高度享受这顿美餐。还有人认为，这是一个“骗局”，“以无家可归者为由头，为自己骗取关注度”。

美国有线电视新闻网（CNN）网站援引陈光标的话报道：“我不后悔，也不怕别人说什么，我会继续释放正能量。”对于宴会上不发钱的做法，纽约市援助会说，是他们劝服陈光标不要把钱直接发给穷人。援助会负责公共关系的官员米歇尔·托尔森说，不少人沦为穷人是因为他们吸食毒品，一旦得到意外的钱，他们会立即去购买毒品。托尔森说，陈光标已经同意向援助会捐助 9 万美元，由援助会分发给应当得到救济的人。

纽约市援助会数据显示，这家援助会已经为超过 6 万名无家可归者提供简单食宿，但仍有数千人露宿街头。自 2002 年以来，纽约无家可归者人数飙升 75%，达到 20 世纪 30 年代经济大萧条以来的最高水平。虽然这次活动在美国媒体引起激烈讨论，但不少网友表示，应当在活动中寻找积极元素。一名网名为科尔凯亚·艾卡的网友在 CNN 网站留言：“在这个充满私利和贪婪、逃税成风、种族隔阂的世界，这老兄至少想到了别人。谁又会在乎他是不是个怪人呢？我希望更多的富人像他一样。”

另一名网友留言：“谁还记得特朗普上一次请流浪汉吃饭是什么时候？我想，当时特朗普被人赞扬无非是因为他是个白人。现在，一个中国有钱人请吃饭就得挨批?”特朗普是指美国地产大亨唐纳德·特朗普。他多年前曾向一批无家可归者提供每人 1 000 美元的支票，尽管后来有人没能兑出钱来，但他当时仍作为慈善道德形象备受美国媒体追捧，甚至两度有意参选总统。

想一想

生活中每个人或每件事都会让人产生这样或那样的看法或意见。有人说好，有人说坏。那么是不是别人认为好的就一定好，就要继续做下去，而凡是有人说不好的就必须停止呢？我们到底应该如何看待那些另类的眼光呢？

讲一讲

人生是自己的，不需要为了别人的说三道四而影响自己的生活。如果没人评价你，你的行为会有何不同？平心而论，没人拥有资格去对你品头论足。他人也许会听说过你的故事，却无法感受你的亲身经历，因为他们并未活在你的生命中，所以忘掉他们所说的，关注如何感知自身，去做你内心认为正确的事情。

以下 10 件事，即便他人品头论足，你也应该要做：

1. 照顾好自己

照顾好自己所有事情中最为重要的。若你没能照顾好自己，也不可能照顾好他人，这就是为何照顾好自己是你要去做的最好也最自私的事。

2. 做你认为正确的事

别害怕独自上路，别害怕去阻止它。别让他人的无知、滑稽、消极阻止你成为最好的自己。继续做那些你内心认为正确的事，因为当你全身心地与自身保持一致，任何人和事都无法动摇你。

3. 追随独一无二的道路

每个新的一天都是你改变生活或命运的一个机会，去做那些能使生活成为你想要的样子的事情。为你所坚信的努力工作，让梦想不断成长，让忧虑变得微不足道。当你用决心替换借口，开始学习新鲜事物，一步步地接近自己的目标，认识到那里还有一些别的东西在等待着你时，别人也会钦慕你的努力及对卓越的追求。

4. 不受外界干扰，坚持为目标努力

梦想远大，但也要意识到设立短期而具有实际意义的目标是成功的关键。成功与每天的行动紧密相关，我们对时间的处理方式决定了我们将会是谁。成功的人保持前行，每一天都去做那些不断接近梦想的“小事”。他们在前行道路上犯下过错误，却从未止步，知道困境却逆流而上。记住，学着把事情做好。

5. 根据变化的生活调整目标及梦想

为生活倾力付出源自你拥有一个炽热而明确的梦想，如它未能如期达成，你或许会感到生气，但为何不去追求另一条不同的路？如果你想要驯化内心的恶魔，充分运用生活，那么就不应只追求某一个明确梦想，而应保持那里依然有一条更好的道路的心。生活是不可预知的，它为梦想的实现提供大量机会。只是别忘了，有时保持一个积极的步伐前行需要适时调整你的梦想，或制定新的梦想。改变想法或拥有不止一个梦想总是好的。

6. 宽恕那些待你不善的人

宽恕是赠予自己的礼物。宽恕的实质是坚强与智慧。宽恕令你无视过去、关注未来，理解未来一切的潜力来自对过往的宽恕。没有它，伤口无法痊愈，前行不能完成。过去所发生的仅仅是书写人生的一个章节，别合起书本，翻过这一页就好。

7. 向他人传递爱和善意

如果你将自己的爱保留给那些你认为值得的人，而把陌生人排除在外，这可能会让人惊奇地认为这并非是爱，而是判断。判断是选择，而爱是包容。正如阳光与风并没有区别，真爱也没有分别。爱与善意是一种生活方式。

8. 支持他人，即便是无能为力的事情

生活中美好的事情能做到的积极参与，不能做到的要尽力支持；而面对邪恶，则要挺起胸膛，敢于正视和斗争。记住，坚强的人坚信自我，而更强的人还将支持他人，并于力所能及时伸出援助之手。

9. 从失败中走出来

当你面对失败时，请别郁郁寡欢，那样分文不值。你经历过一段艰难的时光，仍保持着前行的步伐，这值得引以为傲，因为你历经它并逐渐从中挣脱超越。让每个人知道今天的你比之昨天更为坚强，他们也将如此。

10. 抬起头，保持微笑

你人生中的每一天都是关于你历史的一页。别再为过去哭泣，即使哭泣，也要在哭泣中结束过去。别用微笑隐藏痛苦，而是让微笑抚平疼痛。不要认为世界上只有伤痛，还要想到这个世界上还有很多美好的事物环绕在你身边。

议一议

案例：走自己的路

1984 年，历经辛苦的马云终于跌跌撞撞地考入杭州师范大学外语系。他的成绩是专科分数，离本科线还差 5 分，但恰好本科没招满人，马云就这样幸运地上了本科，并凭着满腔热情和一身侠气，当选学生会主席。

大学毕业后，马云在杭州电子工业学院教英语。1991 年，马云初涉商海，和朋友成立海博翻译社。结果第一个月收入 700 元，房租 2 000元，遭到一致讥讽。

在大家动摇的时候，马云坚信：只要做下去，一定有前景。他一个人背着大麻袋到义乌、广州去进货，翻译社开始卖礼品、鲜花，以最原始的小商品买卖来维持运转。

两年间，马云不仅养活了翻译社，组织了杭州第一个英语角，同时还成了全院课程最多的老师。如今，正如马云当年所愿，海博已经成为杭州乃至浙江省最大的翻译社。

“我一直的理念，就是真正想赚钱的人必须把钱看轻，如果你脑子里老是钱的话，一定不可能赚到钱的。”初次下海的经历，给马云留下了深刻的体会。

1994 年底，马云首次听说互联网。1995 年初，他偶然去美国，首次接触到互联网。对电脑一窍不通的马云，在朋友的帮助和介绍下开始认识互联网。当时网上没有任何关于中国的资料，出于好奇的马云请人做了一个自己翻译社的网页，没想到，3 个小时就收到了 4 封邮件。

敏感的马云意识到：互联网必将改变世界！

随即，不安分的他萌生了一个想法：要做一个网站，把国内的企业资料收集起来放到网上向全世界发布。

此时，刚刚步入而立之年的马云已经是杭州十大杰出青年教师，校长还许诺他外办主任的位置。但是，特立独行的马云挥挥手，放弃了在学校的一切地位、身份和待遇，毅然下海。

此时，互联网对于绝大部分中国人而言还是非常陌生的事物，即使在全球范围内，互联网也刚刚开始发展：大洋彼岸，尼葛洛庞帝刚刚写《数字化生存》、杨致远创建雅虎还不到一年；而在北京，中国科学院教授钱华林刚刚用一根光纤接通美国互联网，收发了第一封电子邮件。

在这样的情形下，远在尚未开通拨号上网业务的杭州，马云就已经梦想着要用互联网来开公司、下海、盈利。这个想法立即遭到了亲朋好友的强烈反对。

“我请了 24 个朋友来我家商量。我整整讲了两个小时，他们听得稀里糊涂，我也讲得糊里糊涂。最后说到底怎么样？其中 23 个人说算了吧，只有一个人说你可以试试看，不行赶紧逃回来。我想了一个晚上，第二天早上决定还是干，哪怕 24 个人全反对我也要干。”

“其实最大的决心并不是我对互联网有很大的信心，而是我觉得做一件事，无论结果如何，经历就是一种成功，你去闯一闯，不行你还可以掉头；但是你如果不做，就像‘晚上想想千条路，早上起来走原路’，一样的道理。”

时隔多年，回忆起当年力排众议的情形，马云依然为自己的选择而叫好。

1995 年 4 月，马云和妻子再加上一个朋友，凑了两万块钱，专门给企业做主页的“海博网络”公司就这样开张了，网站取名“中国黄页”，成为中国最早的互联网公司之一。

3 个月后，临近杭州的上海正式开通互联网，马云的业务量激增。在各企业纷纷忙着建立自己主页的时候，马云的先见之明为他带来了丰厚的利润。当时，制作一张主页，中英文对照的 2 000 字内容、一张彩照，开价就是 2 万元人民币。不到 3 年，马云就轻轻松松赚了 500 万元利润，并在国内打开了知名度。

1997 年，在国家外经贸部的邀请下，马云带着自己的创业班子挥师北上，建立了外经贸部官方网站、网上中国商品交易市场、网上中国技术出口交易会、中国招商、网上广交会、中国外经贸等一系列国家级站点。

谈一谈马云是如何成功的？

总结升华

一项关于“90 后”的社会调查表明，有六成以上的调查对象否认不关心社会。该调查结果所显示的“90 后”最鲜明的特点是“富于个性与创造力”，但缺乏对他人的理解，同时“90 后”也是充满自信的一代人。哈罗德·罗森堡在《荒漠之死》中说道：“一代人的标志是时尚，但历史的内容不仅是服装和行话。一个时代的人们不是担起属于他们时代的变革的重负，便是在它的压力之下死于荒野。”每个时代的新一代似乎都受到特别的关注，因为他们身上打上了标志这个时代的鲜明烙印。对于新一代，似乎都有人来褒贬一番，或者忧心忡忡，或者赞扬嘉许。但是，谁在年轻的时候没有犯过错误呢?

不同时代人们给予的定语不同，我们可以记起的词语从过去的“迷惘的一代”、“愤青”、“垮掉的一代”到“新新人类”。但不论怎么说，每个人都是历史长链中的一环，只是历史赋予每个时代的使命不同。“90 后”终将有一天成为中国的主要力量，同样是独生子女，但“90 后”和“70 后”、“80 后”一代却显出非常的不同。“90 后”中有的人开始关注他们这个群体，有的可能还没有注意到，“90 后”已经开始展露出他们这一代人特有的行为方式。文学评论家谢有顺曾指出，这群 20 世纪 90 年代出生的孩子，从某个角度说，虽然还没有真正登上社会的舞台，还处在被呵护、被教育的阶段，但这一代孩子，由于整个变革中社会对他们的影响而普遍早熟，他们从一开始就乐意成为消费社会、技术时代的宠儿。不论如何，“90 后”所暴露出的问题绝非仅是他们自己造成的，这对于社会和家长的沟通与引导同样是一个巨大的考验。

拓展训练

社会对“90 后”的看法褒贬不一，那么你应该如何在这一时代展现青春活力，做最真实的自我?

1.5　绽放青春

读一读

案例：舍身救人　感动绵阳

铁飞燕，女，回族，1992 年 8 月出生，云南省昭阳区人。2009 年 7 月，她毕业于昭通体育运动学校，2011 年 2 月入党，现为云南省公路开发投资有限责任公司昭通管理处普洱收费站一名普通收费员，于

2010年9月被公司选送到云南省广播电视大学脱产学习。

2011年5月6日，铁飞燕和父亲到四川绵阳旅游。

下午6时许，父女俩打算去景点白衣庵游玩，经过南山大桥，正驻足观赏大桥风景时，一阵狂风刮来，一声巨响过后，只见市民都朝河的一侧围去。河边钓鱼的市民朝河中心吼叫起来，顺着人们围观的地方，只见用于施工的脚手架被大风吹翻，落于河中，5名落水者拼命地在水中挣扎、呼救。

飞燕把挎包往父亲怀里一塞，边跑边脱高跟鞋，光着脚丫飞奔着向落水的方向跑去。跑了大约40米远，飞燕觉得这样跑下去太慢了，等绕到大桥下的河堤边再救人，可能就来不及了。

飞燕伸头往桥下看，想从桥上跳下去救人，可十几米高的桥，跳下去可能就没命了。正好此时，飞燕看到了桥下有一副尚未倒塌的脚手架可以利用。便翻过栏杆，顺着脚手架往下溜，途中，她顾不上被脚手架划伤的疼痛，猛地跳入水中，拼命向落水处游去。这时，落水者已有四人自己游到脚手架上趴着了，而另一名落水者已不见踪影。

顺着四人指点的方向，飞燕深吸一口气，潜下水去。第一次没有捞着，第二次也没有捞着。飞燕想应该潜远一些，于是再一次深深地潜入水中，大约潜出了四五米远，感到手碰到一个东西，一把拽住往上一提，正是落水的人。她将他带到脚手架边，发现他已经没有意识了，嘴唇发紫，眼睛翻白。飞燕让其他四人将散落水中的竹板捡来搭在脚手架上，形成一个平面，她在水中推，四个工友将其往上拉，拉上脚手架后，落水者已经没有了呼吸，性急之下，有急救常识的飞燕对他进行心肺复苏，但没有效果。此时的飞燕已顾不上少女的羞涩，毫不犹豫嘴对嘴给他做起了人工呼吸。

一分钟，两分钟……大约四五分钟后，昏迷民工的嘴唇动了一下，飞燕将他的头扭向一边，只听民工哼了一声，吐出了一口浑浊的水。她知道，一般落水的人只要吐了水，发出声音，就证明没事了。人工呼吸，飞燕过去在体校时演练过，但只有这次是真正地用上了。

此时，120的急救快艇已驶过来。飞燕跳入水中游到河堤边，这才发现，河堤离水面足有六七米高，现在要爬上去是很困难的，好在河堤边有水泥浇筑的可容脚踩上去的一溜边。精疲力竭的她，在围观者的帮助下爬上了岸。

爬上岸的铁飞燕发现有不少市民拿着手机正不断地拍自己。“真了不起!”“女英雄!”围观的人们纷纷称赞。而她的第一个念头就是要找到父亲，告诉父亲她救的人没有生命危险了。

20多分钟的救人过程，加上河水的浸泡，大风一吹，冻得飞燕瑟瑟发抖！

看到女儿上岸，父亲一直提着的心才落了下来，他快步向女儿走去。而此时，绵阳当地媒体的记者赶到了，他们不断问飞燕：你是绵阳哪里人？叫什么名字？飞燕用手遮住脸，把头扭朝一边。原本不想回答，但浑身湿透的她急于摆脱记者和关心的人群，只留下了一句“我是云南昭通人”。父亲找了过来，熬不过大家的坚持，父亲就顺口说道：“我们是云南昭通人，她叫铁飞燕，是来绵阳旅游的。”说完，父女俩忙打车离开了。由于全身湿透了，加上正值女性生理期，飞燕害怕弄脏出租车的座位，就蹲在出租车里，此时的她被冻抖得更加厉害。

回到旅馆，洗过澡后，飞燕开始头疼、咳嗽，并有些发热，很不舒服，她吃了些感冒药，本想休息一下，但她为自己救了一条生命感到兴奋，第二天、第三天仍然坚持按原计划旅游。殊不知，由于飞燕父女俩没有给媒体留下更多的身份信息，此时，绵阳媒体和热心人已经开始了对他们的寻找活动，绵阳晚报和手机信息报、网络媒体等都在追踪报道，而身在绵阳的父女俩却浑然不知。

“90 后”的铁飞燕勇跳高桥、人工呼吸救活民工不留名的事迹，传遍了绵阳的大街小巷，瞬间感动了一座城市。“太勇敢了，桥面距水面少说也有近 20 米高，这样的勇气真令人敬佩！”“过去只是在电影电视上看到过纵身跳水救人的，真不敢相信这样的现实版就在我们身边上演。”“幸好这女娃也安然无恙，当天听说后都为她捏把汗。”不少市民在称赞救人女英雄的同时，还建议授予铁飞燕为“荣誉市民”。

想一想

案例中女主人公见义勇为的英雄事迹让我们敬佩，值得我们学习。她实现了自我价值，她的人生得到了升华。那么我们该如何在社会中实现自我价值，让自己的人生绚丽绽放？

讲一讲

在人生的旅途中，你不能样样顺利，但可以事事尽力；你不能控制他人，但可以把握自己。只要尽力，每个人都能活出自己的精彩，具体应从以下方面入手：

（1）遵守各项法律法规。为人处世最基本的要求就是遵守法律法规，因为它的基本要求是保护人的基本权益，触犯了法律法规，无形之中是伤害了很多人的利益。法律面前人人平等，需要每个人去遵守，同时也让每个人的权益得到了保护。遵守各项法律法规实质上也是保护自己。无论一个人多么聪明和能干，如果将法律视为儿戏，必然会尝到自己种下的苦果。法律法规一方面是“戒”，另外一方面却是保护线。

（2）遵守基本道德规范。一个人的社会形象和影响力跟他是否遵守社会基本道德规范有关系。基本道德规范是具体环境下的一般协调方法。假设你是一个老年人，乘上公交车但位子都坐满了，你只能站着，旁边的年轻人没有一个让座的，你心里有何感受？一个人自觉遵守基本道德规范，无疑可以获得社会大众的良好印象，从而进一步获得社会影响力。因此，遵守基本道德规范也是一个人为人处世的基本要求。

（3）理顺各种社会关系。在不伤害到其他人利益之外，要更多地照顾别人的利益。首先要照顾别人的情绪。在别人烦恼时给别人安静，在别人需要帮助时伸出援助之手。同时，还要注意照顾其他人的物质利益。当别人物质不足时，要加以接济；共同努力创造事业时，不要让人吃亏，共赢才是长久发展的道理。最为复杂的是，要理顺多种复杂关系交织下的利益。因为它不仅有上下、左右等一维的特征，还是多维的组合。一般意义上的会做人，就是善于梳理复杂利益关系。

（4）追求自我价值目标。做人的最终目标无非是成为自己想成为的人，过上幸福快乐的生活。一个人生活是否幸福和人生目标是否完成，可以成为一个人做人是否成功或者一个人是否活得精彩的主要标准。人生目标按照影响力大小分为大我目标和小我目标。大我目标有诸如政治理想、学术目标、财富梦想等，小我目标有如个人健康快乐、家庭幸福美满等。小我与大我并无矛盾，大我不能脱离小我的支持，两者区别在于人的追求不同。要衡量做人成功的程度，首要指标是人生目标的完成情况，特别是大我目标的实现。次要指标为生活是否幸福。一个人生活是否幸福，可从物质条件、家庭构成、个人健康、个人情感等方面来把握。

（5）完善自我。第一，要接纳和肯定自己。尽管自我有多方面的不足，但仍然要看自己的闪光点。每个人都有个人独特的天赋，用不着对一些无法改变的东西耿耿于怀。第二，保持稳定的自信。自信是一种信仰，虽然说实力和成绩都是产生自信的重要原因，但并不是唯一原因。必须承认自信就是一种信仰，这样才会有无穷的动力和不懈的耐力去迎接生活中的挑战和难题。第三，控制好个人情绪。得意不轻狂，失意不灰心。其实，坦然面对个人荣辱得失，也能充分展现个人自尊和人格魅力。要清醒地知道情绪是一把双刃剑，控制不好就会伤了自己。在生活中，不要让情绪扼杀了理性，也不要沉浸在自我情感模式中思考问题。第四，多重视自我素质的评估。第五，做好自我表现。第六，提升和改善形象。

（6）健康养生。第一，多注意休息，特别是睡眠充足。虽然睡着了什么事情也没有做，但睡眠对人的精力恢复和身心健康有着重要的作用。一个人没有休息好，精力不充沛，心理上容易产生疲惫感，自我效能会下降很多，工作和学习上的表现会差很多，这在一定程度上又加深了不良的心理暗示。第二，经常锻炼身体。结合自身的特点选择一些有益的锻炼项目。保持一定量的锻炼，不要过量。脑力工作者多进行户外运动。第二，形成良好的饮食习惯。根据自我身体特点调整个人饮食习惯，忌贪吃贪喝。总而言之，要有规律地生活。

（7）尝试实践。千思万想不如一试，千言万语不如一干。很多时候回过头看，很多事情如果多一次尝试会不一样，但当时就是没有勇气去尝试。试一试也许就敲开了人生的机遇之门。清华大学有句话说：“行胜于言”。只有行动才会对世界产生直接的作用。在人生中，夸夸其谈是浪费时间，只有行动才会对个人的命运产生真实的作用，总结到一点就是讲究“实”，勇于实践，实践为先。落实到行动上是重视实际和实践，立足实际目标，围绕实际内容，采取切实措施，谋求实际出路。

（8）规划目标。人们常常说，既要低头拉车，也要抬头看路。低头拉车是执行和落实，抬头看路是路线目标和外部环境。规划是指南针，规划是调整器。规划可以让人的行动前后上下连贯，充分发挥自我特质，也极大利用好时间。规划还可以让自我检查对照观念从而提升思想认识。为了更好地实现自我人生价值，有必要对自我做一定的人生规划，让自我的奋斗尽量前后连贯、左右逢源，最终水到渠成。在规划中，要抓主要矛盾，避免面面俱到的思路。面面俱到，往往会耗费大量的精力，但结果又不理想。学会放弃，对一些无法去实现的目标或者一些无意义的事情说再见。更加注重坚持的力量，一件简单的事情，坚持做下去，就会出现奇迹。

（9）学习领悟。对很多人来说，知识是进步的阶梯，学习是改变命运的途径。对于学习应采取开放的态度，要吸天地之精华，书本上的知识永远是一小部分，夸张一点说，休息也是学习。世事洞明皆学问，人情练达即文章。应学会运用多种思维来扩充学习的途径和方法。职业生涯里的必备工具，例如专业能力、沟通能力、表达能力等必须花时间琢磨领会。多对周围环境进行观察，经常给自己一定的时间去思考和领悟，不要在忙碌中简单重复，而要在沉思中为未来埋下一颗希望的种子。

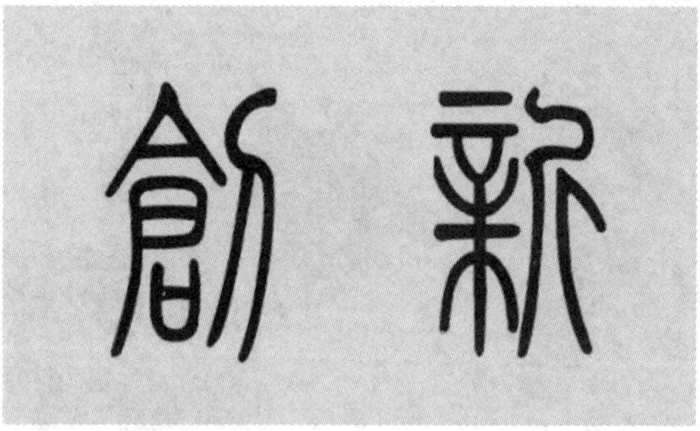

（10）创新求变。对很多人来说，人生基础比较差，人生路途中相比于其他人落后许多，寻求和实现创新式的发展尤为关键。在发展方法中，多参考一下优秀人才的发展之路，多看看历史人物的人生经历。最基本的是，在工作中无论是处理工作还是关系，应多动点脑筋，多总结实践中的有效方法，多思索提升之路。关注外界的变化，努力寻找属于自我的人生道路。

（11）与人为善。无论在哪里工作，与人为善都是重要的。与人为善，首先，需要人有一颗善心。多给予他人余地，多给予他人希望，多给予他人信心，多给予他人方便。但勿轻易取信于人和轻信于人。其次，协调好各方面关系，唯有这样，才能积累善缘，形成左右逢源的大好局面。站稳自我的主体立场，追随内心的追求，搞清外部人际环境，协调好利益关系。清醒地知道自我的特点，对一些无法相处的或者利益追求相差很多的人，应求同存异，保持一定的距离。此外，还要寻求和珍惜发展平台，发挥好平台的凝聚力和战斗力。

议一议

案例：“志愿者”是个神圣的称呼

赵祥锦，1990 年出生，是张家洼爱心小分队创始人，莱芜传统文化教育服务队的带头人，还是《齐鲁慈善》杂志莱芜市的信息联络员。虽然年龄不大，赵祥锦已有近 4 年的志愿服务经历。在一次的志愿服务活动中，赵祥锦从进门开始，就不停地忙里忙外。

1. 一次经历，让他不敢称呼自己是“志愿者”、“义工”

赵祥锦最初参加志愿服务活动是从加入莱芜市的义工组织开始的，后来他组建张家洼爱心小分队，由张家洼附近热衷于公益事业的爱心志愿者组成，是自发创建的民间爱心团体。小分队成员最多的时候达七八十人。当时，赵祥锦号召大家每天捐助一元钱，用这些公益基金来开展活动。以“汇聚爱的力量，让爱心成为一种风尚”为口号，开展以“助学、扶贫、敬老”为主题的公益活动。他们开展的活动多数比较“纯粹”：直接到困难群体家中进行救助，为救助对象提供现金、生活用品，为困难家庭成员寻找就业岗位，帮助他们摆脱贫困。

虽然经常组织活动，常常义务帮助别人，然而，一次特殊经历却让赵祥锦不敢说自己是“义工”、“志愿者”。有一次赵祥锦到济南参加一次公益活动，济南电视台的一位老人问他：“小赵，你觉得你是志愿者吗？”“是啊！”“你不是志愿者，你看你做的这些事挺好，但我给你定义，你现在只是公益活动的组织者和积极参与者，只是个积极分子。一个真正的义工是把自己的生活，包括家庭、工作都做好了，然后才有能力、有精力出来做义工，这时候他做义工和自己的生活是相辅相成的，不会对生活造成干扰，这才是真正的义工。小伙子你还没成家立业，工作也还没有多大的成绩，你现在还不算真正的义工。”这位老人说。

这件事给赵祥锦的刺激很大。赵祥锦说：“‘义工’、‘志愿者’这些称谓很神圣，原来其实是在应付、糊弄，我现在要努力去做一个志愿者。而从公益活动的积极分子转变为志愿者需要一个过程，不过我现在总算悟过来了。”

2. 由做事到做文化，他在摸索前进

组织了几年志愿服务活动，赵祥锦开始思考如何改变。一年前，赵祥锦认识了一对六旬的老夫妇，老两口自己出资开办传统文化大院，已经办了 14 年。赵祥锦一下子找到了方向："有文化理念，有实际行动。慈善需要文化支持，需要理念支持。传统文化很深奥，其中很重要的四个字是'孝亲尊师'。"现在，赵祥锦和一群热心人组成了莱芜传统文化教育服务队，开始专心做传统文化。赵祥锦和大家一起组织传统文化讲座，讲座时间不定，根据大家的时间，条件允许就举办。听讲座的人包括成年人和孩子。"以前做志愿者是整天做事。现在是做文化，把理念教给大家，让听课的人明白了道理，让大家去做事。"

2014 年 3 月份，赵祥锦到济南申请一份太阳雨的公益慈善基金，当时有机会争取到一份 30 万元的公益基金，但必须经过审核才能发放。组织方审核后表示，莱芜现在没有一个健全的公益组织，所以这批公益基金不能发放。"健全的公益组织需要建立宣传、监督、财务公开等一系列规章制度。莱芜有很多好心人、热心人，但是真正的公益组织需要完备的制度，以让社会放心。"如今，赵祥锦带领传统文化教育服务队，致力于从推广传统文化做起，从基础做起，认认真真做规范。"文化先行，教育为辅，行动为主，我们先从自己做起，从小事做起，从能做的做起，先'志愿'自己的家庭，最后再'志愿'社会。"

赵祥锦说，社会上很多志愿者，糊弄几年过去了，最后什么也没得到。"我们都要思考一个问题，公益事业的目标是什么？我们莱芜公益事业的优点在哪里？突出特色，做出莱芜人自己的东西。莱芜的公益事业不管谁来做，都代表莱芜形象。莱芜公益事业的兴盛，需要每个志愿者、每个组织互相支持，这样才能形成合力。"

3 月 10 日，莱芜传统文化教育服务队的义工们将举办活动，赵祥锦说："欢迎所有的志愿者一起加入进来，弘扬传统文化，推动我市的公益事业发展。"

总结升华

30 年的对外开放，一是使中国成功地从计划经济体制转向市场经济体制，另外一个重要作用是使人的观念发生了根本变化。

新中国成立后的 30 年以及改革开放之初，中国的老百姓对世界的了解是很少的。改革开放 30 年后，几乎绝大多数中国人都对世界有了更全面、更深入的了解，有了自己的观点和主张。年龄越轻，接触的新事物就越多，就越新潮，与世界的距离也更近。"90 后"的孩子与世界发展的潮流和趋势是同步的。

"5·12"四川汶川大地震，"90 后"新生代的沉着镇定、坚强勇敢不

得不让抱有成见的人刮目相看，一个个年幼孩子的英雄故事不由得让人们敬佩不已、感动不已。他们直面灾难、毫不退缩，奋不顾身、舍己救人，敢于担当、勇于负责，“90 后”用他们的实际行动改观了人们以往的评价。2009 年 10 月 1 日，是中华人民共和国成立 60 周年的日子，参加本次阅兵的部队主体是“80 后”、“90 后”新一代官兵，他们的表现也是令人赞赏。2010 年上海世博会期间，大量的“80 后”、“90 后”青少年充当了世博园区内的志愿者和工作人员，亲临一线投入了世博园区的服务和保障，他们的表现也得到了全社会的广泛好评。其中，被俗称为“小白菜”的志愿者们还成为了 2010 年上海世博会中一道亮丽的风景线。

一百多年前，思想家、政治家梁启超挥毫写下了大气磅礴的《少年中国说》：少年智则国智，少年富则国富，少年强则国强……而这，也正是中华民族薪火相传、继往开来、愈挫愈勇、愈折愈强、走向伟大繁荣的希望。

拓展训练

我们的祖国正在一步步地走向繁荣，走向昌盛。我们是伟大祖国孕育的新一代人，我们是祖国的未来、祖国的希望，祖国为我们的成长提供了强有力的保障。祖国在发展，我们也不能停下前进的脚步。搜集更多“90 后”见义勇为或志愿事迹，学习他们的品格和精神，反省并完善自己。

第2章 多点关心，多点爱

2.1 爱自己更爱他人

读一读

案例：雷锋——全心全意为人民做好事

从1961年开始，雷锋经常应邀去外地作报告，他出差的机会多了，为人民服务的机会也就多了。以至于人们流传着这样一句话：“雷锋出差一千里，好事做了一火车。”

有一次，雷锋外出，在沈阳车站换车，出检票口的时候，他发现一群人围着一个背着小孩儿的中年妇女。原来这名妇女从辽宁去吉林看丈夫，一不小心把车票和钱都丢了，雷锋连忙用自己的津贴费买了一张去吉林的火车票塞到大嫂手里，大嫂眼含热泪地问：“小兄弟，你叫什么名字？住哪的？是哪个单位的？”雷锋回答道：“我叫解放军，家就住在中国。”

五月的一天，雷锋冒雨去沈阳。他为了赶早车，早晨5点多就起来，带了几个干馒头就披上雨衣上路了。路上，雷锋看见一位妇女背着一个小孩，手里还牵着一个小女孩，正艰难地向车站走去。雷锋想都没想，脱下身上的雨衣就披在大嫂身上，又抱起小女孩陪她们一起来到车站。上车后，雷锋见小女孩冷得直发抖，就把自己的贴身衬衣脱下来给她穿上。雷锋估计她们没吃早饭，就把自己带的馒头给她们吃。火车到了沈阳，天还在下雨，雷锋便把她们送到家里。那位妇女感激地说：“同志，我可怎么感谢你呀！”雷锋说："不要感谢我，应该感谢党和毛主席啊！"

一次，雷锋从安东（今丹东）回来，要在沈阳转车。他背起背包过地下通道时，看见一位白发苍苍的老大娘拄着棍，背了个大包袱，很吃力地一步步迈着，雷锋走上前问道："大娘，您到哪里去？"老人上气不接下气地说："俺从关内来，到抚顺去看儿子！"雷锋一听跟自己同路，立刻把大包袱接过来，用手扶着老人说："走，大娘我送您到抚顺。"老人感动极了，一口一个好孩子地夸他。进了车厢，他给大娘找了座位，自己就站在旁边，掏出刚买来的面包，塞了一个在大娘手里，老大娘往外推着说："孩子，俺不饿，你吃吧！""别客气，大娘，吃吧，先垫垫肚子。""孩子"这个亲切的称呼，给了雷锋很大的感触，他觉得就像母亲叫着自己小名似的亲切。他在老人身边，和老人唠开了家常。老人说，她儿子是工人，出来好几年了。她是第一次来，还不知道儿子住在什么地方。说着，掏出一封信，雷锋接过一看，上面的地址他也不知道。老大娘急切地问雷锋："孩子，你知道这地方吗？"雷锋虽然不知道地址，但雷锋知道老人找儿子的急切心情，就说："大娘，您放心，我一定帮你找到他。"雷锋说到做到，到了抚顺，背起老人的包袱，搀扶着老大娘用地图找了两个多小时，才找到老人的儿子。母子一见面，老大娘就对儿子说："多亏了这位解放军，要不然，还找不到你呢！"母子一再感谢雷锋。雷锋却说："谢什么啊，这是我应该做的。"

过年的时候，战友们愉快地在一起参加各种文娱活动。雷锋和大家在俱乐部打了一阵乒乓球，就想到每逢过节，服务和运输部门是最忙的，这些地方是多么需要有人帮忙啊。他放下球拍，叫上同班的几个同志，一起请假后直奔附近的瓢儿屯车站，这个帮着打扫候车室，那个帮着给旅客倒水，雷锋把全班都带动起来了。

雷锋就是选择永不停息地、全心全意地为人民做好事，难怪人们一见到为人民做好事的人就想起雷锋，因为他是我们的好榜样。

想一想

为什么雷锋心里时时刻刻都在想着他人，别人的一切在他眼里都是那么重要呢？

讲一讲

“一个人的真正价值，首先决定于他在什么程度和在什么意义上从自我解放出来”。“一个人的价值，应当看他贡献什么，而不应看他取得什么。”——爱因斯坦

一个人的努力如果仅仅为了自己，就不可能成就多大的事业，“为人民服务”绝对不是一句空话，其实是告诉我们成就事业、实现自身价值、获得快乐的方法。能为社会做的贡献越大自身的价值越大。大成靠德，小成靠智，固然靠头脑可以在某一时期成功，但要想获得更大的成功就必须靠德，帮助他人是德的范围之一。让越多的人快乐自己就越快乐，仅仅停留在自己的房间里是感觉不到这种快乐的。

不要亏待自己——每个人都有权利和义务让自己生活得更好。即便你出身贫寒，即便你能力有限，都要奋起和自强，通过不断的努力进取和奋斗拼搏，逐步改善自己的生存状态，改变自己的人生境遇。只要你不肯服输、有所追求、勤于补拙、吃苦耐劳、扎实肯干，你的人生道路会越变越宽广，你的精神和物质生活也会越来越丰富多彩。还是那句话“条条大路通罗马”，只要你有成功的欲望，肯吃苦肯付出，你必将收获成功的喜悦。想要获得事业的成功，首先还是要找对正确的方法和途径，不要在某些事情上盲目坚持，也不要一遇挫折就轻言放弃。在做出正确的选择、明确目标之后，就要积极努力地去实现，从一点一滴开始，从小事做起。不要追求成功而谋求什么捷径，成功是用汗水换来的，无捷径可循。

在日常生活中，除了关爱自己之外，还要关心爱护身边的人。珍惜每一个陪伴你走过人生路的人，关心爱护家人、亲朋好友和同事。人生一世莫过百年，能聚在一起不容易，要用自己的真诚和大爱，来温暖呵护身边的每一个人。真诚对待与家人、朋友和同事，认真对待和关爱每一个人，并且要常怀感恩之心，不要忘记他人对自己的好。

对待素不相识的人，也要有爱心，在个人能力允许的条件下，扶危济困和向他人伸出援助之手。做一个热心人，时刻不忘关心帮助他人，热心公益慈善事业。用爱心来温暖世界，用爱和真情共创美好的明天。

这世界需要你，需要你的爱。不要吝惜你的爱，把爱献给世界和需

要帮助的人；伸出你热情的双手，来建设美好的家园，为风雨中的人撑起一把伞，为困厄中的人点亮一盏明灯。这世界需要你！因为有你，家庭才变得完整，世界才变得更精彩；因为有你和你的爱，生活才会变得更加美好和幸福。

在日常生活中，做到不亏待自己容易，做到时时处处关心和爱护他人却很难。时时处处关心爱护他人，要从一点一滴的小事做起，为他人奉献爱心和付出关爱。对他人的关爱、照顾和帮助，不仅要体现在物质上，而且要体现在精神上。在给予他人言语鼓励、行为支持和物质帮助的同时，不要忽视对其心灵的关爱和精神的抚慰。

在工作生活中，要保持敏锐的观察力，及时发现他人情绪和行为的异常，必要时给予其心理危机干预，加以开导和劝解。及时帮助他人排解思想上的困惑、心理上的压力和情感上的困窘，化解内心中的抑郁苦闷，给予他人心理支援，帮助他人从负面情绪、抑郁悲观和心灵困境中走出来。

在关心照顾他人的同时，切不可忽视对自己父母的关爱和照顾。不管是物质上的赡养还是精神上的抚慰上，都是必不可少的。即便自己与父母身居两地，也要时刻保持和父母的电话联系，或借助远程视频来和父母沟通交流。而如果时间和条件允许，还是陪伴在父母亲身边吧，好让他们享受天伦之乐，安享幸福晚年。

议一议

案例一：江苏省常州高级中学义工队——全国首支未成年人义工服务队

作为全国首支合法的未成年人义工服务团队，江苏省常州高级中学义工服务队始终本着“用我们的爱心唤醒更多人的爱，用热情、爱心和智慧帮助他人”的宗旨，在校内外积极开展各种义工活动。

每星期义工服务队都组织学生在天爱康复中心、永红敬老院、斜桥巷社区进行志愿服务，亲身感受社会基层人民的生活现状。同时，义工队还在校内开展大型活动。2013 年 5 月 25 日，现任义工队队长的蒋天铭同学在校内成功举办“情系雅安，乐音和铭”钢琴演奏会，用“追梦、青春、唯美”三个乐章与大家分享她对生命的体悟和感恩，并将募集到的 6 000 多元全部捐献给雅安灾区，用绵薄之力帮助雅安人民重建家园；9 月 17 日由高二（13）班同学组织发起的“献给岁月的礼物”关爱失独家庭主题义演圆满成功，得到了同学们的一致好评；9 月底举行的爱心义卖活动也得到了全校学生的热烈响应，大家齐聚广场，热火朝天地参加义卖，用善举为学校“爱心基金会”募集资金；暑假期间更是与常州义工联盟和其他义工团体联合组织了“快乐天使”义工夏令营，取得了良好的反响。

义工队的成员们在“做小事，想大事”的路上渐行渐远，为需要帮助的人奉献着自己的一份力量。

案例二：常州市丽华中学七彩阳光义工队——阳光蔬菜店义务劳动

从递袋子到帮忙称菜、算账，从成立之初的 12 人到现在的 40 余人，从最初的定时定员到如今同学们自觉组队进行志愿服务，丽华中学七彩阳光义工队的同学们正用行动展现着爱心的魅力。

两年来，七彩阳光义工队一直坚持着一项义工活动——阳光蔬菜店义务劳动，为同学孙智健家开的“胖子蔬菜店”卖蔬菜。活动过程中难免会有些疲惫或矛盾，但同学们都觉得，两年多的朝夕相处让他们明白这一切都是友情的体现，也理解了父母工作的辛苦和不易，开始真正去体谅父母、感恩父母。有的同学说，参加义工队之后，自己的心态有了很大改变，已经不再像当初仅仅因为爱心和好奇心的驱使，而是真正地享受这项活动，把这项活动当成生活的一部分。

通过同学们的努力，孙智健同学家的家庭氛围缓和了不少，而同学们的沟通能力和团队协作能力也得到了很好的提高，在体验生活的过程中逐渐形成了健康阳光的学生团队，真正达到团队“家文化”的目的。

案例三：常州市北郊高中义工队——献给天爱的真情

在常州天爱康复中心有这样一群特殊的孩子，因为古怪刻板的行为被他人嘲笑，因为语言智力发育迟滞、无法与人正常沟通而被社会遗忘。北郊高中义工队与该康复中心建立联系后，利用课余时间组织前往天爱，了解、陪伴这群孤独的孩子。除了帮康复中心打扫卫生、整理器材外，小义工们还各自陪伴一名自闭症孩子，和他们一起做操、上课、吃饭，走进他们的生活，分享他们的喜怒哀乐。

天爱本部有一个 19 岁的男孩，虽然恢复得最好，但语言能力和智力与同龄人还是相差甚远。也许对于他来说，“未来”、“梦想”的概念几乎为零，但有一次当义工们在他娴熟地编手链练习手指灵活度的时候问他“以后你想做什么”时，他出人意料地脱口而出：“以后要做面点，不让妈妈不开心。”这句话令义工们深深感动了。同学们注意到，虽然平时的他很难集中精神，记忆力也较弱，但他每天都会在天爱的面点教室专心待上两个小时，并且记下制作不同面点的每一道工序和细节。

和自闭症儿童相处后，同学们感叹道："看到可爱的他们，我感受到生命的力量。虽然他们生来就有缺陷，但那又怎样？与我们一样，他们也有过人之处和简单美好的梦想。作为高中生，我们并不能在物质上给予足够的帮助，但我们一定力所能及，与他们一起为明天付出今天的力量。"

在"践行天爱精神，提高公民素养"的激励下，北郊义工队的影响力正逐步扩大到全校范围，已有更多同学加入到了积极关心帮助弱势群体的队伍中。

案例四：旅游商贸高等职业技术学校"义工联盟"

常州旅游商贸高等职业技术学校"义工联盟"自成立以来，根据职业学校特色将"义工活动"与专业岗位体验结合，将服务社会与职业素质培养相结合。该校电子系、经贸系的学生走进了动漫展、恐龙园动漫基地，酒店管理专业的同学则走进福利院、敬老院，用星级酒店的标准，为福利院、敬老院服务。

在各个义工小组中，电子信息系无疑是一个亮点。电子信息系的义工们坚持一年半在京沪高铁常州北站开展维持秩序、帮助乘客正确使用自助票机等志愿者服务。每个节假日都能看到同学们忙碌的身影，尤其在 2013 年暑假，每天都有该校的义工在常州高铁北站服务。家住武进前黄的孔燕同学每周一早上 6 点半就从家里出发，转 3 趟公交车，8 点之前赶到高铁站，忙碌一天后，晚上 6 点才能从高铁站返回前黄。即便如此，她仍然牢记"服务社会大众，锻炼职业技能"的宗旨，按时到岗服务，风雨无阻。

为了保证义工活动的有序开展，家住外地的同学想了许多办法。有的为了参加活动，直到周六做完义工再赶火车回家；有的为了保证周日的义工活动，周六晚上就赶到了学校。"贵在坚持"的义工精神在他们身上得到了完美体现。

我们应该如何向义工服务队学习并发扬他们那种义工精神？

案例五：尽孝要趁早　别让爱太迟

2014 年 10 月 27 日，一位风尘仆仆赶回老家的儿子，推开门后却险些当场昏厥，原来他牵肠挂肚的父母早已倒在家中，没了呼吸。陈先生，嘉兴人，家住嘉兴市南湖区菱香坊小区，不过陈先生长期在上海工作，嘉兴老家里只有年老的父母。三个星期前，陈先生发现打回家的电话无人接听，一时还没放在心上。之后一段时间，陈先生屡次打电话回家，但是依然无人接听。他担心出事，就在 27 日夜里 8 点多赶了回去，没想到推开门后就闻到了一股恶臭，父母一个趴在地上，一个躺在床上……对于这样的悲剧，我们除了扼腕叹息，更要严肃地去解决养老问题。

2014 年 11 月 24 日，蚌埠市发生一起惨剧，一名六旬空巢老人独自死在家里，一周后才被邻居发现。据了解，老人有两个女儿，但都不在身边，老人嗜好养犬，家里曾养了近十条狗。11 月 21 日，楼下的马师傅终于发现了一些不对劲的地方，找来了警方。派出所没有透露更多的现场细节，只是告诉记者，老王死了，而且已经死了有一周左右，随后龙子湖公安分局的刑警和法医也赶到现场。

总结升华

关爱他人是一种美德，关爱可以使世界变得更美好、更和谐，只有你主动去关爱他人，他人才会关爱你。

应当如何关爱他人呢？关爱同学，应该要多一点宽容，少一点计较，唯有这样，我们才能和同学肝胆相照，才能得到同学们的帮助。

关爱老师，我们应该要多一些尊重，因为老师用博大的胸襟包容、关爱着年幼无知的我们。老师是园丁，辛勤耕耘培育着花朵；老师是一棵大树，他的根深植于大地，人们常说的“春蚕到死丝方尽，蜡炬成灰泪始干”正是老师那种默默奉献、不求回报的精神的写照，所以我们要给老师多一点关爱。

关爱父母，应该更多一点体贴和关心。亲情包括兄弟之情、姐妹之情、叔侄之情……而其中最真挚、最圣洁的莫过于父母与子女的感情了。亲情没有历史、地域和界线，是人类的共同情感，是没有尽头的纽带，连着一颗颗炽热的心。中国有句俗语：虎毒不食子。或许，亲情是一种连动物都具有的骨肉之情吧！

我们呼唤亲情，呼唤子女对父母的感情与报答。白扬曾说过：“一个人爱自己的父母，无论父母是好或不好，这是一种与生俱来的爱。”朱自清望着人群中父亲蹒跚的背影，曾流下感动的泪水，你是否从平日不苟言笑的父亲在你床边整夜守候的双眸中想到：我该如何爱他？想象《水浒传》中那个粗鲁的李逵是怎样对他老母亲的，难道我们不该为劳累了一天的父母端上一杯热腾腾的茶吗？难道我们不该多体贴和照顾自己的父母吗？

关爱集体，我们应该为集体多做一些奉献。提起“集体”这两个字眼，没有人会感到陌生吧！从班级到学校，从社会到国家，我们时刻徜徉在集体爱的长河中，接受心理的洗礼，享受春风般的温暖。

班级、学校、社会、国家，这些大大小小的集体是我们成长的摇篮，它的真、善、美陶冶着我们的性情，赋予我们积极向上的精神。让我们来关心集体、爱护集体，用自己的行动为这栋爱心大夏增砖加瓦！

一、关爱留守儿童

据2000年“五普”资料显示，中国农村留守儿童近2 000万人。有专家推算和保守估计，14岁以下的留守儿童至少在4 390万以上。在一些农村劳动力输出大省，留守儿童在当地儿童总数所占比例高达18%～22%。父母双方都外出流动，儿童不能与父母在一起生活的情况在全部留守儿童中超过了半数，比例高达56.17%。因人口流动引发的农村留守儿童问题已经成为不可忽视的社会问题。

据统计，80%以上的留守儿童是由祖父母隔代监护和亲友临时监护，年事已高、文化素质较低的祖辈监护人基本没有能力辅导和监督孩子学习。农村学校受办学条件、师资力量、教学理念的局限与制约，针对留守儿童的需求提供特殊有效的教育和关爱力不从心，学校与家庭之间缺乏沟通。家庭和学校监护不力，导致相当数量的留守儿童产生厌学、逃学、辍学现象。留守儿童学习成绩及初中教育在学率都低于正常家庭儿童，中国人民大学人口与发展研究中心的研究显示，进入初中阶段以后，留守儿童在校率大幅度下降，14周岁留守儿童的在校率仅为88%。

据西部某劳务输出大省在一县域内的调查显示：70%的父母年均回家不足3次，有的甚至几年才回家1次；近30%的留守儿童与父母通话、通信频率月均不足1次。由于父母长期外出，留守儿童的情感需求得不到满足，心理问题得不到正常疏导，极大地影响了其身心健康，形成人格扭曲的隐患，一部分儿童行为习惯较差，极易产生心理失衡、道德失范、行为失控甚至犯罪的倾向。南方沿海某省一项调查显示，19.6%的留守儿童觉得自己不如别人，11.4%觉得自己受歧视，9.5%有过被遗弃的感觉。北方某省的一项调查显示，在青少年犯罪中留守儿童所占比例已高达20%。

监护责任不落实，监护人缺乏防范意识，儿童防护能力弱，农村留守儿童容易受到意外伤害，甚至成为不法分子侵害的对象。公安部门统计数据显示，被拐卖儿童群体中，第一位是流动儿童，第二位是留守儿童。女孩受到性侵害又不能及时得到父母帮助，极易酿成严重后果。

心理问题是农村留守儿童最值得关注的问题。长期的单亲监护或隔代监护，甚至是他人监护、无人监护，使留守儿童无法像其他孩子那样得到父母的关爱，家长也不能随时了解、把握孩子的心理、思想变化。主要表现如下：

(1) 性格柔弱内向。留守儿童年龄幼小就离开父母，父母关爱严重缺失，尽管有些是爷爷奶奶或亲朋监管，但毕竟与父母亲疏不同，一遇到麻烦就会感觉无助，久而久之变得不愿与人交流，性格内向。

(2) 自卑心理障碍。儿童大都具有攀比心理，具有强烈的自豪感，而父母不在身边，他们就像失去了坚强的依靠和保护，因此和父母在身边的孩子相比容易产生自卑的心理障碍，有的甚至自暴自弃，丧失信心，学习不求上进。

(3) 孤独无靠心理。父母外出使孩子在家里感到空落、孤独，进而产生心理骚动和抑郁等问题。

(4) 产生怨恨父母的心理。少数孩子不理解父母，认为家里穷，父母没有能耐，才外出打工，由此产生怨恨心理，有的孩子在父母回家后疏远父母，和父母产生情感隔阂，甚至怨恨父母无情。

根据以上对留守儿童心理健康问题的原因、分析和对留守儿童心理状况的了解，为了更好地让留守儿童健康快乐成长，我们提出了建立留守学生心理健康教育的模式。

(1) 建立“留守儿童”成长档案，以学校为单位，对全部“留守儿童”的生活思想、学习和家庭教育情况进行调查摸底，逐一登记造册，建立反映其进步与不足的成长记录档案，并实行动态跟踪及进入归档、分类管理、信息共通的工作程序，根据档案记录情况有效地做好工作。

(2) 建立“留守儿童”家长联系热线，通过书信、电话、家访等形式召开家长会，与“留守儿童”的家长主动沟通，经常联系，让家长及时了解掌握孩子的情况。

(3) 为“留守儿童”增设课程内容和生活能力训练内容，提高孩子的自我保护意识和法律意识，增强生活自理能力，养成良好生活习惯。

由于父母双方或一方不在身边，对留守儿童学习方面的帮助和监督大大减少，甚至完全减除，使孩子在学习方面处于一种无人过问的状况。学好了，没人夸；学坏了，无人骂。渐渐使孩子对学习产生一种无所谓的态度。孩子的精力不放在学习上，自然就要在其他方面加以消耗，于是其行为开始出现偏差，各种超越道德、规则的行为开始在孩子身上出现。加上监护人对孩子亲情缺失状况产生同情，于是在孩子行为稍有出格的时候也不会加以管束，使孩子在偏离健康发展轨道的方向上越走越远。缺乏管教引发行为失范甚至越轨的情况，在留守儿童身上体现地极为普遍。

留守儿童的生活问题不容忽视，特别是父母双方都外出打工的那部分儿童，其生活状况是不容乐观的。留守儿童的父母之所以抛下孩子外出打工，是因为家庭务农的收入无法让自己的家庭过上稳定的生活，否则但凡有一点办法，他们都会想方设法与孩子待在一起，所以生活困难是留守儿童家庭的普遍特征。虽然父母出去打工可以挣到一些钱，但其付出与收入相比依然是极不平衡的，有时因为制度等方面的缺陷，挣到的钱还不能及时拿到手，所以他们在家庭生活方面是极其节俭的。父母离开后，留守儿童及其监护人在节俭方面表现得更为突出，主要表现在饮食方面，吃好是不敢奢求的，能吃饱就行了。学龄期和青春期正是长身体的时期，合理的饮食结构和营养搭配对孩子的成长来说是十分重要的。处在这一年龄段的城市儿童，是备受父母及亲友呵护的，而农村留守儿童只能在极度节俭的状态下过着维持温饱的生活。这些儿童在生病的时候，也往往没有能力和条件去医院救治，只能采取一些简单的、传统的方法治疗，或者干脆硬“扛”。

另外，众所周知，中国的农业被称为“老弱病残”农业。优秀的劳动力大部分都离开乡村去城市打工了，“老弱病残”成了农业的主要劳动力。留守儿童在其稍有一点力气的时候，也不得不加入到劳动者的队伍中去，即使他们不去干那些高强度的体力活，也要承担各种家务劳动。过早的家庭负担对他们的健康成长的影响也极大。

从上面的简单说明我们可以看到，出现在农村留守儿童身上的问题很多，也很严重，已经不是个例的问题了，而是关系到一个人数达2 300多万的群体的问题，而且这个群体还在不断壮大。“少年智则国智，少年富则国富，少年强则国强，少年独立则国独立，少年自由则国自由，少年进步则国进步。”留守儿童这一社会现象，无疑对中国日后的发展极为不利。留守儿童无论是学业、心理、健康、前途方面都是值得我们关注的。他们都是农村的儿童，是未来农村建设的主力，如果不及时采取有效措施解决他们身上出现的问题，使他们在平等、和谐的环境中健康成长，未来的新农村建设将受到极大的影响。

要想找到解决的办法，必须先找出问题产生的原因。留守儿童现象的出现从大的方面讲就是由农村经济发展滞后产生的。农村经济发展是一个非常复杂的问题，不是短时间内能够解决的，所以我们在解决留守儿童问题时要尽量寻找其产生的更直接的原因，只有这样才能尽快找到解决问题的有效方法，也只有这样才能不至于耽误一代人的成长。

1. 基本状况

“留守儿童”的监护方式主要有两种类型：

（1）隔代监护。即由爷爷、奶奶或外公、外婆监护，对于这种监护的方式，外出的父母比较放心。但这种监护方式在儿童成长过程中，却有着难以克服的问题。一是由于血缘、亲缘关系，监护者多采用溺爱的管教方式。较多地给予物质、生活上的满足和过多的宽容放任，而较少精神、道德上的管束和引导。二是祖孙辈年龄差距大，观念不一样，对待许多事物的看法往往存在很大的差异，“代沟”明显，难以相互沟通。一般来说，祖辈们往往以他们自己成长的经历来教育和要求孙子辈，思想观念保守，教育方法简单。孩子见识广，喜欢赶新潮，寻求刺激和创新，做事不拘一格，老人的观念和教育方法很难为孙辈接受。三是老人年岁大，精力不济，健康状况欠佳，再加上有的老人同时监护几个“留守儿童”，力不从心。以上情况说明祖辈难以承担监护教育之责。

（2）上代监护，即由父母的同辈人，如叔、伯、姑、姨、舅等亲戚或他人抚养的监护方式。由于监护对象并非己子，监护人在教养过程中难免有所顾虑，不敢严格管教。这样，上代监护也大多属于物质型和放任型的管教方式，容易养成儿童任性的心理行为。而对于较为敏感的儿童来说，又容易产生寄人篱下的感觉，从而形成怕事、孤僻、内向的性格。

2. 现实情况

（1）学习状况一般。由于这些孩子在留守期间是和年迈的祖父母、外祖父母或其他亲友生活在一起的，监护人文化水平低，没有能力辅导孩子的学习，重养轻教，致使孩子的学习得不到有效的督促和引导，大多数留守儿童在学习上自觉性差，纪律不强，没有良好的学习习惯，被动地学习，学习成绩较差。

（2）心理封闭和情感世界问题。“留守儿童”在情感上缺少健全的关爱和沟通，容易产生心理障碍。长期与父母分离，导致留守儿童在日常生活中享受不到父母的关怀，遇到困难不能从父母那里找到感情的支持，在学习、生活过程中出现一些差错得不到及时的引导、纠正，久而久之，便形成一些明显的心理行为问题。如感情脆弱，自暴自弃，焦虑自闭，缺乏自信，悲观消极等。

（3）道德行为差。由于缺乏有效监管和教育，留守儿童往往对事物分不清好坏和是非，不能正确地看待问题，容易受社会上反面现象的影响，养成一些不良行为。例如经常说谎，爱说脏话，不服管教，悄悄拿同学的东西。

（4）打工父母的一些观念存在负面影响。认为自己下苦力挣钱比文化较高的人挣钱还多的“打工”父母，在他们心目中滋长着新的“读书无用论”思想，于是对子女没有明确的要求，顺其自然，从而“能读书就读，读不好去打工也能赚钱”的观念在儿童思想中普遍存在。而一些没有挣得什么钱的打工父母，认为命运不好，整天怨天尤人，对子女的一切不闻不问，不负责任。这使“留守儿童”幼小的心灵背上了父母沉重的情绪包袱，承担着很大的精神压力，严重影响他们的正常学习和健康成长。

（5）“留守儿童”存在严重的“亲情饥渴”。亲情的抚慰与关怀对孩子的成长起着至关重要的作用。留守儿童大部分正处于身心迅速发展的时期，对自身变化与人际交往等方面有着自己的理解与认识，同时也面临许多方面的问题和烦恼，需要有渠道倾诉、有亲人安慰。但由于留守儿童的父母常年在外务工，有时半年、一年甚至多年都难以给孩子打一个电话、写一封信、见一次面，以此维系的亲情很难沟通思想、倾听烦恼和给孩子足够的关怀。有的父母与孩子多年不曾见面，致使孩子遗忘了父母的面貌，更谈不上亲情。

（6）监护人缺乏保护意识导致的意外伤害比例较大。由于大部分留守儿童属于未成年人，缺乏自我保护的意识和能力，对突发事件也缺乏应变和自救能力，没有父母的监护，容易受到不法分子的侵害和利用。加上不少留守儿童上学路途较远，经常起早摸黑赶路，人身安全令人担忧。

3. 基本策略

（1）家长要努力承担起教子之责。多数农民文化程度不高，他们误以为教育孩子是学校的事，家长只要给钱给物当好“后勤部长”就可以了，至于读书是学校、老师及儿童自己的事情，家长是没有什么责任的，他们一般认为儿童学习成绩的好坏是由儿童个人的素质决定的。家长应该改变这些不正确的思想，树立“子不教，父之过”的教育责任观，明确教育子女是自己的应尽之责。家长自身文化水平的高低并不影响对子女的教育，即使在外地务工，也要把教育孩子的那份责任承担起来，与学校、社会形成合力，把教育孩子的工作做好。家长应主动与子女的任课老师、村主任联系，加强沟通，向老师说明自己的情况，了解子女的身心和学习发展变化，共同商讨教育孩子的策略和方法，这样才不至于使“留守儿童”的家庭教育方面出现盲区。家长还应加强与“监护人”的联系及亲子间的沟通，及时掌握孩子的学业、品行及身体健康状况，并通过各种方式对孩子的学习和生活进行指导，要求“监护人”一定要保证孩子充分的学习时间，并对孩子严格要求，加强生活和学业的监护。

家长应采取多种方式，加强与孩子的沟通交流。沟通的时间间隔越短越好，保证熟悉孩子的生活、教育情况以及孩子的心理变化；沟通内容力求全面、细致，沟通中父母要明示他们对孩子的爱与厚望，希望孩子能理解他们的家境与现状，通过沟通以了解孩子的生活、学习、情感变化；沟通方式可以多样化，除电话外，可采用书信等进行交流。每一个孩子都是一块无瑕的“翡翠”，只要心里装有父母和亲人的爱，他们就有积极向上的原动力，就会学得更快、做得更好。

（2）加强管理，施以爱心。把“留守儿童”的教育作为专项工作，常抓不懈。各村都应建立起“留守儿童”个人档案。档案资料的内容有“留守儿童”姓名、年龄、道德品质、行为习惯、兴趣爱好、智力水平、性格特征、学习动机和态度、学习能力和方法；与临时监护人的融洽程度，与打工父母的沟通情况等；临时监护人的基本情况，包括姓名、年龄、文化程度、性格特征，重点是监护人如何对孩子进行管教等；“留守儿童”父母的基本情况包括姓名、年龄、文化程度、工作单位及工种、经济收入情况、对子女的希望要求、与子女联系沟通情况等。

针对“留守儿童”的特点和需要，让亲子间保持电话联系，根据孩子的校内外表现，让孩子与父母取得联系，每月定期通电话，让家长对孩子进行“电话教育”。爱是教育的基石，教育应把爱放在中心位置。与村上的“留守儿童”交朋友，时刻关心、爱护、照顾他们。在安全上，时刻提醒；在生活上，尽可能提供帮助；在心理上，细心观察，多方沟通；在学习上，耐心辅导。

总之，一个孩子的身心、人格、思想的健康发展离不了家长的教育。“留守儿童”的教育问题成了当前社会的热门话题，就让我们携起手来，时时、处处、事事关注留守儿童吧！

二、关注空巢老人

“家庭空巢综合症”常常表现出的症状是心情郁闷、沮丧、孤寂，食欲减低，睡眠失调，平时愁容不展，长吁短叹，甚至流泪哭泣，常常会有自责倾向，认为自己有对不起子女的地方，没有完全尽到做父母的责任。另外也会有责备子女的倾向，觉得子女对父母不孝，只顾自己的利益而让父母独守“空巢”。

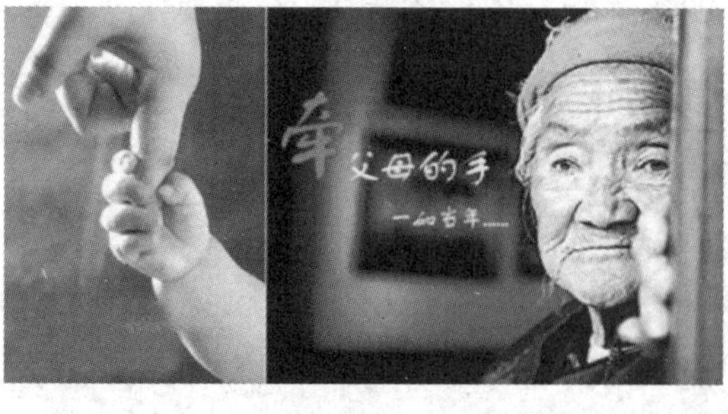

根据调查显示，在空巢老人中存在心理问题的比例达到 60%；而达到疾病程度，需要医学关注、心理干预的空巢老人，比例占到 10%～20%。问渠心理网认为，社会针对老年人的电视节目少、健身娱乐设施不足，导致老人的精神生活贫乏。再加上空巢老人社会活动减少、子女关怀不够，极易引发精神疾病。

老年空巢问题是个社会问题，主要还是社会支持系统不够健全完善。这种不完善包括物质层面的，比如年老体弱、无人赡养、就医困难等，更重要的是精神层面，孤独寂寞、对儿女的思念让老人缺乏精神慰藉。国外有义工制度，可以定期看望老人，陪老人聊天，很值得我们借鉴。

空巢老人问题不是一个简单的个人问题，已经成为我国亟待破解的社会难题。早在 1999 年的“国际老人年”，国际卫生组织就提出了“积极老龄化”的观点，即通过倡导积极老龄化，最大限度地增加健康、参与和保障的机会，以实现尽可能延长人类健康预期寿命，提高老年期生活质量的目标。“空巢老人”随着年龄的增长，生理功能逐渐衰退，对他人帮助的依赖性越来越高，心理上也越来越脆弱，对养老服务需求日益迫切。政府有关部门应采取有效措施积极应对和解决“空巢老人”问题，比如加大财政对养老事业供给，大力发展社会养老机构，加快养老服务事业发展，为“空巢老人”搭建“安全网”，建立应急求助信息系统等，为“空巢老人”办一些实实在在的事。“劳我以少壮，息我以衰老”，是到了为空巢老人提供生活照料、心理抚慰、应急救助、健康保健、法律援助等服务的时候了，因为他们正面对或遭受心理危机的困扰。其具体措施如下：

（1）老人要从思想上摆脱中国传统文化影响，建立新型家庭关系。减轻对子女的心理依恋，尽早将家庭关系的重心由纵向关系（父母与子女的关系）转向横向关系（夫妻关系）。适当减少对子女的感情投入，降低对子女回报父母的期望值。特别是子女到了“离巢”的年龄，老人要有充分的心理准备，逐步减少对子女的依恋。

（2）老人要及时充实新的生活内容，尽快找到新的替代角色。如培养兴趣爱好，建立新的人际关系，调整生活方式，参与各种社会活动和公益性劳动等。

（3）儿女应加强对老人的“精神赡养”，常回家看看。儿女在情感上和理智上应有体贴父母的习惯，即使“离巢”，也要增加与父母的联系和往来的次数，以避免父母“家庭空巢综合症”的发生。和父母住同一城镇的子女，与父母房子的距离不要太远。对于身在异地的子女，除了托人照顾父母，也要更加注重对父母的精神赡养。子女要了解空巢老人容易产生不良情绪，应经常与父母通过电话进行感情和思想的交流。

（4）政府应建立健全发展智能化养老的扶持政策，加强老龄信息化建设；突出智能管理服务，以老年人健康、发展为中心，实现智能养老的人性化，全面提升老年人幸福指数。

拓展训练

我们的身边还有很多需要关心和帮助的人，“人人为我，我为人人”，以班级为单位，组织一次关爱孤寡老人和儿童的活动，去敬老院、孤儿院为那里的老人和儿童送去关爱和祝福。

2.2　我奉献，我快乐

读一读

案例：最美乡村医生李春燕

李春燕，27 岁，是贵州从江县大塘村的乡村医生。三年前李春燕卫校毕业后嫁给了大塘村一个苗族青年，成为一名乡村卫生员，并且在自己家里开设了一间卫生室。

大塘村是一个苗族村寨，2 500 多名苗族村民中，只有她一个乡村卫生员，村民生活极其贫穷。人们向来缺医少药，过去村里没有医生，得病了，除了苦熬，就是请鬼师驱鬼辟邪，或是用“土办法”自己治疗，死了也不知道什么原因。现在，大家逐渐习惯了生病去李春燕那儿打针吃药，有了初步的医疗保障。李春燕，严格地讲不能称作医生，只能叫做“卫生员”，因为她没有编制，不享受国家的工资和其他待遇。由于工作环境差、入不敷出，我国的大部分乡村卫生员已改行或外出打工去了。李春燕也遇到过相同的问题，乡亲们来看病，没有钱付药费，只能记账赊欠。2004 年初，一直赔本经营卫生室的李春燕决定关掉卫生室，和丈夫一道去广东打工。当他们正准备出门的时候，闻讯而来的乡亲们正好赶到。村民们掏出皱巴巴的一元、两元钱递给李春燕说：“李医生你走了，我们可怎么办？这是我们还你的账，不够的我们明天把家里的米卖了，给你补上。”于是，李春燕没有离开。这是李春燕留在这艰苦的地方做乡村医生以来唯一想放弃的一次。

想一想

案例中的主人公是那么的无私，默默地奉献却不图名利，有些人却说她是傻瓜，为了不认识的陌生人不值得那样做。她真的是傻瓜吗？

讲一讲

奉献是不求回报的爱和全身心的付出。对个人而言，就是要在这份爱的召唤之下，把本职工作当成一项事业来热爱和完成，从点点滴滴中寻找乐趣，努力做好每一件事、认真善待每一个人。“奉”，即“捧”，意思是“给、献给”；“献”，原意为“献祭”，指“把实物或意见等恭敬庄严地送给集体或尊敬的人”。“奉献”，就是“恭敬的交付，呈献”。

奉献是人民赋予的光荣职责，要努力用这份爱去感染身边的每一个人，用大家的无私奉献编织出生活的美丽蓝图。

人生的意义到底是什么？怎样活着才算有意义？活着为自己还是为他人？这是每个人都要考虑的问题。“只要人人都献出一点爱，世界将变成美好的人间。”一曲《爱的奉献》之所以能久唱不衰，是因为它唱出了大家共同的心声。奉献与索取是矛盾的，一心索取的人，贪欲永远得不到满足。同时，没有别人的奉献，自己又能索取什么呢？

奉献是不计报酬的给予，是“有一分热发一分光”，是“我为人人”。奉献者付出的是青春，是汗水，是热情，是一种无私的爱心，甚至是无价的生命。因为有人奉献，社会的物质财富和精神财富才会不断增加，人类才会不断前进。奉献者收获的是一种幸福，一种崇高的情感，是他人的尊敬与爱戴，是自己生命的延长。简单地说，奉献是满怀感情地为他人服务，做出贡献，是不计回报的无偿服务。

回顾历史上所有奉献人生价值的人，他们为人类积累的财富有些是取之不尽用之不竭的。

如果说汉字是“一字千金”，也是需要通过至理名言来表现的。而用有限的语言表达出永恒的真理和智慧，这种奉献对于人类来讲就是永久的精神财富。

议一议

案例：十几年无偿献血——李海燕

李海燕，一名普通的职工，自 1998 年参加无偿献血以来，多次自愿参加无偿献血，在了解到机采成分血捐献后，就定期到血站参加成分血捐献。几年来，她从未间断过机采成分血的捐献，并成为机采献血的应急预备队员。每次接到救助电话，她总是很爽快地答应了。去年雪灾时发生 A 型机采血小板偏型现象，她在接到电话后就说："好，我下班就去，我儿子也是 A 型，我让他和我一起去献。"让工作人员感动的是，他和儿子踏着地上厚厚的积雪，母子俩相互搀扶着走到血站，寒冬腊月，滴水成冰的日子，母子俩却满脸是汗，见到工作人员还满脸笑容的说："路面太滑，不太好走，出租车都等不到，我和儿子就走过来了，不晚吧？"握着她温暖的手，工作人员感动的话语此刻只能是"谢谢"，跟她们母子冒雪前来献血的行为比，感谢的言语是多么的简单无力。几年来，李海燕前后参加机采成分血捐献 18 次，她儿子献成分血 4 次，每次在交谈献血感受时，她总是很满足地说："献血对人没有什么损害，还能救别人一条命，这种付出很有成就感。"

从李海燕身上，我们能学到什么呢？

总结升华

人们常说要实现人生价值，但人生价值究竟是什么？

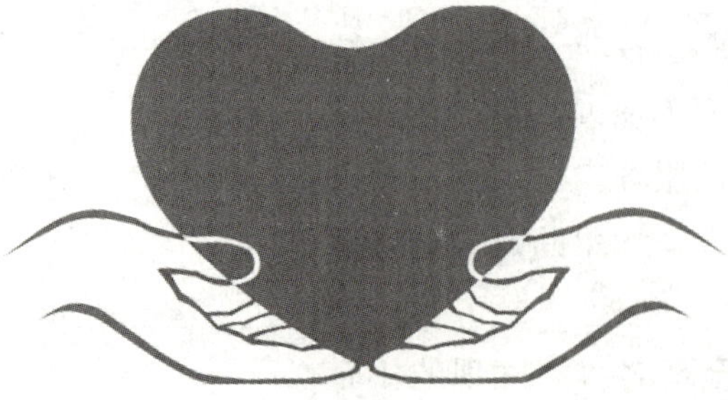

我们常歌颂"春蚕到死丝方尽，蜡炬成灰泪始干"，那是因为春蚕和蜡炬的无私奉献。翻开上下五千年的历史，像春蚕一样做贡献的人还少吗？大禹治水三过家门而不入，扁鹊周游列国解除人间疾苦，屈原为寻求救国真理上下而求索……他们不都是无私奉献的英雄吗？如果有人认为当今不再需要奉献，那么想想血染党旗的左权、怕死不当共产党员的刘胡兰、人民好卫士任长霞……是的，我们怎能否认人生真正的价值在于奉献？怎能不由衷地赞美这种奉献精神？在人生价值的天平上，奉献是永远不变的砝码，闪光是生命顶点的坐标！

让我们以英雄人物为榜样，以革命领袖和亲爱的党为榜样，终生以奉献为乐，以奉献为荣，以奉献为己任，孜孜不倦地去追求人生的价值，不贪图一时享乐，而是默默无闻地奉献！我们每个青年人都应该把握住机遇，经得起挑战，在工作和学习中不断完善自己，百炼成钢，用自己的火热青春和知识力量为人民贡献力量。

奉献是神圣的。伟大的祖国需要我们奉献，火热的生活需要我们奉献；朋友们，凭着岁月赐给我们的年轻臂膀和满腔热情，伸出你年轻的双手吧！让我们擎起希望的火炬，劈风斩浪，走向辉煌的明天！

人们通常认为，如果每个人对生活中什么东西是重要的、应该做什么等问题的看法一致，那么关于人生的价值也许就永远不会被提出来了。然而，现实并非如此，有关人生价值的问题总是让人争论不休，似乎永远找不到一个统一的答案。

人生价值观的形成不是一蹴而就的。价值和价值观，往往容易被局限于单纯知识性的概念，其实，它是一种渗透于人的行动并在人格中支配着人的一种东西。价值是每个人所持有的人格的一个组成部分，也是我们整个文化的一个组成部分。我们之所以是我们自己而非他人，其部分原因就是因为我们有这样一种东西给予我们的生活以重大意义。只是人们一般不能自觉地意识到这种价值观。

与其他动物不同，人能够从本质上认识和把握自己，并根据这一认识和把握向未来设计自己。一个人的价值观，从一出生就开始萌发并逐渐形成，是以在他人那里接受和自己回报的信赖、尊敬为基础，从模仿亲人的言行中形成，以“感化”的形式接受过来的。在这一过程中，家庭和社会所提供的价值体系也并不完全一致，还包含着分裂和矛盾。因此，原封不动地吸取过来的只是“价值感”，而非“价值观”。只是到了后来，随着人的成熟，才开始形成基本的人生价值观。

现代社会的一个特点是人生价值观的多样化。对待人生的看法，过去只有一种解释能被接受，现在却允许多种解释的存在。与此相应，人生价值体系也就呈现出多元复杂的特点。在价值多样化的今天，人们不是半强制或强制地接受一种划一的价值观，而必须做的是从各种各样的价值观中去找寻正确的、合乎自己的价值观，并将其变为自己的东西。

在人生价值观多样化的社会，如果没有一种实力能与一种价值观根深蒂固地联系在一起，并对其深信不疑，将它作为生活的准则，是很难生存下去的。

名言警句

1. 衣带渐宽终不悔，为伊消得人憔悴。 ——柳永《蝶恋花》
2. 春蚕到死丝方尽，蜡炬成灰泪始干。 ——李商隐《无题》
3. 横眉冷对千夫指，俯首甘为孺子牛。 ——鲁迅
4. 人生自古谁无死，留取丹心照汗青。 ——文天祥《过零丁洋》
5. 粉身碎骨全不怕，要留清白在人间。 ——于谦《石灰吟》
6. 随风潜入夜，润物细无声。 ——杜甫《春夜喜雨》
7. 采得百花成蜜后，为谁辛苦为谁甜。 ——罗隐《蜂》
8. 出师未捷身先死，长使英雄泪满襟。 —— 杜甫《蜀相》
9. 僵卧孤村不自哀，尚思为国戍轮台。 ——陆游《十一月四日风雨大作》
10. 落红不是无情物，化作春泥更护花。 ——龚自珍《己亥杂诗》
11. 捧着一颗心来，不带半根草去。 ——陶行知
12. 欲为圣明除弊事，肯将衰朽惜残年。 ——韩愈《左迁至蓝关示侄孙湘》
13. 惟应人间求饱暖，一声呼啸化烟尘。 ——左河水《咏煤》

2.3 心怀感恩

读一读

案例一：10 年助学收获别样感恩

“‘妈妈’，最近我要回老家支教，不能经常联系您了！”春节后，李晓华收到刘荣的短信。看着自己资助的女孩考上大学并热心公益事业，她很高兴，也特有成就感：从刘荣小学三年级一直到大学，10 年间，一个贫困失学女孩的命运，在她的帮助下得到改变。

47 岁的李晓华是江苏省连云港市连云区东崖屋村的一名普通农民。

2005 年，一个偶然的机会，她从网上看到小学三年级学生刘荣因贫困而失学。思前想后，她决定和丈夫捐款资助这个女孩！小学每学期 300 元、初中每学期 500 元、高中每学期 1 000 元，大学近万元，10 年间，李晓华坚持“一对一”资助，每学期都通过邮局提前把助学款汇过去。

“你的信!”2005 年开学后，李晓华意外收到刘荣来信。信中，刘荣亲切地称呼李晓华为“妈妈”，女孩真诚地向李晓华表达感激和努力学习之情。就这样，李晓华与刘荣的书信往来也持续了 10 年。李晓华有一双儿女，但她一直像对待自己亲生儿女一样关心着刘荣，从班级小事到高考填报志愿，刘荣有什么事情都与李晓华商量。

如今李晓华依然用老办法帮助着刘荣。“‘妈妈’，自从您为我买了电脑，我就把您多年来的帮助记录下来，我要永远记住你们的恩情!”

2013 年，刘荣以优异的成绩考上大学，此后，她每年都会抽出时间去西部贫困地区支教，在李晓华爱心的感召下，刘荣积极投身公益事业，反哺社会。

案例二：满怀感恩 传递爱心

开学伊始，甘肃省体彩中心对甘肃中医学院接受“乐善人生，情暖校园”助学金的学子们做了回访和问候。作为体育彩票爱心捐赠对象的各位学子踊跃发言，畅谈了自己的感恩之情和学习生活计划。

临床医学院 13 级临床 C 班的李同学来自武威市古浪县农村，她家有五个孩子，她是老四，兄弟姐妹有三个上了大学。李同学表示，医学专业正好是自己回报社会、救助病患的好机会，自己会将这笔费用一部分用于生活费，另一部分用于购置学习资料，潜心学习，争取将来做个好医生，用自己的专业知识回报社会。

和李同学同班的王同学来自国家级贫困县会宁，家里有三个孩子。哥哥和弟弟早早出外打工维持家里日常用度，并供她上学。体彩中心给的这笔助学金，解决了她面临的困难，她将安心学习，以后有能力的时候，将这份爱心传递下去，去帮助更多和她一样需要帮助的人。

同样是临床医学院 13 级 A 班的田同学和牛同学，一位来自静宁，一位来自庄浪，家里都是两三个孩子，爸爸常年在外打工，妈妈在家照顾一家老小，经济拮据，当家人听到助学金的消息后，父母亲松了口气，反复叮嘱他们认真学习，从现在做起、从身边小事做起，尽自己所能帮助更多的人。

医学技术学院 13 级临床 B 班的杨同学和金同学，分别来自榆中和静宁，家境贫寒，他们也经常为学费和生活费发愁，自从知道学校得到了甘肃体彩“乐善人生，情暖校园”的助学资助之后，他们家里人着实高兴了好一阵子。两位同学表示，助学金都用在生活费上，来减轻家长的负担。她们平常有机会就会去参加学校组织的公益活动，以表达自己和家人对社会的那份感恩之情。

作为学长，医学技术学院医学检验班 12 级的李同学，从大一开始就加入了志愿者队伍，在各个学校向同学们培训抗震防灾、户外安全、日常自救等方面的知识。李同学颇有成就感的向各位学弟学妹分享自己去年参加兰州马拉松志愿者救护队之后的感想，她说：“做公益的时候，把心思投入进去，自己就会受到感染，会有一种无法比拟的成就感。”对于甘肃体彩对自己的帮助，李同学说，这更加坚定了她参与各项公益爱心活动的信心，她会和其他同学们一起，将体彩给予的这份爱心传递下去，李同学用她刚开始参与公益活动时学到的一句话，结束了自己的分享：你善良的行为会感染身边的每一个人。

想一想

我们整天口头上说要懂得感恩，然而现实生活中又有多少人像案例中的主人公那样将“感恩”落到实处，身体力行，用自己的实际行动给予感恩最好的诠释？

讲一讲

一、感恩的内涵

感恩是一种处世哲学，是生活中的大智慧。人生在世，不可能一帆风顺，种种失败、无奈都需要我们勇敢地面对、旷达地处理。这时，是一味埋怨生活，消沉、萎靡不振？还是对生活满怀感恩，跌倒了再爬起来？英国作家萨克雷说：“生活就是一面镜子，你笑，它也笑；你哭，它也哭。”你感恩生活，生活将赐予你灿烂的阳光；你不感恩，只知一味地怨天尤人，最终可能一无所有！成功时，感恩的理由固然能找到许多；失败时，不感恩的借口却只需一个。殊不知，失败或不幸时更应该感恩生活。

感恩，使我们在失败时看到差距，在不幸时得到慰藉、获得温暖，激发我们挑战困难的勇气，进而获取前进的动力。就像罗斯福那样，换一种角度去看待人生的失意与不幸，对生活时时怀有一份感恩的心情，则能使自己永远保持健康的心态、完美的人格和进取的信念。感恩不纯粹是一种心理安慰，也不是对现实的逃避，更不是阿 Q 的精神胜利法。感恩，是一种歌唱生活的方式，它来自对生活的热爱与希望。

“感恩”是个舶来词，“感恩”二字，牛津字典给的定义是：“乐于把得到好处的感激呈现出来且回馈他人。”“感恩”是因为我们生活在这个世界上，一切的一切，包括一草一木都对我们有恩情！

“感恩”是一种认同。这种认同应该是我们心灵里的一种认可。我们生活在大自然里，大自然给予我们的恩赐太多。没有大自然谁也活不下去，这是最简单的道理。对太阳“感恩”，那是对温暖的领悟；对蓝天“感恩”，那是我们对纯净的认可；对草原“感恩”，那是我们对“野火烧不尽，春风吹又生”的叹服；对大海“感恩”，那是我们对兼收并蓄的倾听。

“感恩”是一种回报。我们从母亲的子宫里走来，而后母亲用乳汁将我们哺育。而更伟大的是母亲从不希望她得到什么，就像太阳每天都会把她的温暖给予我们，从不要求回报，但是我们必须明白“感恩”。

“感恩”是一种钦佩。这种钦佩应该是从我们血管里喷涌出的一种钦佩“感恩”之心，对世间所有事物给予自己的帮助表示感激，并铭记在心。

“感恩”之心，是我们每个人生活中不可或缺的阳光雨露，一刻也不能少。无论你是何等的尊贵，或是怎样地看待卑微；无论你生活在何地何处，或是有着怎样特别的生活经历，只要你胸中常常怀着一颗感恩的心，随之而来的，就必然会不断地涌动着诸如温暖、自信、坚定、善良等这些美好的处世品格。自然而然地，你的生活中便有了一处处动人的风景。

“感恩”是一种对恩惠心存感激的表示，是一种不忘他人恩情的人萦绕心间的情感。学会感恩，是为了擦亮蒙尘的心灵而不致麻木，学会感恩，是为了将无以为报的点滴付出永铭于心。譬如感恩于为我们的成长付出毕生心血的父母。

“感恩”是一种处世哲学，是生活中的大智慧。感恩可以消解内心所有的积怨，感恩可以涤荡世间一切尘埃。人生在世，不会一帆风顺，种种失败、无奈都需要我们勇敢地面对、豁达地处理。

“感恩”是一种生活态度，是一种品德，是一片肺腑之言。如果人与人之间缺乏感恩之心，必然会导致人际关系的冷淡，所以，每个人都应该学会“感恩”，这对于孩子来说尤为重要。因为，孩子都是家庭的中心，他们只知有自己，不知爱别人。让他们学会“感恩”，其实就是让他们学会懂得尊重他人，对他人的帮助时时怀有感激之心。感恩教育让孩子知道每个人都在享受着别人通过付出给自己带来的快乐生活，当孩子们感谢他人的善行时，第一反应常常是今后自己也应该这样做，这就给孩子一种行为上的暗示，让他们从小知道爱别人、帮助别人。

“感恩”是尊重的基础。在道德价值的坐标体系中，坐标的原点是“我”，我与他人，我与社会，我与自然，一切的关系都是由主体“我”发射而出。尊重是以自尊为起点，尊重他人、社会、自然、知识，在自己与他人、社会相互尊重以及对自然和谐共处中追求生命的意义，展现、发展自己的独立人格。感恩是一切良好非智力因素的精神底色，感恩是学会做人的支点。感恩让世界这样多彩，感恩让我们如此美丽！

“感恩”之心是一种美好的感情，没有一颗感恩的心，孩子永远不能真正懂得孝敬父母、理解帮助他人。

二、学会感恩

感恩是一种处世哲学，也是生活中的大智慧。一个有智慧的人，不应该为自己没有的斤斤计较，也不应该一味索取和使自己的私欲膨胀。学会感恩，为自己已有的而感恩，感谢生活给你的赠予。这样你才会有一个积极的人生观和健康的心态。

（1）养成感恩的习惯。每天清晨醒来时，默默地感激已有的生活和所爱的人，当然还包括其他对之感激的人和事情。

（2）一封表达谢意的纸条。如果别人向你寄来一封表达谢意的纸条，你一定会很开心吧？当你表达谢意时，并不需要正式的感谢信，一张小小的卡片（或 E-mail）就可以了，礼轻情意重。

（3）一个小小的拥抱（在适当的时候）。对你深爱的人，与你共处很长时间的朋友或同事，小小的拥抱是表达感恩的礼物。

（4）对每一天怀有感恩。你并不需要感谢特定的某人，因为你可以

感谢生活，感谢今天又是新的一天。一位怀有感恩之心的朋友常常跟我说，当你每天醒来时，应该这样想："我真是个幸运的人！今天又能安然地起床，而且还有崭新、完美的一天。我应该好好珍惜，去扩展自己的内心，将自己对生活的热情传送给他人。我要常怀善心，积极地帮助别人，而不要对别人恶言相向。"

（5）不求回报的小小善意。不要为了私利去做好事，也不要因为善举太小而不去做。留心一下他人，看看他喜欢什么，或者需要什么，然后帮他们做（倒杯咖啡、递下茶水等）。行动胜过话语，说声"谢谢"不如做一件小小善事来回报。

（6）一份小小的礼物。并不需要昂贵的礼物，小小的礼物也足够表达你的感恩了。

（7）列一份你感谢别人的理由。列这样一份清单，大概十几条，表达你对他的感激，或者他帮助了你哪些地方而让你深怀感激，然后将这份清单交给他。

（8）公开地感谢别人。在一个公开的地方表达你对他们的感谢，比如办公室里、与朋友和家人交谈时、博客上、当地新闻报纸上等。

（9）给他们意外惊喜。小小的惊喜可以使事情变得不一般。比如，在爸爸工作回到家时，你已经准备好了美味的晚餐；当妈妈去工作时，发现自己的汽车已经被你清洗得干净又漂亮；当朋友打开便当时，发现你特意做的小甜点。

（10）对不幸也心怀感激。就像罗斯福家中被盗后，他给朋友的回信一样。即便生活误解了你，使你遭遇挫折与打击，你也要怀有感恩。你不是去感恩这些伤心的遭遇（虽然这也使你成长），而是去感恩那些一直在你身边的亲人、朋友和你仍有的工作、家庭，以及生活依然给予你的健康和积极的心态等。

每天怀有感恩地说"谢谢"，不仅使自己有积极的想法，也使别人感到快乐。在别人需要帮助时，伸出援助之手；而当别人帮助自己时，以真诚的微笑表达感谢；当你悲伤时，有人会抽出时间来安慰你等，这些小小的细节都是怀有一颗颗感恩的心。

议一议

案例：拿什么"感谢"你，我的母校

辽宁盘锦高级中学（以下简称"盘高"）收取高三年级学生每人

100 元的“感恩母校钱”。3 月 24 日上午，该校一负责人解释称，“感恩母校钱”系学生的私自行为，目前已经全部退回。

一般来说，学生对母校都怀着强烈感恩之情。但辽宁盘锦高级中学即将毕业的高三学生对母校的感情似乎更加“强烈”，他们甚至“自发”启动了每人上交 100 元“感恩母校钱”的行动，尽管目前学校已经督促班主任和班长把“感恩母校钱”退还给了学生，但这给学生感情造成的冲击却不容易“一退了之”。

而对学校这种涉嫌巧立名目收取费用的勾当，单靠事后曝光、事后退款似乎不是正道，它需要教育行政管理部门尽职尽责，加强对学校的管理。其实，很多学校的“过来人”对这种毕业班学生自愿上交类似“感恩母校钱”的现象都是心知肚明的。首先它是多数学生“伪自愿”的产物，基本都是被教师或少数学生强烈暗示而形成的“假自愿”。其次它是个别教师“捞一笔”的外快，在一些学校的毕业班这几乎是人所共知的“潜规则”。“感恩母校钱”，学生感的是什么“恩”，拿着从父母手中要来的钱去报母校的“恩”又有何意义？

辽宁盘高毕业班学生创造的“感恩母校钱”与教师节学生给老师送礼，具有异曲同工之妙，二者都掺杂着学生自愿与被自愿的矛盾思想。单纯从师生感情来说，笔者不否认会有相当多的学生愿意用金钱来表达自己对学校和老师的感激之情，但问题是学生不具备经济收入能力，他们的钱必须来自父母，所以，学生拿着父母的钱去报学校或老师的“恩”，这就不合道理了。更何况这其中还有一些家庭经济条件差或思想相对成熟的学生，他们并不愿意拿父母的钱干自己的事，他们更愿意长大后凭借自己的能力来报答母校的“恩”。所以，深入分析学生心理，我们不难看出辽宁盘高出现的“感恩母校钱”，的确刺痛了一些学生，给他们造成“交也不是，不交也不是”的精神折磨。

当然，学生临近毕业要表达对母校和老师的感恩之情是非常难得的，也是非常宝贵的。只是关键在于，学生的感恩之情只能用金钱来表达吗？学校和老师应该引导学生用其他方式表达，或者在恰当时间召开师生联欢会，或者引领学生撰写赞美母校与老师的散文，或收集学生对母校或老师的感恩语句等，都可以充分表达学生对母校的感情。

可见，辽宁盘高出现的“感恩母校钱”及其他收费问题并不是学校解释得那么简单。它对学生的伤害已经达到了一定的程度，所以才会被人有图有真相地呈现到网络上，无疑只有相关管理部门深度介入，惩治学校的乱收费行为，才能彻底治愈给学生造成的收费之痛。

“感恩”不应该被玷污成为被利用的工具。让我们还“感恩”一片蓝天！

总结升华

人的一生，小而言之，从小时候起，就领受了父母的养育之恩，等到上学，有老师的教育之恩，工作以后，又有领导和同事的关怀、帮助之恩，年纪大了之后，又免不了要接受晚辈的赡养、照顾之恩；大而言之，作为单个的社会成员，我们都生活在一个多层次的社会大环境之中，首先从这个大环境里获得了一定的生存条件和发展机会，也就是说，社会这个大环境是有恩于我们每个人的。感恩，说明一个人对自己与他人和社会的关系有着正确的认识；报恩，则是在这种正确认识之下产生的一种责任感。没有社会成员的感恩和报恩，很难想象一个社会能够正常发展下去。在感恩的空气中，人们对许多事情都可以平心静气；在感恩的空气中，人们可以认真、务实地从最细小的事情做起；在感恩的空气中，人们自发地做到严于律己、宽以待人；在感恩的空气中，人们正视错误，互相帮助；在感恩的空气中，人们将不会感到自己的孤独……

人生道路，曲折坎坷，不知有多少艰难险阻，甚至遭遇挫折和失败。在危困时刻，有人向你伸出温暖的双手，解除生活的困顿；有人为你指点迷津，让你明确前进的方向；甚至有人用肩膀、身躯把你擎起，让你攀上人生的高峰……你最终战胜了苦难，扬帆远航，驶向光明幸福的彼岸。那么，你没有心存感激吗？你能不思回报吗？感恩的关键在于回报。回报，就是对哺育、培养、教导、指引、帮助、支持乃至救护自己的人心存感激，并通过自己十倍、百倍的付出，用实际行动予以报答。

一切情绪之中最有威力的便是爱心，但它以不同的面貌呈现出来。感恩也是一种爱，因而安东尼·罗宾喜欢通过思想或行动，主动表达出自己的感恩之情，同时也好好珍惜上天赐给他的、人们给予他的人生经历。如果我们常心存感恩，人生就会过得快乐，因此请好好经营你充满感恩的人生，让它充满芬芳。

感恩是积极向上的思考和谦卑的态度，它是自发性的行为。当一个人懂得感恩时，便会将感恩化做一种充满爱意的行动，实践于生活中。一颗感恩的心，就是一个和平的种子，因为感恩不是简单的报恩，它是一种责任、自立、自尊和追求阳光人生的精神境界。感恩是一种处世哲学，感恩是一种生活智慧，感恩更是学会做人、成就阳光人生的支点。从成长的角度来看，心理学家们普遍认同这样一个规律：心改变了，态度就跟着改变；态度改变了，习惯就跟着改变；习惯改变了，性格就跟着改变；性格改变了，人生就跟着改变。愿感恩的心改变我们的态度，愿诚恳的态度带动我们的习惯，愿良好的习惯升华我们的性格，愿健康的性格收获我们美丽的人生！

朋友相聚，酒甜歌美，情浓意深，我感恩上苍，给了我这么多的好朋友，我享受着朋友的温暖、生活的香醇、如歌的友情。走出家门，我走向自然。放眼红花绿草，莺飞燕舞，我感恩大自然的无尽美好，感恩上天的无私给予，感恩大地的宽容浩博。生活的每一天，我都充满着感恩情怀，我学会了宽容，学会了承接，学会了付出，懂得了回报。所以，每天，我都有一个好心情，我幸福地过着每一天。我懂得，学会了感恩，才会在生活中发现美好，用微笑去对待每一天，用微笑去对待世界、对待人生、对待朋友、对待困难。宽容和感动可以化腐朽为神奇，化冰峰为春暖，化干戈为玉帛。

对生活心存感恩，你就不会有太多的抱怨，因为世上没有十全十美的事物。比抱怨更重要的是自己为改变这一切做了哪些努力。感恩之心足以稀释我们心中的狭隘和蛮横，还可以帮助我们度过最大的痛苦和灾难。常怀感恩之心，我们就可以逐渐原谅那些曾和你有过结怨甚至触及你心灵痛处的人，使我们已有的人生资源变得更加深厚，使我们的心胸更加宽阔。

因此，感恩是人生的一条基本准则，是人生质量的一种体现，是一切生命美好的基础。感恩是生活中的大智慧，能使我们感受到大自然的美妙、生活的美好，能保持我们积极、健康、阳光的良好心态。怀有感恩之情，对别人、对环境就会少一份挑剔，多一份欣赏和感激。感恩，是一种美好的情感，是事业上的原动力和内驱力，是人的高贵之所在。感恩将使你的心和你所期盼的事物联系得更紧，感恩将使你持有对生活、对一切美好事物的信念，从而一生被美好的事物包围。常怀感恩之心，我们便能够生活在一个感恩的世界，这个世界一定是非常美好的，我们的人生也会变得更加美好。

佛法中经常说“报四重恩”：一是“父母恩”；二是“众生恩”；三是“国土恩”；四是“三宝恩”（佛、法、僧三宝）。我们感念众生旷劫供我所需之恩，感念自然界、太阳供我光明与热能，空气供我呼吸，花草树木供我赏悦。

感恩是一束金色的阳光，能融化冰雪，让我们学会感恩，让这束阳光照耀在我们的心底！

感恩使人知足。俗语说：知足常乐。老子说："知足者富。"知恩，感恩，谢恩，才会懂得知足。

感恩使人与环境融洽和谐。感人之恩，必不与人争。感人之恩，必与人为善。一个知恩感恩的人，他的生活环境必定是完美的、幸福的、平安的。否则，一个人一生不会有安生的日子。

感恩使人成长。感恩是一种学习态度。从别人所做的"一切"（绝不只是某些或某一部分）去体验和学习做人之道、处事之道，从而不断地使自己变得越来越完美。俗话说：没有最美，只有更美。人生的使命，就是使自己不断变得更完美。

感恩是对社会和谐的一种贡献，他使被感恩的人感受到自己的价值，进而以人为本，与人为善，共同营造出一个完美的现实。

由上可知，感恩最大的受益人首先是感恩者自己。被感恩的人也受益。前提是自己先受益。如果感恩者并不觉得受益，他人的受益也只是表面现象，很可能会是明益暗害。

感恩生活让我们得以享受这样的温馨，让这美好的一切滋润我们的心田，让生命之花得到护佑，健康成长、灿烂开放。

感恩生活带来的挫折与磨难。感恩生活让挫折磨炼我们的意志，让苦难锤炼我们的品质，使我们更深刻地理解生活；让我们学会了勇于面对生活的种种考验，怀着一颗感恩之心，去努力克服困难，战胜挑战，不向生活低头，不向命运屈服；让我们的生命之路行进得更扎实、更稳固。

感恩于我们所处的自然社会，感谢他们孕育了一个个相像而又不尽相同的个体，组成了一个丰富多彩的大千世界，让我们的思维得以在这样一个多元化的精彩世界里激烈碰撞，闪烁出生命奋进的火花；让我们体味生活的多姿多彩，让生命奋进的火花不断碰撞新的理念，闪烁出新的光芒。

感恩于洒在我们身上的每一缕阳光，感恩于路人投来的每一个微笑或眼神，感谢这一切的存在让我体验到了真实的美好。

让我们以感恩的心态来面对生活中的一切幸福和苦难，享受这真实的生活！

名言警句

1. 孝子之至，莫大乎尊亲；尊亲之至，莫大乎以天下养。

2. 哀哀父母，生我劬劳。

3. 一日为师，终身为父。

4. 谁言寸草心，报得三春晖。

5. 滴水之恩当涌泉相报。

6. 做人就像蜡烛一样，有一分热，发一分光，给人以光明，给人以温暖。

7. 生活需要一颗感恩的心来创造，一颗感恩的心需要生活来滋养。

8. 吃水不忘挖井人。

9. 前人栽树，后人乘凉。

10. 知恩图报，善莫大焉。

11. 羊有跪乳之恩，鸦有反哺之义。

12. 借得大江千斛水，研为翰墨颂师恩。

13. 投之以桃，报之以李。

14. 一父养十子，十子养一父。

15. 淡看世事去如烟，铭记恩情存如血。

16. 父恩比山高，母恩比海深。

17. 一饭之恩，当永世不忘。

18. 鱼知水恩，乃幸福之源也。

19. 可怜天下父母心。

20. 知遇之恩当永生不忘。

第3章 天生我材必有用

3.1 相信自己

读一读

案例一：美乐乐的“90后”“自信妹”

“我们对自己抱有的信心，将使别人对我们萌生信心的绿芽。”这是法国著名作家拉罗什富科的一句名言，也是美乐乐成都城北体验馆置家顾问周雪梅——一个“90后”“自信妹”的座右铭。这份自信让青葱年华的她少了一些青涩与懵懂，多了一份成熟与专业，也让她的顾客心悦诚服地把家交给她来装扮。

周雪梅一直坚信，自信是职场的一块“点金石”，特别是在销售这个行当里，自信心往往是影响顾客是否购买的重要因素。“我们自信了，客户才会相信我们给他传达的信息，才会觉得买这个商品没有买亏。”

她给我们举了一个印象深刻的例子，一位周大生珠宝成都分店的老总举家前来购买家具，在进行产品推荐时，她要兼顾6个不同年龄段人的喜好和需求，同时还要回答他们各式各样的疑问。虽然压力很大，但周雪梅却成功地做到了，拿下了她加入美乐乐以来最大的一笔订单。

“在销售沟通过程中，我们自信的表情、语气是很能够感染客户的，其实也就相当于我们在给客户信心，往他购买的方向推进，让他不后悔选择美乐乐的家具，不后悔在今天把美乐乐的家具带回家。”

自信既然如此重要，那么对这位“90后”的小姑娘而言，“自信”什么呢？她的底气又在哪里？她的回答就是“三个信心相加”。首先，是对自己为之奋斗的公司充满信心，因为它是自己在岗位上坚守的动力。2012年10月，周雪梅放弃了高薪的保险销售工作，经朋友介绍来到了美乐乐成都城北体验馆，一个坐落于成都老彭城路，只有470平方米的家居体验店，当一名小小的导购。偏僻的地理位置、窄小的摆场和基层的职位都没有影响周雪梅成为一名美乐乐人的决心。“当时在美乐乐工作的朋友只跟我说了两句话：‘5年，从佛山的家具小公司变为中国最大的家居电商；1年，从1家线下体验馆开到156家。’这个震惊的速度让我毫不犹豫地奔着美乐乐去了。我很想融入其中，感受这种令人激情澎湃的节奏，并跟着她的脚步成长。”周雪梅兴奋地跟记者说起她当时加入美乐乐的心情，她也告诉我们，在向到店体验的顾客推荐美乐乐家具的时候，她也会跟他们一起分享公司激动人心的发展史，而从中他们也会觉得美乐乐是一匹有实力的黑马，进而对这个家居品牌产生信任感。

其次，是对公司的产品和服务质量充满信心，因为这两点恰恰也是顾客最关心的。“所有顾客都希望他们花钱买到的是放心的产品、贴心的服务，特别是像家具这样的大宗商品，从选购体验到物流配送到上门安装到售后处理，每一个环节都特别折腾人，我们要做的就是让客户切实感受到美乐乐的产品和服务真能帮他们省钱、省时、省心、省力。”在假日休息的时候，周雪梅总喜欢到周边的家居大卖场去实地观察，对比不同品牌家具的质量、价格等信息。经过这样一番实地调查，周雪梅会底气十足地告诉顾客：“美乐乐产品的性价比在行业里是数一数二的。”而对顾客经常担心的售后服务问题，周雪梅不仅仅是用美乐乐官网上“45天包退换”、“三年质保”来做出承诺，她甚至保证顾客只要任意联系一个美乐乐家具的用户都能获得好评的回馈。她告诉记者：“我们用质量换客户的口碑，有信心让每一位走出城北店的顾客当我们新顾客的‘导购’!”

最后，对自己的销售能力充满信心。对周雪梅而言，大学还未毕业就已经开始接触销售，而保险销售行业工作的两年中她也有出色的业绩表现。虽然刚开始时对家具行业全然陌生，但丰富的社会实践经历加上喜欢挑战的个性，让她坚信自己会做得更好。为了以最快速度驾驭美乐乐置家顾问这一角色，周雪梅在工作之余就扮演起了“顾客”，到红星美凯龙等知名的家居大卖场“串门”，看对方的导购是如何应对家具销售过程中常见以及刁钻的问题，取人之长补己之短。“跟我以前在保险公司做电话销售的感觉完全不一样，这种面对面的销售更有挑战，也更有成就感。我很喜欢很享受这样的工作状态!”

很多人都说“自信”是“90后”的一个代名词，而周雪梅用她的工作履历和对美乐乐强烈的归属感，赋予了“自信”这两个字最充实的内涵。从她对销售、对顾客的一言一行中，我们似乎找不到青春稚嫩的痕迹，她显露出与其年龄不相称的成熟与老练。然而在记者问她是否想成为独当一面的店长时，这位“90 后”的“自信妹”却谦虚地说：“我还很年轻，进公司也不到一年，该学习、改进的地方还有很多很多，希望在自己的本职工作上多历练，只有把基础打好了，以后的发展才不会太吃力。”

案例二：自信“90 后”　中国新势力

已在 2012 年伦敦奥运会拿到十几枚金牌的中国军团涌现出一批“90 后”选手，当时的孙杨 21 岁、叶诗文 16 岁、曹缘 17 岁、张雁全 18 岁、李雪英 22 岁、陈若琳 20 岁……还有拿到女子 400 米混合泳铜牌的 18 岁李玄旭。“90 后”在伦敦奥运会上的出色表现让人们见识了中国体育的新生力量。

2008 年的北京奥运会上，何可欣、陈若琳这样的“90 后”小将，还只是零星出现在体操、跳水等低龄化的运动项目中，拥有 639 名运动员的庞大中国代表团内只有 31 名“90 后”运动员，占运动员总人数的 4.85%。伦敦奥运会上，99 名“90 后”已经占到运动员总数的 25%。而“90 后”所表现出的冲劲和张扬，让刘翔也情不自禁地为他们喝彩。

在伦敦奥运会上，中国游泳队一共派出 51 人，其中 28 名运动员为“90 后”选手。游泳队“90 后”队员不光数量多，而且“质量高”。孙杨、叶诗文、焦刘洋等选手都是世界冠军。

可以说，与“70 后”、“80 后”相比，张扬不羁的“90 后”正逐渐改变着世界对中国运动员的印象。赴伦敦比赛前夕，身为“90 后”的代表人物，孙杨已经“口出狂言”：“不仅 1 500 米自由泳金牌是我的，而且我要在我所参加的 3 个比赛项目上都战胜朴泰桓。”孙杨这种“90 后”特有的自信，赢得一片叫好声，让听惯了中国运动员客套话的媒体记者兴奋异常。

“既然内心有冲动、有想法，为何不能表达出来？”这正是“90 后”的心理特征，中国乒乓球男队主教练刘国梁对此已经有了准确把握。在参加伦敦奥运会的 3 名男运动员中，张继科和马龙都是 1988 年出生的，性格特征与 1983 年出生的王皓相比，明显更接近“90 后”。张继科的外号是“藏獒”，去年世乒赛上夺得男单冠军后撕扯衣服的疯狂举动是他个性的真实表达。

张扬不羁、敢想敢做，这可能是存在于“90后”运动员身上的普遍特征。在他们心中不存在经验不足、资历不够这些固有框框，他们有的是无所畏惧，比对手快，比对手强，因为自信，所以常常能够创造奇迹，给我们带来一个又一个惊喜。

赛场上“90后”的劲爆表演，让我们更能体会伦敦奥运会开幕式上点火环节的独具匠心。点燃火炬的不是英国女王、不是显贵与名人，只是7个“90后”青少年。“激励一代人”，英国人指的是“90后”的一代人。

伦敦奥运正在洗牌，我们欣喜地看到各国都面临着“90后”的崛起。据统计，在中国军团内，有4支队伍在新老交替方面走在了前列，分别是跳水、游泳、体操和射箭，其队内“90后”运动员人数至少达到了总人数的一半。

伦敦奥运会正在成为“90后”的舞台，他们身上被贴满了“独立”、“自我”、“另类”的标签，正逐渐成为影响中国体育乃至世界体育的新势力。

想一想

案例中的主人公们对自己充满了信心，相信自己一定可以成功。他们所表现的自信是否就是其成功的原因？

讲一讲

一、自信的作用

1. 自信是成功的基础

古往今来的成功人士都具有一个共同的特点，即自信，是自信激励他们走向了成功。自信为什么会对人产生如此大的激励作用呢？因为自信建立在正确认识自己的基础上，它促使人们从情感、意识、行为方面接纳自己。金无足赤，人无完人。每一个人都不是十全十美的，都有短处和长处，都具备某一方面获得成功的条件。自信可以帮助我们发现自己的长处，从而产生一种积极进取的成就动机，激励自己去发挥特长，以达到自我实现的目标。

2. 自信能够激发人的意志力

自信是对自己正确评价后所产生的一种坚定的自我信任感，它可以激励人们为自己选择一些难走但又是必经的人生之“路”，并义无反顾地走下去。在奋斗过程中，自信激励着人们克服困难，勇往直前。古希腊著名演说家戴蒙斯·赛因斯的成功事例就是一个很好的说明：戴蒙斯·赛因斯原先患有严重的口吃，而且呼吸困难，声音微弱。在他生活的那个时代，希腊非常崇尚雄辩术，他立志要当一名雄辩家，并相信自己能成功，于是他刻苦训练，把石头含在嘴里练，把自己关在地下室练，虚心向名人学习。通过艰苦的努力，他最终成为了雄辩之父。这说明自信能使平凡的人做出惊人的事业，自信是人成功的力量源泉。

3. 自信能够激发个体的潜能

有自信心的人，既不自卑，也不自负，能正确认识自己。在恰当地评价自己的知识、能力、品德、性格等内在因素的前提下，相信自己各方面都有可取之处，相信自己能弥补各方面存在的不足，能够看到自己各方面还有很大的潜力可发挥。例如：达尔文小时候学习成绩不如他妹妹，老师和父亲都说他是一个“十分平庸的孩子”，甚至“在一般智慧水准之下”。可是他并不气馁，而是更加坚定地朝着他自己选定的目标前进，不辞劳苦地进行了为期五年的环球旅行考察，收集了大量生物和地质方面的资料，后来又经过二十年的分析、综合和写作，终于写出了具有划时代意义的伟大著作《物种起源》，打破了物种不变的陈旧观念，使《圣经》上说的“上帝创造万物”的神话彻底破产。这说明每个人都具有很大的潜能，只要相信自己，努力奋斗，将潜能充分挖掘出来，就很可能有所成就。

二、自信的重要性

工作需要自信，不相信自己，任何工作都做不好。没有信心，成功的机会就会少些。现实是残酷的，没有自信是难以生存的；道路是坎坷的，自信能帮你顺利地走过；希望是渺茫的，自信能让你看到美好明天。自信对一个人来说是十分重要的精神支柱，也是人们行为的内在动力。

1. 自信是健康的心理状态

自信是相信自己有能力实现目标的心理倾向，是推动人们进行活动的一种强大动力，也是人们完成活动的有力保证，它是一种健康的心理状态。

2. 自信是成功的保证

美国教育家戴尔·卡耐尔在调查了很多名人的经历后指出："在一个人事业上成功的因素中，学识和专业技术只占15%，而良好的心理素质要占85%。"自信是成功的保证，是相信自己有力量克服困难，实现一定愿望的一种情感。

有自信的人能够实事求是地估价自己的知识、能力，能虚心接受他人的正确意见，对自己所从事的事业充满信心。

3. 自信是承受挫折、克服困难的保证

自信是一种内在的精神力量，它能鼓舞人们去克服困难，不断进步。高尔基指出："只有满怀信心的人，才能在任何地方都把自己沉浸在生活中，并实现自己的理想。"战胜逆境最重要的是树立坚定的信心，自信心可以使人藐视困难，战胜邪恶，集中全部智慧和精力去迎接各种挑战。

三、自信的心理功能

自信是一种反映个体对自己是否有能力成功地完成某项活动的信任程度的心理特性，是一种积极、有效地表达自我价值、自我尊重、自我理解的意识特征和心理状态，也称为信心。自信具有以下的心理功能：

（1）自信是心理健康的需要。人都有一种表现自我、获取认同的本能倾向。自信的人更容易被人认可，从而满足自己的心理需要。

（2）自信是人际交往的需要。现代社会是信息社会，地球村正在形成，人与人之间的交往距离正在缩短，而在日趋频繁的人际交往中，自信心是非常重要的。自信，更容易给人带来良好的人际交往氛围和人际交往效果。

（3）自信使人勇敢。自信的人总是能够以一种轻松自然的态度来面对生活中复杂的情景或挑战，表现出一种大智大勇的气度。

（4）自信使人果断。自信的人勇于承担责任，不会因为事关重大而优柔寡断，不会想着逃避不好的结果而瞻前顾后，因而会保持一贯的果断作风。

（5）自信使人谦虚。自信的人更能正确对待自己的优点和缺点，从而可以更加全面地认识自己，谦虚待人，不断进步。

一个人一旦失去自信，就会失去前进的动力，而一旦有了充分的自信心，就可能产生强大的内驱力，燃起智慧的火花，最终走向成功。

四、自信与成功

爱尔兰著名的戏剧家萧伯纳曾经说过："有信心的人，可以化渺小为伟大，化平庸为神奇。"在我们的生活中也经常说：自信是成功的一半。这些都说明了自信心在我们生活中的重要性。

苏格拉底曾经说过："一个人是否有成就只有看他是否具有自尊心和自信心两个条件。"这就更加说明了自信心与成功的紧密联系。在学习上，如果缺少了自信心，就会失去前进的动力。有多少人因为缺少自信而走向人生的低谷，又有多少人因缺少自信而失去成功。自信是成功的基石！

在我们的生活当中，自信心起到尤为重要的作用。海伦·凯勒曾经说过："信心是命运的主宰。"在生活上，如果缺少了自信心，在人生的大舞台上就施展不出自己的才华，表现不出自我。有多少人因为缺少自信而心灵上受到伤害，又有多少人因为缺少自信而错过了天赐的良机。自信是通往成功的阳光大道。

议一议

案例："90 后"毕业中职生职场缺陷——过于自信

日前，济南人才市场举行的招聘会上，一位学生模样的应聘者来到了槐荫区一家公司的招聘摊位前，在看到该公司招聘的职位后，就向这家公司的招聘负责人蔡先生提出："我不想干销售和文员，我想当你们公司的总经理助理。"

蔡先生先是一愣，然后打量这名求职者，再一询问这位求职者的个人条件，才知道对方是今年刚毕业的学生，并没有任何相关工作经验和工作业绩。

"年轻人，像你这样刚走出校门的学生，到公司来得从最基层的岗位开始干起啊！不可能一上来我们就给你一个经理助理职位！"蔡先生说，没想到这名毕业生却连连摇头转身悻悻地走了。

"现在毕业生提出的很多要求都让人哭笑不得，他们自视甚高，总想一到公司里就干管理工作。"蔡先生告诉记者，他每隔两周都到人才市场上进行招聘，经常会遇到应聘的年轻人提出一些让他难以理解的问题。

招聘会上，来自济南一所学校的四个女毕业生在招聘会上转了一圈了，却一直没有找到让她们满意的岗位，记者就问她们，心目中理想的工作是什么？

这四个女学生琢磨了一会儿，然后纷纷回答："双休日不加班，月薪不低于 2 000 元。""最好是能到一些单位里从事管理工作。""起码能在办公室操作电脑，可以上网。""我们最不能接受的是有任务量、需要到处跑业务的工作了。"

"那么，这样的工作，你们找到了吗？"记者继续问。四个毕业生回答说："找了几家公司，问了一下，他们提供的岗位都是跑业务的，我们感觉压力太大了，所以不愿意去应聘。"

"我感觉，有的年轻人就是不爱动弹，到了公司，整天就想坐在那里玩电脑，让他们干什么都没有积极性，特别是一听有任务，直接就放弃了。"从事招聘的蔡先生说，他们公司给新人每个月只定了 5 000 元的销售任务，稍微一努力就能完成，即使这样，还有不少新人觉得太难而辞职。

"实际上，干业务工作，是最容易干出成绩来的，提升空间也最大。"一些人事招聘经理建议说，现在年轻人普遍不愿意干业务，不愿从基层干起，这种认知方式不改变，将会成为职场新人发展的最大绊脚石。

刚毕业的中职生之所以不愿从基层做起，除了不能承受压力外，还不能正确地认识自己，没有做出一个完整的职业规划，只有盲目的自信，急于成功。他们不切实际，找工作时，不是龙头企业免谈。进入大企业工作，他们大多自告奋勇，要求负责超过自己能力的工作。这种人大多是心理上缺乏肯定，必须找出心理根源，才能停止不断想挥棒的行为。除此之外，也必须强制自己"不作为，不行动"。

自信是好事，自信可以让自己离成功更近。但过于自信导致自己盲目自大，进而让自己变得自负。那么自信的"度"该如何把握？

总结升华

自信，是个人对自己所做各种准备的感性评估。

自信能促进成功。相信自己行，是一种信念。

自信不能停留在想象上。要成为自信者，就要像自信者一样去行

动。我们在生活中自信地讲了话，自信地做了事，我们的自信就能真正确立起来。面对社会环境，我们每一个自信的表情、自信的手势、自信的言语都能真正在心里培养起我们的自信。

广义地讲，自信本身就是一种积极性，自信就是在自我评价上的积极态度。狭义地讲，自信是与积极密切相关的事情。没有自信的积极，是软弱的、不彻底的、低能的、低效的积极。

自信是发自内心的自我肯定与相信。自信无论在人际交往上、事业上还是在工作上都非常重要。只有自己相信自己，他人才会相信你。自信是对自身力量的确信，深信自己一定能做成某件事，实现所追求的目标。把许多“我能行”的经历归结起来就是自信。

一、关于自信的误区

（1）“有自信就一定能成功”：成功是由各种各样的因素促成的，而很多人认为有了自信就一定能成功，而不去认真努力，最终当然一败涂地。所以，自信是成功的必要因素而不是唯一因素，成功的因素还有恒心、决心、正确的方向等，但成功没有最重要的因素。

（2）“自信是成功的副产品”：并非成功才有自信，而成功最多能激发一个人的自信，而自信不是成功的副产品，有许许多多的人成功前都经历了无数失败，难道说他们没有自信吗？

还有许多人以没自信为由而不去做某些事，这只是人们逃避责任的一种理由或受自卑心理影响太大所致。

（3）“越自信越好”：过度的自信叫自负，自负不仅对个人成功没有一点帮助，还会损害你自己。

二、自信的要诀

自信最重要的是“步骤”“材料”“时机”等客观因素，而引导人们排除杂念和持续取得这些客观因素的心理是“决心”和“恒心”。“信念”是“决心”和“恒心”的“能量”。或者说你认为做哪些事情是有意义的，并有着这种“信念”，不要一直停留在“可不可能”、“难不难”这些问题上，而是要有“一定要做到”的“决心”和“恒心”投入到里面去，看清做好这件事情的所有“影响因素”并不断地探索和研究，最终才能挖出最难得到的旷世宝藏！

自信在中文中的解释是：自己相信自己。自信（英语）的解释是：Believe that one is right on something or that one is able to do something。我们很容易在两者之间找到文化差异。“自己相信自己”是一个比较模糊的概念，相信什么呢？需要完全地相信吗？英语的解释则要明确一些，只要你在某件事情上认为自己是对的，或者认为自己能做某件事就可以拥有自信。讨论自信需要知道我们的文化在构建词语的同时也构建了人的内心真实，因为人是通过语言来传递思想的，语言既帮助人也限制人对问题的描述与分析。

自信与不自信原本是描述人在社会适应中的一种自然心境，即人尝试用自己有限的经验去把握陌生世界时的忐忑不安的心理过程。文化把这种心境割裂为两个面：自信与不自信，这种割裂逼迫人们采用对立的思维，或二律背反、非此即彼的观察方法。于是，自信与不自信从一种原本统一只是有起有伏的心境变成截然相反、不能并存的两件事。你是自信的，就不可能同时也是不自信的。事实上看起来自信的人，往往需要努力忽视内心的不自信，表演出自信的样子。

自信这种内心现实只是人类文化的产物，其真正的心理功能是掩饰人类对外部世界不可知的恐惧。人要有真正的自信，就必须假定这个世界是可知的，万物都是有规律可循的，真理也只有一个，并且人是可以掌管和支配这个世界的。这些假定可能只是人类的一厢情愿。面对浩瀚深邃的宇宙，面对生命现象在恒远的时空中瞬息而过，我们内心知道世界是难以把握的，万物的有序性只是在无穷的复杂、混沌、多样性和无序中少得可怜的东西，且必须在局限的时空中，这种有序才有意义。

有时想一想大自然被人类践踏到难以复加的地步，大部分的原因就是我们过于自信了。我们自信是世界的主宰，自信地球资源的能力是无限的，自信自己的主义，于是便有了众多的子孙、城市、侵略、奢华与赤贫。我们要为我们的自信承担人口爆炸、环境污染、资源耗竭、贫穷、恐怖主义的沉重负担。“自信”的文化总是要否定和兼并其他文化，“自信”的国家总是要干涉别的国家，因为“自信”本身隐含着一种扩张的欲望。在人际环境里，自信的人比较独立，更少依赖别人，因此更具有进取和攻击性，更少有善意和分享的意愿。在一个团队里，一个自以为自信的人往往需要更多看起来不那么自信的人去调和，不然团队就失去均衡，大家都不舒服。

同样让人深思的还有自尊和自卑。“修辞学”说自尊包含独立意志、自由、自信、乐观、成就感与荣誉感。自卑是自我评价低，妄自菲薄，甚至自暴自弃。心理学认为自卑心是一种内心的警觉，是一种创造的源泉与动力，自卑感让人去追求成熟、优越及完美。著名的心理家艾尔弗烈阿德勒（Alfred Adler）认为“人们所有的成长动力与行为目标旨在追求安全和克服自卑感”，解释了自卑的人为何更易于趋向成功。人的成就恰好是自卑的作用，人寻求卓越恰好是对自卑的一种补偿。自尊的心理功用是一种对自卑的平衡。自尊与自卑在心理动力特征上具有互补性，如同黑天和白昼。它们像钱币的正反一样代表同一种内心情结的两个面，本身密不可分。内心越自卑的人，自尊的需求也越强，让人以为他很傲气；而内心骄傲的人，反倒喜欢表现得谦和与忍让，被人认为有君子风度。自尊、自卑是一种心理力量，力量太弱的人，给人的感觉是缺少个性，做事也缺少动力。但自尊、自卑力量过强，却又是灾难性的。看看雨果笔下《悲惨世界》中冉阿让（马德兰市长）与小旅馆老板德纳第夫妇，你一定会明白过度谦卑的人，隐藏着深层的敌意，一心一意要打垮、羞辱他身边的人。而完美高尚自尊的冉阿让，每天却沉浸在对卑贱的恐惧和风暴般的自我忏悔中。所以，保持自卑与自尊的对应与适度是人生活之本。

与自信、不自信一样，自尊与自卑也是文化割裂与建构的产品。那么，它们之间有什么样的关系呢？不自信、自卑是土壤，自信和自尊只是地上的庄稼。我们的文化认同庄稼的价值，却否定土地的重要性，结果自尊、自信就成了无源之水。自卑、不自信才是人类精神领域可靠的、赖以生存并维持生命张力的心境。不自信提醒人类要保持谦虚的心态，对不知的东西保持高度敬畏心。不自信有一种内敛的力量，克己、节制、随同由此而生，这些素质对构建和谐社会是重要的。

由自卑、不自信引发的诸多情绪不适并不是本身造成，而是我们的文化长期渲染建构所致。文化让人对自卑、不自信产生许多挫败、糟糕的联想。最核心的文化建构是：“不自信、自卑的人，没有竞争力，最终是生活的失败者。”文化用线性逻辑思维来定义这样的心境，其实许多心境都是人的一种情绪能力，是随机并与环境适配的。另一个文化建构是：“自卑、不自信的人不快乐、不可爱。”这些建构使本身很自然的心境被固化成一种自我挫败的心态，使每个人不得不去掩饰，或唯恐避之不及，平添出许多内心焦虑来。

在某种意义上，自信与自尊意味着一种浅薄，就像“无知者无畏”。科学界流传着这样一句话：知道得越多，懂得越少；知道得越少，懂得越多。让人深感忧虑的是励志类书籍泛滥，不停地夸大两者间的鸿沟，以为只要拥有自信、自尊就可心想事成。其实，没有鸡哪来的蛋呢？我们的时代已经到了要重新来定义并反思文化建构的时候了。近代神经生物学家对人类认知系统研究的重要成果是筛子理论："我们的大脑在信息接收、传输、采集、组织的过程中要经过许多文化筛子，文化会故意漏掉许多信息，只让允许的信息被意识感知到。"知道我们看到的、听到的、感觉的、触及的真实只是被文化过滤后留下的真实之后，你高昂着自信自尊的头时，真的还那么有底气吗？坦诚的认同不自信、自卑，并接纳人在自然万物中有极大的局限性和渺小性的人才能够达到心境平和、乐天知命的精神境界。自信源于不断的努力、刻苦、勤奋，然后从心里、眼睛里、言语中自然地、强烈地流露出来。自信是不可能装出来的，好比会游泳的人，一定付出过努力；没有努力过却装作会的人，马上就会溺水。

三、建立自信的方法

发现自己的长处，是自信的基础。但在不同的环境里，优点显露的机会并不均等。例如，有些学校注重文化课，成绩好的优点就显露，而体育好的未必被人看重，换成体校，情况可能就恰好相反。因此，我们在评价自己的时候，可以采用场景变换的方法，寻找"立体的我"，这样可能会意外地发现自己原来有很多优点与长处。

相信自己行，才能大胆尝试，接受挑战。为此，我们要在回忆过去成功的经历中体验信心。同时，更要多做，力争把事情做成，从中受到更多的鼓舞。在尝试中，难免会有些失败和错误。如果我们相信爱迪生所说的"没有失败，只有离成功更近一点"，那么，对于前进过程中的问题、困难乃至失败，就能看得淡一点，从容应对，把注意力集中到完成任务上，不断增强实力。而实力，才是撑起信心的最重要支柱。以下方法可以帮助你建立自信：

1. 挑前面的位子坐

你是否注意到，无论在教学或教室的各种聚会中，后排的座位是怎样先被坐满的吗？大部分占据后排座的人，都希望自己不会"太显眼"。而他们怕受人注目的原因就是缺乏信心。

坐在前面能建立信心。把它当做一个规则试试看，从现在开始就尽量往前坐。当然，坐前面会比较显眼，但要记住，有关成功的一切都是显眼的。

2. 练习正视别人

一个人的眼神可以透露出许多有关他的信息。别人不正视你的时候，你会直觉地问自己："他想要隐藏什么呢？他怕什么呢？他会对我不利吗？"

不正视别人通常意味着：在你旁边我感到很自卑；我感到不如你；我怕你。躲避别人的眼神意味着：我有罪恶感；我做了或想到一些我不希望你知道的事，我怕一接触你的眼神，你就会看穿我。这都是一些不好的信息。

正视别人等于告诉他：我很诚实，而且光明正大；我相信我告诉你的话是真的，毫不心虚。

3. 把你走路的速度加快 25%

当大卫·史华兹还是少年时，到镇中心去是很大的乐趣。在办完所有的差事坐进汽车后，母亲常常会说："大卫，我们坐一会儿，看看过路行人。"母亲是位绝妙的观察行家。她会说，"看那个家伙，你认为他正受到什么困扰呢"，或者"你认为那边的女士要去做什么呢"，或者"看看那个人，他似乎有点迷惘"。

观察人们走路实在是一种乐趣。这比看电影便宜得多，也更有启发性。许多心理学家将懒散的姿势、缓慢的步伐跟对自己、对工作以及对别人的不愉快的感受联系在一起。但是心理学家也告诉我们，借着改变姿势与速度，可以改变心理状态。你若仔细观察就会发现，身体的动作是心灵活动的结果。那些遭受打击、被排斥的人，走路都拖拖拉拉，完全没有自信心。

普通人有普通人走路的模样，做出"我并不怎么以自己为荣"的表白。另一种人则表现出超凡的信心，走起路来比一般人快，像跑。他们的步伐告诉整个世界："我要到一个重要的地方，去做很重要的事情，更重要的是，我会在 15 分钟内成功。"

使用这种"走快 25%"的技术，抬头挺胸走快一点，你就会感受到自信心在滋长。

4. 练习当众发言

拿破仑·希尔指出，有很多思路敏锐、天资高的人，却无法发挥他们的长处参与讨论，并不是他们不想参与，而只是因为他们缺少信心。

在会议中沉默寡言的人都认为："我的意见可能没有价值，如果说出来，别人可能会觉得很愚蠢，我最好什么也不说。而且，其他人可能都比我懂得多，我并不想让你们知道我是这么无知。"这些人常常会对自己许下很渺茫的诺言："等下一次再发言。"可是他们很清楚自己是无法实现这个诺言的。每当这些沉默寡言的人不发言的情况增加一次时，他就又中了一次缺少信心的毒素了，他会愈来愈丧失自信。从积极的角度来看，如果尽量发言，就会增加信心，下次也更容易发言。所以，要多发言，这是信心的“维生素”。

不论是参加什么性质的会议，每次都要主动发言，也许是评论，也许是建议或提问题，都不要有例外。而且，不要最后才发言。要做破冰船，第一个打破沉默。也不要担心你会显得很愚蠢。因为总会有人同意你的见解。所以尽量用心获得会议主席的注意，好让你有机会发言。

5. 咧嘴大笑

大部分人都知道笑能给自己很实际的推动力，它是医治信心不足的良药。但是仍有许多人不相信，因为在他们恐惧时，从不试着笑一下。真正的笑不但能治愈自己的不良情绪，还能马上化解别人的敌对情绪。如果你真诚地向一个人展颜微笑，他实在无法再对你生气。拿破仑·希尔讲了一个自己的亲身经历：“有一天，我的车停在十字路口的红灯前，突然‘砰’的一声，原来是后面那辆车的驾驶员的脚滑没踩刹车器，他的车撞了我车后的保险杠。我从后视镜看到他下来，也跟着下车，准备痛骂他一顿。但是很幸运，我还来不及发作，他就走过来对我笑，并以最诚挚的语调对我说：‘朋友，我实在不是有意的。’他的笑容和真诚的说明把我融化了。我只有低声说：‘没关系，这种事经常发生。’转眼间，我的敌意变成了友善。”

咧嘴大笑，你会觉得美好的日子又来了。笑就要笑得“大”，半笑不笑是没有什么用的，要露齿大笑才能有功效。我们常听到：“当我害怕或愤怒时，就是不想笑。”当然，这时，任何人都笑不出来。大笑的窍门就在于你强迫自己说：“我要开始笑了。”然后咧嘴大笑。要控制、运用笑的能力。

6. 怯场时，不妨道出真情，即能平静下来

内观法是心理学研究的主要方法之一，这是实验心理学之祖威廉·华特所提出的观点。此法就是很冷静地观察自己内心的情况，而后毫无隐瞒地抖出观察结果。如能模仿这种方法，把时时刻刻都在变化的心理秘密毫不隐瞒地用言语表达出来，那么就没有产生烦恼的余力了。例如初次到某一个陌生的地方，内心难免会疑惧万分，这时候，不妨将不安的情绪，清楚地用语言表达出来：“我几乎愣住了，我的心忐忑地跳个不停，甚至两眼也发黑，舌尖凝固，喉咙干渴得不能说话。”这样一来，不但可将内心的紧张驱除殆尽，而且也能使心情得到意外的平静。不妨再举一个很实在的例子。有一个位居美国第 5 名的推销员，当他还不熟悉这行工作时，有一次，他竟独自会见美国的汽车大王。结果，他真是胆怯得很。在情不得已之下，他只好老实地说出来了：“很惭愧，我刚

看见你时，我害怕得连话也说不出来。”结果，这样反而驱除了恐惧感，这要归功于坦白的效果。

7. 用肯定的语气则可以消除自卑感

有些人面对着镜子，当她看到自己的形影或肤色时，忍不住产生某种幸福的感受。相反地，有些人却被自卑感所困扰。虽然彼此的肤色都很黑黝，但自信的人会以为：“我的皮肤呈小麦色，几乎可跟黑发相媲美。”内心暗喜不已。可是，一个缺乏自信的人却因此痛苦不堪地呻吟起来：“怎么搞的，我的肤色这么黑。”两种人的心情完全不同。由此可见，价值判断的标准是非常主观而又含糊的。只要认为漂亮，看起来就觉得很漂亮，如果认为讨厌，看来看去都觉得不顺眼。尤其，自卑感也常常会受到语言的影响，所以说，否定意味的语言，对于一个人的心理健康有百害而无一利。

《物性论》一书的作者是古罗马大诗人卢克莱修，他奉劝天下人要多多称赞肤色黑黝的女人说：“你的肤色如同胡桃那样迷人。”只要不断如此赞赏对方，那么，她即使再三对镜梳妆或明知自己的皮肤黑黝，也会毫不在乎。这样一来，她就能专心于化妆，而且总觉得自己不失为迷人的女性。

总之，运用肯定或否定的措词，可将同一件事实，形容成有如天壤之别的结果。可见措词这件事，诚然是任何天才都无法比拟的魔术师。在任何情况之下，只要常用有价值的措词或叙述法，则可以将同一个事实完全改观，并且驱除自卑感，享受愉快的生活。

8. 自信培养自信

如果缺乏自信时，一直做些没有自信的举动，就会愈来愈没有自信。

缺乏自信时更应该做些充满自信的举动。缺乏自信时，与其对自己说没有自信，不如告诉自己是很有自信的。为了克服消极、否定的态度，我们应该试着采取积极、肯定的态度。如果自认为不行，身边的事也抛下不管，情况就会渐渐变得如自己所想的一样。有一学生团体，提倡大学生每年选出一位最合乎现代美丽的大学生，并且举办比赛。他们到各大学、到大街上，看到美丽的人，就把小册子拿给他（她）看，请他（她）参加这个比赛。从地方到中央，举办一次又一次各种的比赛。在这之后，大家变得越来越美，简直让人看不出来。那里的工作人员说：“大概越来越有自信了吧!”这话完全正确。因为“我要参加这个比赛”的这种积极态度，使这些人显得很美。这种肯定生活的态度产生自信，使这些人显得更美。丹麦有句格言说：“即使好运临门，傻瓜也懂得把它请进门。”如果抱着消极、否定的态度，即使好运来敲自己的门，你也不会把它请进来。机会来临时，更应该抛开自己消极、否定的态度。运气不仅发自于外，也发自于内心。“今天一整天都不说刻薄话”，这些事看起来容易其实不简单，但是，只要下定决心去做，就做得到。如果能在声音中展现笑容，那么人生就会一天天变得亮丽起来。因为，如果声音带着亲切的笑意，人们就会想和你交谈，然后你因为和人接触而有精神起来。电话交谈时，如果用有笑容的声音说话，对方听了舒服，自己也觉得快乐。苦着一张脸或者冷言冷语，不仅会让对方不舒服，自己也会不痛快。用言语冲撞对方时，就是用言语在冲撞自己，自己对对方的态度同时也是对自己的态度。我们应该像砌砖块一样一块一块砌起来我们对人生积极、肯定的态度。即使不能喜欢所有的人，也应该努力多喜欢一个人。喜欢别人，相对地，也会喜欢自己，然后，也会克服对他人不必要的恐惧。因为，自信会培养自信。一次小成就会为我们带来自信。如果一下就想做伟大、不平凡的事，就会愈来愈没有自信。

9. 做自己能做的事

做自己做得到的事时，个性会显现出来。重要的是，与其极欲恢复自我的形象，不如找出可以做的事。知道应该做的事，然后加以实行，就可以从自我的形象中获得解放。总之，要试着记下马上可以做的事，然后加以实践，没有必要非是伟大、不平凡的行动，只要是自己能力所及的事就足够了。因为我们就是想一步登天，所以才找不到事做。“今日事今日毕”，今天可以轻松做完的工作，如果留到第二天，工作就会变得很沉重。如果心存侥幸而留到第二天，工作就会相对地变重。从没遇到有人说“从明天起我要戒烟”而把烟戒了的，也从没有遇到有人说“今晚酒喝到此为止”而把酒戒掉的。以下是一位摄影师的小故事。一次，这位摄影师出席某个聚会。前往酒会的途中，这位摄影师说道：“我戒酒了。”问他：“什么时候开始的？”他回答：“刚才我决定戒掉的。”果真他把烟、酒都戒掉了。在这种情况下，大部分的人都会回答：“待这次酒会过后”或者“这次酒会是最后一次”。今天关系着第二天，今天可以动手做的事如果没有做，明天再要动手做就会变得更加困难。

10. 自信才能自立

在当今市场经济里，我们每个人的家庭也相应做出经济上的自身选择，来自立自信于生活的发展水平中。关于学生自信与自立的品质问题，孩子无论是在学校还是在家庭，从小到大都缺少这方面的教育和培养。因此，无论在学校或家庭，教师还是家长，都应该要有对孩子自信自立的品质教育和培养意识。在社会，需要政府和各部门以及大家的共同努力来实现文明卫生、安定健康的环境；在家庭，则需要父母的良好形象和教育做出积极向上的影响来筑建家庭和睦幸福的环境；在学校，需要学校领导、班主任和各科任教师以教育者的素质来营造求知育人的环境。在这个基础上，培养学生自信自立的品质，对促进孩子认真学习努力做人有着现实的意义。

自信是对自己充分肯定时的心理态度，是战胜困难取得成功的积极力量；而自立是在对自信做出力所能及的不依靠他人劳动或帮助的能力。无论自信与自立产生何种关系，发挥何种作用，它们在人生的发展中是人们赖以生存的个性品质和自身价值得以实现的至关因素。人总是在自立的基础上建立自信，从竞争的环境中寻找获胜的机会。可见，没有自立做充实基础的自信是盲目的自信，现实中的生活、工作，乃至事业的成就和成功也是茫然的。无论学生在校学习，还是将来走向社会或参加工作，自信与自立都将伴随其一生发展的事业和生活中，对他们的前程和幸福将起着极其重要的作用。

中职阶段是步入成人行列办事、看问题、掌握知识的重要时期，随着知识的不断丰富，经验的不断增长，自我意识的加强，我们能客观地看待自己，同时还会从社会的现实中确认自己。但在自信自立中的自我调适和自我完善能力还需要再积极努力培养。我们要正确对待竞争中会出现的问题，特别要强调对于可能出现的挫折和困难，要做好应有的心理准备，避免因主观欲望超高超强，而导致在希望破灭时陷入无所适从的情感危机之中。不要只有成功的幻想，而没有失败的估计。人生成功之路不只是一条，要有信心，客观地从自身的实际情况分析自己的优劣所在，进而避短扬长，发挥潜能，为今后的自立做好自信的准备。这样，在将来走向社会，在与人交往和遇事方面都能独立思考，不轻易受人支配，并理智地做出正确的选择。无论是在物质还是在精神上，甚至在复杂的情况环境中，作为发展成有文化、有道德、有理想、有纪律的现代人，在自信自立的品质基础上，都将站得更高，看得更远，做得更好。

名言警句

1. 人多不足以依赖，要生存只有靠自己。　　——拿破仑
2. 自信是成功的第一秘诀。　　——爱默生
3. 深窥自己的心，而后发觉一切的奇迹在你自己。　　——培根

4. 任何人都应该有自尊心，自信心，独立性，不然就是奴才。

——徐特立

5. 地球上的任何一点离太阳都同样的遥远。　——伯顿

6. 我们对自己抱有的信心，将使别人对我们萌生信心的绿芽。

——拉劳士福古

7. 除了人格以外，人生最大的损失，莫过于失掉自信心了。

——培尔辛

8. 有信心的人，可以化渺小为伟大，化平庸为神奇。　——萧伯纳

9. 坚决的信心，能使平凡的人们，做出惊人的事业。　——马尔顿

3.2 学会微笑

读一读

案例：古稀盲人合唱团唱出好心情

在硚口区简易社区，有个成立了 7 年的盲人合唱团，成员都是年过七旬的盲人。他们曾经只会唱几首老歌，如今会唱 125 首新歌。唱歌给予他们拥抱生活的力量，还让他们多次登上广播电台，拥有了自己的粉丝。

1. *弱视退休教师义务教学*

“我希望人们了解这个盲人合唱团，知道他们积极乐观的故事。”合唱团的老师、伴奏兼指挥家熊自昌今年 80 岁，是武汉第一职业教育中心退休教师。他天生弱视，一直戴着 1 200 度的眼镜，但他爱唱歌，是武汉高校老年合唱团的成员。

2003 年，老伴中风瘫痪在床，病情反复发作，熊爹爹很苦闷压抑。为了舒缓情绪，他每周邀请朋友来家里唱歌，自己弹琴伴奏，老伴脸上也露出了笑容。

2008 年 4 月初，一位来唱歌的朋友对熊爹爹说，汉西一路简易社区有十几位盲人也爱唱歌，渴望有人教新歌。不久，盲人婆婆杨玉德打来电话：“我们有 14 个爱唱歌的伙伴，但只会唱《东方红》等几首老歌，您能教我们新歌吗？但我们交不了很多学费。”没过几天，熊爹爹

来到杨婆婆家中，看到几个盲人正拿着话筒唱歌，虽然跑调，却笑得很开心。“面对生活的刁难，他们和我用同样的方式来乐观面对，我觉得我们就是一家人。”当天，熊爹爹就决定和他们成立“牵手”合唱团，承诺每周至少义务教学 2 次。

2. 摸着盲文抄歌谱

练歌时间选在下午。每次授课时，熊爹爹早上 5 点就得起床，做好家务，安顿好老伴，再乘坐公交车赶往简易社区。

熊爹爹教大家的歌，大多选自歌曲杂志，北京奥运会举办时，唱《奥运北京》；中央推进反腐，就唱《为官谣》，五四青年节唱《莫把青春错消磨》。有时，合唱团还会自己谱曲填词。

盲人合唱团学歌要付出比常人更多的努力。学歌前，熊爹爹先讲解曲谱，学过盲文的成员用盲文记录，没学过盲文的成员，就将熊爹爹的声音录下来，回家反复播听模仿。67 岁的吴恒珍婆婆说：“每天做梦都在背谱、背词，生活有了寄托，不再觉得累。”7 年来，合唱团共学会演唱 125 首新歌。

合唱团里也陆续有人搬走、有人生病，如今长期参加活动的只有 7 人了。成员曾担心地问：“熊老师，如果人越来越少，你还会教我们吗?”熊爹爹说：“哪怕只剩下两个人，我还是会来。”

3. 电波传声鼓舞听众

“我们是快活人，歌声唱出好心情，困难再多也难不倒我，生活过得很开心……”昨日中午，在杨玉德婆婆家中，合唱团又唱起了这首自己填词作曲的歌。

合唱团里有几对夫妻档，79 岁的刘唯和 76 岁的杨玉德是一对。他俩以前与儿孙没什么话题聊，但通过唱歌，夫妻俩越来越时髦。不久前，杨玉德当着孙女的面唱起了《小苹果》，孙女大吃一惊地说：“你真是快活奶奶。”杨玉德自豪地说：“这么简单的歌算啥，我听两遍就会了。”如今，杨玉德已经成了孙女的点歌台。

77 岁的喻启旺和 73 岁的夏伯也是夫妻档。他们也曾为家庭琐事争吵，加入合唱团后，夫妻俩觉得：“一点儿小事有啥好吵的，还不如唱唱歌开心。”如今，夏婆婆唱歌，喻爹爹拉二胡伴奏，妇唱夫随。

合唱团成员喜欢收听广播电台的老年节目，有些节目可以自己打电话过去表演唱歌。一次，合唱团鼓起勇气打通了热线，意外的是，他们的歌声赢得了不少听众喜爱。渐渐地，合唱团收到越来越多电台和电视台的节目邀请，也有了一批粉丝，有的要求邮寄录音光盘，有的打来电话谈心。去年，一位孝感王先生特意打来电话：“我是你们的老听众，得知你们都是盲人时，我深受鼓舞，这世界上没有过不去的坎儿。”

想一想

案例中的爷爷奶奶们年纪大了，还都是盲人，他们的日常生活都不能自理，在别人看来他们的人生可能已经走到了尽头。是什么给了他们力量，让他们用自己的双手演绎了精彩人生？

讲一讲

好心态就是无论对待什么事总能保持乐观开朗。同时又是说一个人对于生活或者某些事物本身有的一种积极的态度。

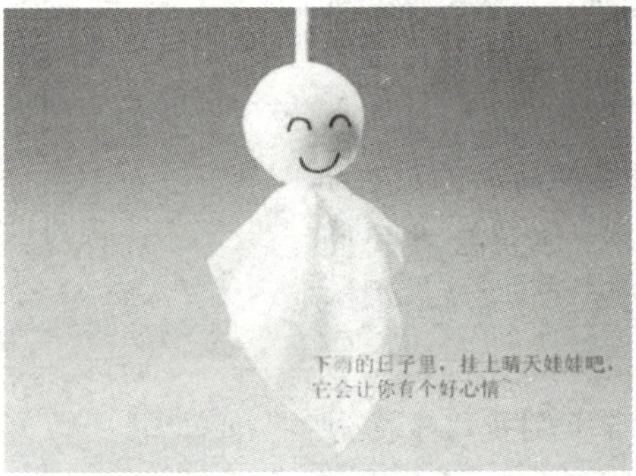

心理学上是这样定义的：心理态度主要是指动能心素、复合心素所包括的各种心理品质的修养和能力。这句话很晦涩，其实，心态就是性格和态度的统一，态度是心态反应的表现化。有什么样的心态，就决定了你对事情会采取什么样的态度。人们透过你的态度能够看到你的心态。正如美国石油大王洛克菲勒给儿子的信里提到的“天堂与地狱比邻”的比喻，在信中，他告诫自己的儿子：“如果你视工作为一种乐趣，人生就是天堂；如果你视工作为一种义务，人生就是地狱！”西门子公司有这样一句格言：请愉快地工作，哪怕是假装的。古人有云：“泰山崩于前而色不变，麋鹿兴于左而目不瞬。”与其把工作当成痛苦，不如尝试着去快乐地工作，同样一件事情，当你换一种心态面对的时候，也许情形就有天壤之别了。

有一项关于销售人员的调查发现，销售人员与销售业绩相关性最大的前五项能力是：客户了解度、好胜好强、取悦心理、情绪稳定、大方自信。与销售业绩相关性最小的因素是：文化程度、工作经验、年龄、工作时间。其中，前五项成功因素中，和心态有关的就占了四项。威廉·丹姆思说过：“人只有改变内在的心态，才能改变外在的世界。”马斯洛说：“心态若改变，态度跟着改变；态度改变，习惯跟着改变；习惯改变，性格跟着改变；性格改变，人生就跟着改变。”

我们可以自我开发快乐的源泉：奋斗求乐；化有为乐；化苦为乐；知足常乐；助人为乐；自得其乐。

无论富贵、贫穷，身处顺境、逆境，能否过得幸福快乐，最大程度上还是取决于人的心态。只有把心态调整好，才能够做到宠辱不惊，才能够感受到生活的安乐。你可以从以下方面来营造自己的好心态：

一、不要自大

有的人家庭条件比较好，或者在某一方面有过人的才学，便自以为高人一等，不知不觉就变得心高气傲，甚至狂妄自大。这种人很容易就会招来他人的反感和厌恶，从而无法与别人建立友好平等的关系，没有人愿意与之交往、合作，从而使自己的发展受到限制。要学会谦虚，只有这样，别人才会愿意与你亲近，你也才会拥有好的交际圈，为自己的成功打下基础。

二、不要自卑

自大的反面就是自卑，即认为自己与别人相比什么都要差劲一些。其实每个人都有他自身的优点和特长，但是要看你是否会去自我发掘。全面发展固然是好，可这终究不是很现实的事。你要做的，是找到自己的长处，并将其发挥发扬得更好，一样会得到别人的认可。

三、不要急躁

有的人性子很急，做什么事情都还只是开了一个头，就急吼吼地抱怨怎么还没得到结果；有的人无法专注于一件事情，往往是虎头蛇尾、三天打鱼两天晒网。如此心浮气躁，在他们心里，生活也会变得处处不尽如人意。须知万事万物都有着一定的发展规律，就像春种秋收，只有付出耐心，才能得到回报。

四、不要悲观

人生路上难免有荆棘，可这也只是一些插曲，并不能代表全部，更无法将美好的风景全部抹杀。就像半杯水，悲观的人会说，唉，只剩半杯水了；而乐观的人则会说，呀，还有半杯水。同样的事情，用不同的角度来看待，就会得出截然相反的结论。悲观使人心灰意冷，乐观却能鼓舞人心，想要获得幸福美好的生活，就应该让自己变得积极一些。

五、不要嫉妒

羡慕与嫉妒其实是一对双胞胎，只不过，嫉妒比羡慕多了一层不好的意思，即想要破坏他人的幸福和美好，将其拉到跟自己一个水平线甚至不如自己的境地。其实有时间在那里挖空心思想着如何阻挠妨碍别人，为何不把这精力用来充实自己，追赶、超过那个让你嫉妒的人，让别人也对你羡慕一回呢？

六、不要怨恨

人这一生中，难免会与他人发生摩擦，心胸宽广之人会一笑了之，心胸狭隘之人却会像烙印一般牢牢记住，并将仇恨情绪不断酝酿滋长，整天都处在怨怼的情绪中，久而久之，不仅丝毫感觉不到生活的乐趣，连自身的健康都会受到损害。怨恨容易蒙蔽人的双眼，无法对事情做出正确的判断，而且也会导致生活质量的下降。因此，要学会放下仇恨，学会豁达，学会忍让，快乐的日子才会重新回来。

七、不要猜疑

有的人过于敏感，只要看到有同学或同事聚在一起窃窃私语，就认为是在说自己的坏话。疑心病很重的人，是无法信任他人、无法敞开心扉与他人交往的，这样只会让自己变得越来越孤独，越来越恐慌。其实只要自己没有做亏心事，为何不能坦坦荡荡面对他人，而且不要总是把别人想的那么坏，很多事情不过是自己的臆想而已。要学会付出自己的信任，这样才能够收获别人的真心，那些凭空想象的事情自然而然也就不再会困扰着自己了。

学会自我调整，加强适应社会能力的培养，在面对各种复杂环境时做到冷静地处理，对于各种变化能顺应自如。平时多看看有关自我心理调整和暗示方面的书籍，学会自我放松。每天学会保持积极乐观的生活态度，偶尔自恋一下，对生活、工作充满信心。

知足常乐，要善于看淡名利，追求真实的自我，追求家庭的和谐以及保持邻里的正常关系。可以时常找朋友谈谈心，遇到困惑时与家人多沟通，与人发生矛盾时要及时用爱心去化解。

保持乐观、积极向上的精神状态，学会自我释放压力，从容不迫地应付日常生活和工作的压力，对待生活压力追求坦然，保持轻松愉快的状态。

有时间多外出旅游，感受大自然的温暖，学会享受生活中点点滴滴的善意和关怀。可以三五人结伴而行，这样就会更有利于沟通，增强彼此的感染力，从而对生活更加热爱。

改变思想认识，认为矛盾是增加彼此了解的桥梁，要学会忘记那些不开心的事，做事要提得起，放得下，想得开，看得穿。不要对过去的事耿耿于怀，过去的事就让它过去，这样才会少去许多烦恼，心情自然舒畅。

议一议

案例一：小伙身裹床单清晨坠亡　留遗书称抑郁厌世

2015年3月24日清晨，小区夜班保安发现，泉州丰泽城东街道美仙山花苑小区一期中庭的草坪上，一团随大风舞动的红床单里竟裹着一名已经死亡的年轻男子，于是报警。警方介入调查后，在这名25岁男子的18楼租房内，发现了其写有遗书的日记本。

小区工作人员说，死者所租住的10号楼1806室，是其就职企业的员工宿舍，里面一共住了5个人。死者当时趴在10号楼下的草坪上，身裹床单，鼻青脸肿，四肢歪折，急救人员赶到后确认其已死亡。

乌屿边防派出所民警接到报警后最先赶到，确认坠亡的死者姓张，25岁，惠安东岭人。其租住房间十分整洁，日记本内有清晨5点写就的遗书，内称自己抑郁厌世，决定跳楼轻生，对父母、弟弟以及同学感恩、愧疚和祝福。死者舍友皆未发现死者清晨轻生。

案例二：男子厌世为求死杀了朋友　昨日“如愿”被执行死刑

只因夫妻吵架，他产生厌世情绪，结果竟“为求死而杀人”。案发前，他早有厌世情绪，几次欲自杀，却因缺乏勇气自杀未果。最终，他选择了杀人求死刑。他作案后说：“杀人后政府判我死刑，我就结束生命。”昨天，“为自杀而杀人”的厌世男子黄某在厦门被执行死刑。

1. 一个沉默的模板工

黄某今年41岁，他是一个工地的模板工人，来自江西一个偏僻的农村，来厦门务工期间暂住在同安区新民镇。据他的家人和老乡说，黄某有一女一子，因为自己收入不高，夫妻关系不好，平日交流不多。案发前一两年，黄某变得不爱讲话，也变得比较偏爱女儿。

据黄某自己供述，案发前，他和妻子的关系“很不好”。几年前他因没钱盖房，找老丈人借钱，结果老丈人仅给了他3 000元“资助盖房”，这让他感到“很没面子和气愤”。他还一直怀疑儿子并非自己亲生，为此，他和妻子矛盾越来越深。案发前一天，妻子没有与他同行，而是选择独自一人先回老家，这让他感觉极其气愤，心情郁闷。于是，次日他一怒之下杀人“求死”。

2. 荒唐：为求一死，想杀人求死刑

“儿子是老婆和别人偷生的；女儿又被人抢劫了，我活着还有什么意思?”黄某落网后诉苦说，他就是一个“苦命人”。案发前一天，2013年2月3日，因为妻子选择独自先回老家，两人吵了一架，这成为他发怒和杀人的“导火线”。他说，自己当时认为，妻子因不愿与他一同回老家，所以才独自先走。于是，第二天他就产生了“杀人求死刑”的念头，他还说“杀人后政府判我死刑，我就结束生命”。

决定杀人后，黄某将目标瞄准了他刚认识两个月的朋友——23岁的小刘。二人并不算太熟，只是在同安区一家网吧打台球时认识的。当天他一共打了三个电话给小刘，约他“一起出去玩”。

3. 狠心：约朋友玩，他再痛下杀手

约好碰面地点后，黄某在赴约前，特意带上了自己平时在工地使用的羊角锤。

小刘对黄某很热情。二人在同安区新民镇一家超市碰面后，因为黄某口渴，小刘还陪着他到超市，买了一瓶雪碧给黄某喝。在此期间，黄某一直在超市外假装打电话，而小刘丝毫不知对方已经起了杀机。

随后，二人继续闲逛至附近一个昏暗的在建工地。这时，黄某趁小刘在玩路上捡的尼龙绳时，拿出羊角锤朝小刘的后脑用力敲打下去，小刘被打中后，向前颠了几步，就倒在了地上。

紧接着，黄某又冲上前，继续手持羊角锤连续朝小刘头部击打，连续打了七八下，直至小刘一动不动。事后，经法医鉴定，小刘是因头部遭钝器打击，致重度开放性颅脑损伤，最终导致死亡。

4. 结局：逃亡被抓，终被执行死刑

杀人之后，黄某将小刘拉到土坑内，为了伪装抢劫现场，他搜走小刘身上的数十元零钱、一部手机和钥匙等物，还刨了一些土，将小刘的尸体部分掩盖。当时下起了毛毛雨，一个推自行车的男子从旁经过，黄某因为害怕，就将羊角锤丢在现场逃离。随后，他将从小刘身上搜走的零钱、手机、钥匙等物丢弃。作案后第二天，黄某搭火车回到老家。过年后，他又到浙江打工，直至被抓获。

近日，他被送上了厦门中院的审判席。厦门中院经审理后作出判决，认定黄某的行为构成杀人罪，判处他死刑。此外，法院还判决要求他赔偿给小刘家人经济损失费68万元。

经最高人民法院核准，厦门中院依法对黄某执行死刑。

生活本是美好的，活着更是一种希望。那么究竟是什么导致案例中的主人公对生活失去希望，最终选择结束自己的生命？

总结升华

不要抱怨生活给予你太多磨难，也不要抱怨人生给予你太多曲折。大海如果失去巨浪的翻滚就会失去雄浑，沙漠如果失去飞沙的狂舞就会失去壮观。人生如果只求一帆风顺，生命也就失去了存在的魅力。有这样一句话："不管一切如何！我们都应该笑着面对！"有人说，生活是甜蜜的，一路上充满了欢声笑语；有人说，生活是苦涩的，一生中经历了数不清的艰辛和无奈；有人说，生活是酸楚的，一辈子总会遇到躲也躲藏不过的叹息；还有人说，生活是新鲜刺激的，不停出现的新生事物期待你去感受去开拓，我要说，生命是多彩的，是赤、黄、橙、绿、青、蓝、紫的组合。

生活本来就是这样，酸，甜，苦，辣，咸，一切尽在其中，就看你如何去描绘、去尝试。所谓生活，可以简单解释为生命的活法，有人认为它是美好的、欢乐的，这样的人，即使在寒冷的冬天也能感到生活的温暖，漆黑的午夜也能看到光明，用一种乐观的态度去面对生命，用微笑来面对一切。

不同的人有不同的活法，因此不同的人对生命也有不同的感悟。酷爱学习的学子们以能畅游在书的海洋中，去吮吸其中的蜜汁为幸福的享受；苦心教导学生的园丁们，以桃李满天下为己悦、为己荣；疼爱子女的母亲在母亲节收到孩子送来的康乃馨时，会有一种由衷的感动；真挚的友情在经历了风风雨雨变得更加牢固时，你触摸到的是一颗温暖而真诚的心。

生命对每个人说是平等的，不要一味地抱怨上天的不公平，路途中时而坎坷艰辛、波澜不惊，时而垂柳轻拂、平淡如水，关键是看你如何来把握生活，享受生命。让我们用微笑来面对生活，用微笑来面对每个人每件事，你就会看到阳光灿烂，迎接你的也是一路的欢声笑语。

生活中会我们经常会有遇到各种各样的烦恼，不管是您是学生还是青春期或者早已成家立业，每一个人都有自己的烦恼和琐碎事，每一个人进都会有悲伤地时候，但是生命这么的短，我们不应该把时间放在悲伤上，那么该怎样才能让自己乐观呢？

（1）很多时候我们不乐观的主要原因是因为“人”的原因，或许是某个人给你压力，压力很大时，谁能乐观？其实放下这下心态，努力地面对就好，但求无愧于心，凡事都会过去的，乐观起来吧，保持平平淡淡的心态，一切将会成为曾经。

（2）被他人奚落的情况也是时常会有，不管是在工作中还在家庭中，矛盾永远都存在，这便是这个世界，所以他人对你的要求或者批判，你可以当作前进的动力，不要忧伤，乐观起来勇敢地面对，勇敢地努力就好，明天永远都是晴天。

（3）每个人都会有梦想，不管你的梦想是大还是小，只要努力地去追求，没有哪一件事情一下子就能成功，不管你是梦想着成就大事业还是生活中的小满足，其实一生只有短短几十年，过的开开心心比什么都强、都值得。

（4）不管你健康与否，获得生命就是最大的幸福，至少我们还活着，还能够呼吸着、感受着这个世界，每一秒每一刻都是生命的力量在呼唤，所以一起来乐观面对，让生命更精彩些吧！

名言警句

1. 乐观的人永葆青春。 ——拜伦
2. 悲观的人虽生犹死，乐观的人永生不老。 ——拜伦
3. 当遇到挫折和困难时，需要保持乐观健康的心态。 ——周海中
4. 人生至善，就是对生活乐观，对工作愉快，对事业兴奋。 ——布兰登
5. 真正的快乐，是对生活的乐观，对工作的愉快，对事业的热心。 ——爱因斯坦
6. 一切的和谐与平衡，健康与健美，成功与幸福，都是由乐观与

希望的向上心理产生与造成的。　——华盛顿

7. 乐观是希望的明灯，它指引着你从危险峡谷中步向坦途，使你得到新的生命、新的希望，支持着你的理想永不泯灭。　——达尔文

3.3　永不放弃

读一读

案例：坚持一下，成功就在你脚下

1832 年，林肯失业了，这显然使他很伤心，但他下定决心要当政治家，当州议员。糟糕的是，他竞选失败了。在一年里遭受两次打击，这对他来说无疑是痛苦的。接着，林肯着手自己开办企业，可一年不到，这家企业又倒闭了。在以后的 17 年间，他不得不为偿还企业倒闭时所欠的债务而到处奔波，历经磨难。随后，林肯再一次决定参加竞选州议员，这次他成功了。他内心萌发了一丝希望，认为自己的生活有了转机：“可能我可以成功了！”

1835 年，他订婚了。但离结婚的日子还差几个月的时候，未婚妻不幸去世。这对他精神上的打击实在太大了，他心力交瘁，数月卧床不起。1836 年，他得了精神衰弱症。1838 年，林肯觉得身体良好，于是决定竞选州议会议长，可他失败了。1843 年，他又参加竞选美国国会议员，这次仍然没有成功。林肯虽然一次次地尝试，但却是一次次地遭受失败：企业倒闭、未婚妻去世，竞选败北。如果是你碰到这一切，你会不会放弃？放弃这些对你来说重要的事情？林肯没有放弃，他也没有说：“要是失败会怎样？”1846 年，他又一次参加竞选国会议员，这次他终于当选了。

两年任期很快过去了，他决定要争取连任。他认为自己作为国会议员表现是出色的，相信选民会继续选举他。但结果很遗憾，他落选了。由于这次竞选他赔了一大笔钱，林肯又申请当本州的土地官员，但州政府把他的申请退了回来，上面指出：“做本州的土地官员要求有卓越的才能和超常的智力，你的申请未能满足这些要求。”接连又是两次失败，在这种情况下你会坚持继续努力吗？你会不会说：“我失败了！”然而，林肯没有服输。1854 年，他竞选参议员，失败了；两年后他竞选美国副总统提名，结果被对手击败；又过了两年，他再一次竞选参议员，还

是失败了。林肯一直没有放弃自己的追求，他一直在做自己生活的主宰。1860 年，他终于当选为美国总统。

想一想

每个人都想成功，但真正付诸行动的却寥寥无几，那些肯用行动证明一切的人又因为没有坚持下去而最终失败。那么我们该如何“坚持”下去呢?

讲一讲

一个人想干成大事，都要能够坚持下去，坚持下去才能取得成功。说起来，克服一点困难也许并不难，难得是能够持之以恒地做下去，直到最后成功。《简・爱》的作者曾意味深长地说：人活着就是为了含辛茹苦。人的一生肯定会有各种各样的压力，内心总经受着煎熬，但这才是真实的人生。确实，没有压力就会轻飘飘的，没有压力肯定没有作为。选择压力，坚持往前冲，就能成就自己。你不妨再试一次，人生有许多“柳暗花明又一村”的时候。在成长的过程中特别是幼年时代，遭受外界太多的批评、打击和挫折，于是奋发向上的热情、欲望被“自我设限”压制封杀，而又没有得到及时的疏导、排解与鼓励时，既对失败惶恐不安，又对失败习以为常，丧失了信心和勇气，渐渐养成狭隘、自卑、孤僻、害怕承担责任、不思进取、不敢拼搏的习惯，从而失去了自己的梦想。这样的性格，在生活中最明显的表现就是随波逐流，没有人生的目标，与生俱来的成功火种过早地熄灭了。

曾经的失败并不意味着永远的失败，曾经达不到的目标并不意味着永远达不到，你可以有自己的梦想，你可以为自己的人生树立一个目标。如果你选择未来，那么你是上帝的孩子；如果你选择过去，那么你可能仍是“弃儿”。过去可以决定现在，但不能决定未来。你的目标是为未来所设定，你在为你的未来做出选择。过去不等于未来：过去成功了，并不代表未来还会成功；过去失败了，也不代表未来就要失败。过去的成功或是失败只代表过去，未来是靠现在决定的。现在干什么，选择什么，就决定了未来是什么。失败的人不要气馁，成功的人也不要骄傲。成功和失败都不是最终的结果，它只是人生过程的一件事。因此，这个世界上不会有一直成功的人，也没有永远失败的人。

在日常生活中，一个绝境就是一次挑战、一次机遇，如果你不是被吓倒，而是奋力一搏，也许你会因此而创造超越自我的奇迹。胜利的鲜花在血汗中绽放，荣誉的桂冠用荆棘编织，排除万难，坚定不移，成功属于意志坚定者。

同一起跑线做同一件事情，到最后还是有很多人被别人远远地甩在身后，原因不是他不够聪明或者勤劳，而是他不够坚持。“坚持就是胜利”说的就是这个道理。下面我们就谈一谈如何让自己坚持下去：

1. 进行积极的自我暗示

心里的想法即心态对一个人的行为有非常深远的影响。在生活中常常进行一些积极的自我暗示，例如“我一定能瘦下去”、“我一定能战胜一切”等，在这样的主动心态引导下，化解困难就不那么难了。

2. 吸取生活中的正能量

每天早上起床和晚上睡觉前，多看一些积极向上的东西，吸取其中的正能量；每天上下学的过程中，留意身边美好的事情。让自己的心态保持阳光积极，这样坚持也就不那么困难了。

3. 借助榜样的力量

每个人应该有一个属于自己的榜样，这个榜样不是拿来嫉妒的，而是学习借鉴的。他可以是某个经历各种不易才成功的名人，也可以是身边具体的某个人，甚至是故事里某个主角。每次想放弃的时候，想想他的经历和成功，立志要成为像他一样的人。

4. 寻找同伴的鼓励

一句话叫做：要想走得快，你就一个人走；要想走得远，那就一群人一起走。寻找一些志同道合的朋友，相互帮助，相互鼓励，成功路上便不再孤单。

5. 想象成功的诱惑

做一件事情之前，一定要有个具体的目标，例如成功瘦了 20 斤、赚取 5 万块、获得一等奖学金等。在每次想要放弃的时候，想象一下目标达成以后的场面，描绘一幅美丽的蓝图，从而带来继续前进的动力，然后不论风雨坚持走下去。

6. 接受众人期望的刺激

我们都有非常重要的亲人、恋人、老师以及朋友，肩负着他们殷切的希望。每一次受伤动摇的时候，多想想他们的眼神，想想他们的关爱，给自己更多前进的理由，不管风雨，咬咬牙，坚持下去，成功就在眼前。

议一议

案例：化学家李比希

李比希曾经试着把海藻烧成灰，用热水浸泡，再往里面通氯气，这样就能提取出海藻里面的碘。但是他发现，在剩余的残渣底部，沉淀着一层褐色的液体，收集起这些液体，会闻到一股刺鼻的臭味。他重复做这个实验，都得到了同样的结果。这种液体是什么呢？

李比希想，这些液体是通了氯气后得到的，说明氯气和海藻中的碘起了化学反应，生成了氯化碘。于是，他在盛着这些液体的瓶子上贴了一个标签，上面写着“氯化碘”。几年后，李比希看到了一篇论文——《海藻中的新元素》，他屏着呼吸，细细地阅读，读完懊悔莫及。原来，论文的作者——法国的青年波拉德也做了和李比希同样的实验，也发现了那种褐色的液体。和李比希不同的是，波拉德没有中止实验，他继续深入研究这褐色的液体有什么样的性质，与当时已经发现的元素有什么异同。最后，他判断，这是一种还未发现的新元素。波拉德为它起名“盐水”。波拉德通知了巴黎科学院自己的发现，科学院把这个新元素改名为“溴”。《海藻中的新元素》就是关于溴的论文。

看完本案例你有什么想法？

总结升华

如何做到永不放弃？

一、积极主动

不要把意志力与自我否定相混淆，当它应用于积极向上的目标时，将会变成一种巨大的力量。

美国东海岸的一位商人特别喜欢喝酒，他从事的是一种很累的工作，在进餐前喝几杯葡萄酒似乎能让紧张的心情得到放松，可酒和累人

的活又使得他昏昏欲睡，因此常常一喝完酒便呼呼大睡。有一天，这位商人意识到自己是在借酒消愁，浪费时光。于是他决定不再贪杯，而是把更多的时间用于儿女身上。刚开始时很不容易，常常想起那香气四溢的葡萄酒，但他告诫自己现在所做的事将有所得而不是有所失。后来的事实证明，他越是关心家庭和子女，工作起来的干劲也就越大。

主动的意志力能让你克服惰性，把注意力集中于未来。在遇到阻力时，想象自己在克服它之后的快乐，积极投身于实现目标的具体实践中，你就能坚持到底。

二、下定决心

美国罗得艾兰大学心理学教授詹姆斯·普罗斯把实现某种转变分为四步：

抵制——不愿意转变；

考虑——权衡转变的得失；

行动——培养意志力来实现转变；

坚持——用意志力来保持转变。

有的人属于“慢性决策者”，他们知道自己应该停止某件事情，但决策时却优柔寡断，结果无法付诸行动。

为了下定决心，可以为自己的目标规定期限。玛吉·柯林斯是加州的一位教师，对如何使自己臃肿的身材瘦下来十分关心。后来她被选为一个市民组织的主席，便决定减肥 6 千克。为此她购买了比自己的身材小两号的服装，立志要在 3 个月之后的年会上穿起来。由于坚持不懈，柯林斯终于如愿以偿。

三、目标明确

普罗斯教授曾经研究过一组打算从元旦起改变自己行为的实验对象，结果发现最成功的是那些目标最具体、最明确的人。其中一名男子决心每天做到对妻子和颜悦色、平等相待。后来，他果真办到了。而另一个人只是笼统地表示要对家里的人更好一些，结果没几天又是老样子，照样吵架。

不要说诸如此类空洞的话：“我打算多进行一些体育锻炼”或“我计划多读一点书”，而应该具体、明确地表示“我打算每天早晨步行 45 分钟”或“我计划周一、周三、周五的晚上读一个小时的书”。

四、权衡利弊

如果你因为看不到实际好处而对体育锻炼三心二意，光有愿望是无法使你心甘情愿穿上跑鞋的。

普罗斯教授对前往他那儿咨询的人劝告说，可以在一张纸上画好 4

个格子，以便填写短期和长期的损失和收获。假如你打算戒烟，可以在顶上两格填上短期损失“我一开始感到很难过”和短期收获“我可以省下一笔钱”；底下两格填上长期收获“我的身体将变得更健康”和长期损失“我没有一种排忧解闷的方法”。通过这样的仔细比较，聚集起戒烟的意志力就更容易了。

五、改变自我

光知道收获是不够的，坚持最根本的动力产生于改变自己的形象和把握自己生活的愿望。道理有时可以使人信服，但只有在感情因素被激发起来时，自己才能真正加以响应。

汤姆每天要抽三盒烟，尽管咳嗽不止，但依然听不进医生的劝告，照抽不误。“有一天，我突然意识到自己真是太笨了。”他回忆说，“这不是在‘自杀’吗？为了活命，得把烟戒掉。”由于戒烟能使自己感觉更好，汤姆产生了改掉不良习惯的意志力。

六、注重精神

法国17世纪的著名将领图朗瓦以身先士卒闻名，每次打仗都站在队伍的最前面。在别人问及此事时，他直言不讳道：“我的行动看上去像一个勇敢的人，然而自始至终却害怕极了。我没有向胆怯屈服，而是对身体说——‘老伙计，你虽然在颤抖，可得往前走啊’！结果毅然地冲锋在前了。”

大量的事实证明，好像自己有顽强意志一样地去行动，有助于使自己成为一个具有顽强意志力的人。

七、磨炼意志

早在1915年，心理学家博伊德·巴雷特曾经提出一套锻炼意志的方法。其中包括从椅子上起身和坐下30次，把一盒火柴全部倒出后一根一根地装回盒子里。他认为，这些练习可以增强意志力，以便日后去面对更严重更困难的挑战。巴雷特的具体建议似乎有些过时，但他的思路却给人以启发。例如，你可以事先安排星期天上午要干的事情，并下决心不办好就不吃午饭。

来自新泽西州的比尔·布拉德利是纽约职业篮球队的明星，除了参加正常的训练之外，

他每天一大早来到球场，独自一个人练习罚犯规球的投篮瞄准。“功夫不负有心人”，他终于成为球队里投篮得分最多的人。

八、坚持到底

俗话说“有志者事竟成”。普罗斯在对戒烟后又重新吸烟的人进行研究后发现，许多人原先并没有认真考虑如何去对付香烟的诱惑。所以尽管鼓起力量去戒烟，但是不能坚持到底。当别人递上一支烟时，便又接过去吸了起来。

如果你决心戒酒，那么不论在任何场合里都不要去碰酒杯。倘若你要坚持慢跑，即使早晨醒来时天下着暴雨，也要在室内照常锻炼。

九、实事求是

如果规定自己在 3 个月内减肥 25 千克，或者一天必须从事 3 个小时的体育锻炼，对这样一类无法实现的目标，最坚强的意志也无济于事。而且，失败的后果会使自己再试一次的愿望化为乌有。

在许多情况下，将单一的大目标分解成许多小目标不失为一种好办法。打算戒酒的鲍勃在自己的房间里贴了一条标语——“每天不喝酒”。由于把戒酒的总目标分解成了一天天具体的行动，因此第二天又可以再次明确自己的决心。到了周末，鲍勃回顾自己 7 天来的一系列“胜利”时信心百倍，最终与酒说“拜拜”了。

十、逐步培养

坚强的意志不是一夜间突然产生的，它在逐渐积累的过程中一步步地形成，中间还会不可避免地遇到挫折和失败，只有找出使自己斗志涣散的原因，才能有针对性地解决。

玛丽第一次戒烟时，下了很大的决心，但还是以失败告终。在分析原因时，她意识到需要做点什么事来代替抽烟。后来她买来了针和毛线，想吸烟时便编织毛衣。几个月之后，玛丽彻底戒了烟，并且还给丈夫编织了一件毛背心，真可谓一举两得。

十一、乘胜前进

实践证明，每一次成功都将会使意志力进一步增强。如果你用顽强的意志克服了一种不良习惯，那么就能获取与另一次挑战决斗并且获胜的信心。

每一次成功都能使自信心增加一分，给你在攀登悬崖的艰苦征途上提供一个坚实的“立足点”。或许面对的新任务更加艰难，但既然以前能成功，这一次以及今后也一定会胜利。

名言警句

1. 坚持意志伟大的事业需要始终不渝的精神。——伏尔泰

2. 最可怕的敌人，就是没有坚强的信念。——罗曼·罗兰

3. 意志在于磨炼，成功在于坚持。——周海中

4. 只要有坚强的意志力，就自然而然地会有能耐、机灵和知识。——陀思妥耶夫斯基

5. 能够岿然不动、坚持正见、渡过难关的人是不多的。——雨果

6. 只要持续地努力，不懈地奋斗，就没有征服不了的东西。——塞内加

7. 公共的利益，人类的福利，可以使可憎的工作变为可贵，只有开明人士才能知道克服困难所需要的热忱。——佚名

8. 在希望与失望的决斗中，如果你用勇气与坚决的双手紧握着，胜利必属于希望。——普里尼

9. 一个人所能做的就是做出好榜样，要有勇气在风言风语的社会中坚定地高举伦理的信念。——爱因斯坦

3.4　责任重于泰山

读一读

案例一："90后"保安辞职后无所事事　洗浴中心偷钱获刑

两位"90后"吴某和张某曾为一超市的保安，辞职后，久处于无所事事的状态。因碰到曾经一起干过保安而且在沐浴中心上班的赵某，便相约偷盗沐浴中心的储物柜。后来案发，他们被告状于北京市怀柔区人平易近法院。

1990年6月出生的吴某和1991年4月出生的张某，两人自来北京打工相遇时就是好哥们儿。先是在一超市当保安时，辞职后两人无所事事又一起浪荡。2010年4月两人找到曾一起干过保安的同事赵某，赵某在某沐浴中心当服务生。吴某和张某在该沐浴中心消费时，发现沐浴中心的储物柜钥匙都很简单，于是二人萌发配钥匙偷盗储物柜内财物的想法。经协商后，三人决定由一人带着其他二人的储物柜钥匙到沐浴中

心外配取。在获得多把钥匙后，三人决定，在赵某值日班时，携配取的钥匙举行偷盗。成功后，吴某又多次假装沐浴，用配好的钥匙在沐浴中心实施偷盗。

2010 年 4 月至 5 月间，在仅仅两个月的时候里，吴某和张某先后用同样的伎俩，在怀柔区两家沐浴中心实施偷盗，累计达 5 起，共偷盗人民币 8 200 余元。检察机关以吴某、张某涉嫌偷盗罪将案件告状至怀柔法院。

经审理法院认为，被告人吴某、张某、赵某，以不法占有为目的，秘密盗取公民财物，构成偷盗罪，判处吴某有期徒刑一年十个月，并惩罚金二千元；判处张某有期徒刑十个月，并惩罚金一千元。

案例二：四名“90 后”男子无钱上网组团偷铜丝被抓

江某和林某、孙某、王某四个 90 后男子，平时都无所事事，长期混于网吧。四人在五乡镇宝幢一网吧内上网结识，并成了“好朋友”。

一天夜里，四人又偶遇在网吧，因为游戏要升级没钱买“装备”，江某便提议一起去“搞点钱”。于是四人走出网吧四处溜达，寻找目标。

凌晨零点左右，江某等四人溜达到了位于五乡镇宝幢一金属厂附近。

江某之前来过这家金属厂招工，在招工时就“瞄到”过工厂内的铜丝。于是，四人里应外合，盗走了金属厂内 11 包铜丝，足足有 400 多斤，价值一万余元。

得手后，四人连夜将赃物销给了五乡镇上一破烂王沈某，将赃款平分，拿着到手的钱去网吧上网。

民警很快接到了报警。通过查看相关视频监控录像，办案民警在各个网吧多天蹲点埋伏，终于“等”来了江某等人，并将他们抓获。

目前，四人已被刑拘。

想一想

案例中的主人公们没有责任感，整天无所事事，浑浑噩噩，虚度光阴，最终走上了犯罪的道路。为什么没有责任感的人容易误入歧途呢？

讲一讲

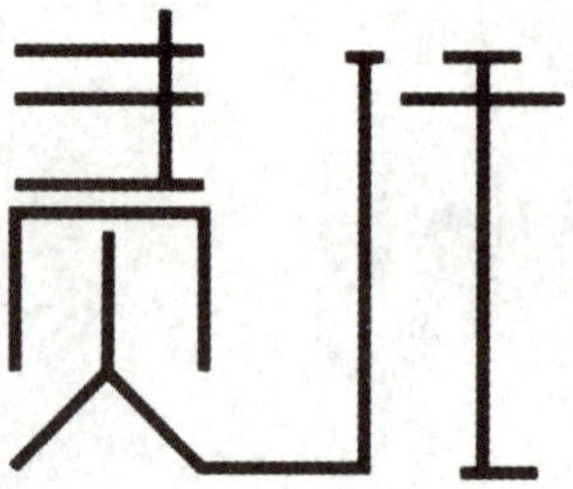

现实生活中，我们无论做什么事情都要有一个负责的态度。有了责任感别人才会信任你，你才有可能取得成功。责任是一种敢于承担、有所作为、勇于负责的精神。责任使我们每一个人立足社会，开创未来的基石。在这个世界上责任是一种弥足珍贵的东西，它来自一个人的灵魂深处，它可以拯救灵魂，让心灵充满纯洁和自由。拥有责任心就拥有了善良，责任心需要觉悟，就像泥土中的种子需要阳光雨露的滋润一般。拥有责任心则前途一片光明，它是一种发自内心的，敢于面对生活的勇气和行为。它会指引你去做你认为重要的事，并且一定会竭尽全力，做到尽善尽美。

不同的行为体现了不同的责任感，不同的责任感导致了不同的命运。人生在世讲求“责任”二字。责任就是一个人为自己的承诺负责，为自己行为的后果负责。有责任感，是一个人在社会上立足、获得成功最关键、最重要的道德品质。人生在世，最重要的就是要体现自己的生命价值，要为自己的生命创造一种信誉，这种信誉就是由责任感来保证的。然而，现实生活中，有的人缺乏责任感，不求上进，好吃懒做，游手好闲。极个别的人，经受不住艰苦环境的磨炼，抵制不住都市繁华的诱惑，弃自己的信誉和前途于不顾，成了人见人烦的社会混混，肚子里没有一点墨水，却在街头和游乐场所耀武扬威，殊不知他们正在演绎着自己的人生悲剧，等有朝一日混不动了，才知悔不该当初。像这些人，绝不可能有什么前途，充其量也只能当一个啃老族，因为在他们的心里不知道什么是责任。一个没有责任感、不讲信誉的人怎么能委以重任，他只能当社会和家庭的累赘，做自己的奴隶。

一个有责任感的人，他会有明确的人生目标，有对自己、家庭、社会勇于负责的精神，能遵守社会规范，有承担责任和履行义务的自觉态度。当代人最缺乏的就是责任心，托尔斯泰说：“一个人若没有热情，他将一事无成，而热情的基点正是责任心。”人要有爱心、信心、进取心等，而最重要的是责任心。因为责任心是一个人能否立足社会、成就事业最基本的人格品质，在某种程度上讲，责任心有多大，我们的人生舞台就有多大。因此，每个人要有所作为就得有责任心，只有这样才能对得起自己的良心。

在现实中，责任心是衡量一个人成熟与否的重要标准。责任心也是一种习惯性行为，一种很重要的素质，是做一个优秀的人所必需的。人们相互交往中能否承担某项职务，判断的标准就是看这个人是否有责任感。任何事情的发生都是由责任心所致。我们仔细地想一想，有些人一事无成不是没有能力而是没有责任心，好吃懒做，玩世不恭，贪图享受，当遇到困难和挫折时，不是迎难而上而是知难而退，这样的人何来责任感，怎能有美好的人生？

责任心是晶莹的露珠，折射出人的精神光芒，责任心是炙热的岩浆，喷发出无穷的潜能；责任心是凝重的砝码，真实地称量出人生的价值，责任心是坚硬的磐石，为你铺好面向理想的光明大道。一个有责任心的人，他能体会到学习和工作的乐趣，他能发挥自己的最大潜能，体现自己的人生价值，生命不断地得到升华。从某种意义上说，人生最大的差别不是一个人的能力而是责任心。常言说：人生最大的遗憾就是荒废光阴的遗憾。遗憾的不光是没有完成学业，没有做好事情，而是浪费了青春年华，追悔莫及。

太阳有照耀大地的责任，雨露有滋润万物的责任。人有履行义务的责任，一个人只有不辱使命，才能做一个有责任感的人。行动于今天，别感叹于明天。既然来到这个世界，我们就应该负担起作为这个世界的人所应该担负的责任。勇敢地做一个对自己、对家庭、对社会有责任感的人，才能无愧于自己的人生。

人不但要有社会责任感，还要勇于为社会与人的责任而担当。担当是什么？担当就是要勇于承担重任和担负起自己的责任。在现实生活中，敢于承担责任要有勇气和魄力，独立思考，独立做事，独立自醒。有担当的人能够依靠自己的力量，积极主动地承担社会责任，为社会做贡献，实现人生价值。那么，作为一个人，担当就社会责任的意义上讲，应当是在其位谋其政，不辜负人民、社会和历史赋予的使命和责任。公务员的担当是要心中装着人民的重托，体恤民情，为人民服务；法官的担当就是要依法办案，不为权贵和利益的诱惑而贪赃枉法；律师的担当是既要维护委托人的权益，也要追求事实的真实和法律的公正；公民的担当是要勇于对违反社会公益道德的行为说“不”，用自己的民主权利表达自己的民主意愿。人如果能够担负起社会所赋予的担当的责任。那么社会的机体也就能够担当起历史的使命了。

责任是人与生俱来的一种约束、一种使命。做人有责任，做事有责任，干社区工作则更应有责任。责任是什么？责任就是分内应做的事情，是岗位职责范围内应承担的任务，是“在其位”应当完成的使命，是“食俸禄”去做好的工作。不论其范畴多么广泛，也不论其内涵多么丰富，责任都既是一种客观需要，也是一种主观追求；既是自律，也是他律。正因为如此，我们说，责任是成就事业的可靠途径，是实现人的全面发展的必由之路。

议一议

案例：谁说我们“90后”没有责任感？

长春中航工业技术学校2011级机电一班的三名学生在长春市青年路一银行办理业务时捡到了一个装着4 000多元现金的钱包。虽是天寒地冻，但3名学生为了等到失主，在寒风中守候数小时，终于等来了失主。当失主范先生来到学校表示谢意时，学校才知道学生们拾金不昧的事迹。

1. 三名大学生捡4 000元现金，寒风中原地等候失主

11月19日9时，长春中航工业技术学校2011级机电一班的三名学生刘永晶、高畅、姜冰结伴一起去交通银行青年路支行办理银行卡。走到银行门口时，发现地上有一个棕色的钱包，里面鼓鼓的。刘永晶同学将钱包捡起，打开一看里面有好多现金及银行卡。三位同学面面相觑，却异口同声地说，这么多钱，失主一定很着急，但钱包内并没有失主的任何联系方式。她们商量一下，决定在原地等候失主来找钱包，当时天气非常冷，并且风雪交加，等了一个多小时，同学们早已被冻透，马上就到中午了，但仍然没有等到失主。因为学生们没有太多钱，所带的钱并不够几位同学们在外吃饭的，她们也只好回学校吃饭。午饭过后，学生不畏严寒，走了半个多小时的路程，再次来到了交通银行门口，继续等候失主。

2. 失主拿出千元酬谢被拒绝，夸孩子们品德高尚

下午越来越冷，等了半个小时之后，终于等来了一位寻找钱包的先生。同学们经过确认，钱包确是这位范先生的。同学们和范先生说，因为害怕路上将钱包丢失，她们只好将钱包安放在了寝室里，并由其他同

学看管。现在终于等到失主了，可以和她们一起去学校取钱包了。

范先生说，钱包内现金虽然只有 4 000 多元，但是更重要的是有许多票据和银行卡等，如果丢失补办起来非常麻烦，而且有的无法补办，损失不可估量。钱包能失而复得，范先生真是高兴万分。他表示："在那样寒冷的天气里，同学们在原地等待失主几个小时，并将钱归还，实在难能可贵。"这种拾金不昧的高尚品德让他非常感动。范先生当即拿出 1 000 元钱感谢这三名学生，可是被同学们拒绝了。学生们说，谁说"90 后"没有责任感，拾金不昧是我们做人的根本，我们再冷也要等下去，这是我们应该做的。

采访中范先生说，除了要感谢这三名拾金不昧的好孩子，更要感谢长春中航工业技术学校，培养了这些品德高尚的学生，将我们中华民族的传统美德传承下去，同时也希望能有更多的人向她们学习，大家一起努力，为创建平安和谐长春贡献力量。

案例中三个主人公拾金不昧，品德高尚，是我们学习的榜样。他们不仅是对自己负责，更是对整个社会负责。那么身为"90 后"的我们应该如何培养自己的责任感，做一个对自己负责，对他人负责，对社会负责的好公民呢？

总结升华

责任心是指个人对自己和他人、对家庭和集体、对国家和社会所负责任的认识、情感和信念以及与之相应的遵守规范、承担责任和履行义务的自觉态度。它是一个人应该具备的基本素养，是健全人格的基础，是家庭和睦、社会安定的保障。具有责任心的员工，会认识到自己的工作在组织中的重要性，把实现组织的目标当成是自己的目标。

一、自尊与自强

只有自己尊重自己，才能尊重别人，才有责任心。责任心的缺失来自自尊的缺失，很难想象一个被长期漠视的人有很强的责任心，所以教育首先是让人有自尊。这样才能培养出人的责任心，责任心是成功的基石。所以，有"位卑不敢忘忧国"的陆游，"天下兴亡，匹夫有责"的顾炎武，"名出所学，各尽所知，使国家富强不受外侮，足以自立于地球上"的詹天佑。责任心是面对失败，坚强屹立、不畏挫折的意志。有责任心的人，敢于披荆斩棘，风雨无阻，勇于直面困难，从零开始。所以，司马迁的《史记》千古传承；詹天佑造出属于中国自己的铁路；鲁迅才会写出那一篇篇犀利的文章；中国女排才会获得“五连冠”。责任心是发愤图强的基础，没有责任心，发愤图强也只会是海市蜃楼。

自尊是人类生命的心理根源，它可以保持一个人生命的健康发展和完满。在自尊作用于人的过程中，首当其冲的是人的心理健康。也就是说，自尊最初对一个人起作用，是从其心理反应和心理健康开始的，而生命（尤其是人的社会生命和心理生命）的残缺或完满直接来源于心理是否健康。

在生活中，社会总会对人提出这样那样的要求。但不管何种社会，要求基本都是一致的，即人应该是健康的、积极的、发展的，人应该以一种良好形象出现在公众面前。那么，是什么在维持着人的良好形象呢？印象整饰固然是一个长期有效的手段，但只是一种很表面的手段，人维持良好形象的内在的、深层的心理机制其实就是自尊。心理学家Bednar. R.（1989）曾指出：“人都有一种保持积极的、健康的、向上的自我形象的需要，这种需要既是防止与避免生存环境带给人的伤害与压力的有力武器，也是个体发展的基本力量。”这正是自尊使人更好地适应社会环境、缓冲基本焦虑的一种具体体现：自尊策动人去追求和呈现一种良好的社会形象，从而更好地适应社会环境。而良好的社会适应是心理健康的重要标志之一。

如果自尊不足甚至缺乏，人就无法正确地对待自己和他人的评价，不能适时恰当地对社会环境的要求或事件做出合理反应，无法及时缓解生活中的基本焦虑。一言以蔽之，人就无法正常地进行社会生活。因此自尊不足（即低自尊）的人呈现给社会的通常是不好的自我形象，具体表现出两类行为或态度：一类是自伤性行为或态度，主要指向自我。其表现有自暴自弃、自怨自艾、自哀自怜、自轻自贱等，甚至可能放弃生命，自绝于世；另一类是自恋式或自我中心的行为与态度，主要指向他人与环境，可能出现不负责任、冷漠、自我中心、敌视、攻击他人、报复社会等偏激行为和犯罪行为，甚至走上违法犯罪的道路。但无论哪类行为或态度，反映的都是心理健康问题。需要指出的是，自尊不足的人虽然没有呈现出良好的自我形象或社会形象，并不意味其不具有维持自身良好形象的需要。相反，是这种需要与自我意象之间产生了矛盾而导致心理失调，并表现出种种不健康的态度与行为。

大量的实证研究证实，自尊与心理健康的关系极为密切。这不仅包括缺乏自尊（即低自尊）与许多重要的消极可能性如抑郁、焦虑、自杀意念、机能失调、问题行为等紧密联系在一起，而且也包括拥有足够自尊（即高自尊）经常与积极的心理健康和一般的心理幸福密切相关。

由此可见，自尊乃是心理健康的核心，是心理幸福的根源。这个核心的状态直接关系着心理健康的状况：高自尊由于良好的社会适应而衍生出心理健康的各种表现，包括健康的认知、健康的行为以及健康的心态；低自尊由于对社会的适应不良则导致了不健康的心理状态及其行为表现。

自尊的心理品质，不是天生的，而是在生活，学习和工作中逐步培养起来的。要培养正确的自尊心，需要做到以下几点：（1）寻找个人自尊的支点（支点指自己突出的优胜和长处）；（2）要有正确的方向（培养个人的自尊，应当懂得把个人的自尊上升为集体、国家的自尊）。总之，我们一定要继续继承和发扬中华民族的光荣传统，一言一行都要考虑祖国的利益，在和外国人交往中，要自尊、自爱、不卑不亢，在任何情况下，都不能损害祖国的荣誉和民族的尊严，这是每一个中国人所应有的民族自尊。

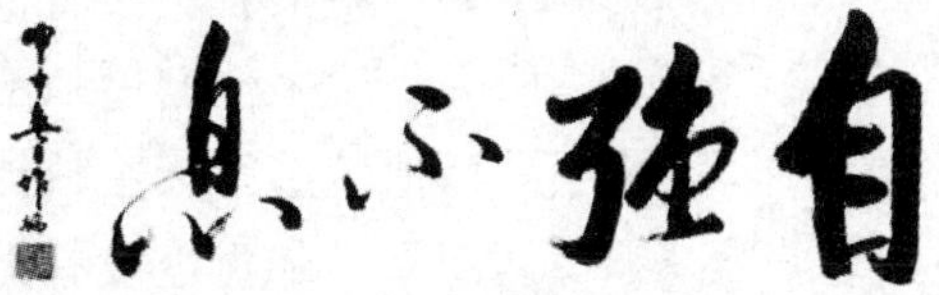

没有责任哪来大唐的“贞观之治”；没有责任，哪来卧薪尝胆的成功；没有责任，哪来马克思《资本论》的光耀后世；没有责任，哪来用 21 年心血换来的李时珍的《本草纲目》；没有责任，哪来繁荣富强的今天……

第二次世界大战时期，英国受训的特工得到指令：假如被俘，必须保持 48 小时的沉默，以便同伴有时间逃脱。这 48 小时是底线约定，沉默正是对同伴的责任。

责任，即分内应做之事。分内的边界究竟有多大？每个人都有不同的尺度，有的基于法律规定，有的依据市场契约，有的出于道德良心。责任心越强，人们会把更多的义务揽在身上，肩上挑起的担子也将格外沉重。

此类担子是无形的，但任何人都无一例外拥有。它也许是天然的义务，就像父母有责任养育儿女，儿女有责任赡养父母；它也许是人与人之间的托付，如春秋年间赵氏托孤，程婴、公孙杵臼为保忠良一线血脉，做出了极大的自我牺牲；它也许是职业岗位的规矩，好比在航海界，船长理应最后一个弃船。可以说，人们在世上有多少个角色，便有相应的多少种责任。

不仅如此，责任还体现为社会使命。明末清初顾炎武的“天下兴亡，匹夫有责”，激荡起无数人位卑不敢忘忧国的情怀。尤其是鲁迅先生所指“中国的脊梁”，那些埋头苦干、拼命硬干、为民请命、舍身求法的人，之所以“掩不住他们的光耀”，说千道万，只因一颗舍我其谁、勇砥中流的责任心。

在现代社会，公民责任具有最广泛的存在性。每个人都依法享有公民权利，每一项权利都对应着公民责任。如果说天下没有免费的酒宴，自然也没有不承担责任的权利。不过，正因人人皆有，公民责任反而容易缺位。如此引发的严重后果，被新教牧师马丁·尼莫拉写成了一首短诗：

“在德国，起初他们追杀共产主义者，我没有说话——因为我不是共产主义者；接着他们追杀犹太人，我没有说话——因为我不是犹太人；后来他们追杀工会成员，我没有说话——因为我不是工会成员；此后他们追杀天主教徒，我没有说话，因为我是新教教徒；最后他们奔我而来，却再也没有人站起来为我说话了。”

诗被刻在美国波士顿的犹太人屠杀纪念碑上。从起初到最后，“我”都没有说话。也许对被追杀者，“我”曾带有几分同情，但仍然充当了一个无声的旁观者，可这样的沉默却是不负责任。于是，等到“再也没有人站起来”的时候，“我”同样也成了沉默的牺牲品。

20 世纪上半叶的情形，是否会在 21 世纪的今天复制？

不容回避，当今社会无论从环境污染、食品安全，还是学术造假、司法不公等问题上，都暴露出比较普遍的责任缺失。究其原因，则与“搭便车”心理相关——反正不缺我一个。但是，假如大家面对责任都后退半步，不去履行基本的职业操守，甚至打心底不尊重法律规定，那谁还会“不合时宜”地尽责？

当责任缺失突破了某个阈值，整个社会就容易陷入无序状态。逃避公民责任，往往成为人们的习惯，成为明哲保身的共同选择。当然，这不可能带来“胜利大逃亡”，它最终导致人人都是受害者的大结局。

世上没有不可或缺的人，但只要生而为人，就有了不可推卸的责任。援引美国前总统罗纳德·里根的名言，“假如我们不做，谁来做？假如现在不做，何时做？”在责任面前是否迈前一步，不取决于能力，而在于人的品质。只有人人从自我做起，从当下做起，全社会才有一环扣一环的责任链条，不至于沦为道德海洋里的“泰坦尼克”。

责任其实出自人的良知，它体现在日常的点点滴滴。就像上班面对客户微笑，生产讲求真材实料，出行不随地丢一堆垃圾，执法能依照心中的公平正义……这些事看似普通，却都印着“责任”两个大字。责任无小事，担责是本事。当越来越多人对一言一行负责，将自己的分内之事做好，整个社会就多了互信，人们也将生活得更加省心。

责任无疑是负担，但正如梁启超所说：“人生须知负责任的苦处，才能知道尽责任的乐趣。”任何人在世上都不可能孤立生存，相互依靠必然要求相互负责。难以想象，现实中存在一个毫无责任、义务的人，要么说明他没有存在的必要。人生的价值，取决于自身承担的责任。了无牵挂、无责可担是极大的悲哀，而能够扛起别人的期望则是一种快乐。即使最懒惰的人，也想证明自己有用，而担责就是他在社会的用场。

责任心从根本上是面向自己的。假如一个人对自己都不负责，怎么可能对别人负责？自我担当是对其他人担当的前提，也是对社会担当的基石。一切的负责，首先源于对自己的人格、尊严和行为负责。因此，唤醒对自我的责任，也会随之激活对社会的责任心，从而更可感知自己存在的重要，通过极大地发掘体内潜能，努力实现自身价值与社会价值的统一，充分体现生命的意义。

“勿以善小而不为，勿以恶小而为之”。天下有大事吗？没有。但任何小事都是大事。集小恶则成大恶，集小善则为大善。培养良好的道德，是从尊敬老师开始的，是从很小的事开始的。美国有个“福特公司”。福特大学毕业后，去一家汽车公司应聘。和他同应聘的三四个人都比他学历高，当前面几个人面试之后，他觉得自己没有什么希望了。但既来之，则安之。他敲门走进了董事长办公室，一进办公室，他发现门口地上有一张纸，弯腰捡了起来，发现是一张废纸，便顺手把它扔进了废纸篓里。然后才走到董事长的办公桌前，说：“我是来应聘的福特。”事长说：“很好，很好！福特先生，你已被我们录用了。”福特惊讶地说：“董事长，我觉得前几位都比我好，您怎么把我录用了？”董事长说：“福特先生，前面三位的确学历比你高，且仪表堂堂，但是他们眼睛只能‘看见’大事，而看不见小事。你的眼睛能看见小事，我认为能看见小事的人，将来自然看到大事，一个只能‘看见’大事的人，他会忽略很多小事。他是不会成功的。所以，我才录用你。”福特就这样进了这个公司，这个公司不久就名扬天下，福特把这个公司改为“福特公司”，也相应改变了整个美国国民经济状况，使美国汽车产业在世界占据鳌头。大家说，这张废纸重要不重要？看见小事的人能看见大事，但只能看见大事的人，不一定能看见小事，这是很重要的教训。

二、责任心的重要性

1. 责任心首先是对自己负责

对自己负责即一个人要懂得尊重自己的感情，尊重自己的理想，珍惜自己的宝贵年华和生命的活力，从自己的理想出发来安排现实生活。责任感的形成是一个人成熟的标志，无论你做什么事，都是为自己。如果一个人什么也没有做好，没有得到大家对他的认可，那么，他就是对自己不负责任。最终，影响最大的还是他自己，绝对不会是别人。

2. 责任心是对自己所在的集体负责

一个人的责任心如何，决定着他在工作中的态度，决定着其工作的好坏和成败。如果一个人没有责任心，即使他有再大的能耐，也不一定能做出好的成绩来。有了责任心，才会认真地思考，勤奋地工作，细致踏实，实事求是；才会按时、按质、按量完成任务，圆满解决问题；才能主动处理好分内与分外的相关工作，从事业出发，以工作为重，有人监督与无人监督都能主动承担责任而不推卸责任。就一家企业来说，不论你是一名默默无闻的一般员工，还是大权在握的领导者，都应有责任心，凡事尽心尽力而为，以主人翁的身份和态度积极投身到企业建设中去，在企业发展中寻找自己的永恒。

3. 责任心是成就事业的可靠途径

责任心出勇气、出智慧、出力量。有了责任心，再危险的工作也能减少风险；没有责任心，再安全的岗位也会出现险情。责任心强，再大的困难也可以克服；责任心差，很小的问题也可能酿成大祸。

三、正确认识自我

责任感是有价值取向的。它是与人们的自信心、进取心和崇高的人生理想紧密联系在一起的。研究表明，初三学生的道德认识水平尚处于“初步认识实质，能上升到基本要求上加以认识”的水平；而中职生达到“理解行为规范与道德准则的实质，能提高到从社会道德风尚上加以分析”的水平的人数不断增加。虽然道德思维高度、深度和速度发展存在个体差异，但到中职一年级上学期，80％人的认识水平和思维特点已趋向基本定型。由此看来，职中低年级正是提高孩子道德认知能力的重要时期。

传统的责任心管理模式，是靠培养、教育和励志的方式来达到目的，这种模式为感性模式。但是在当前社会中，各种责任问题泛滥，责任心在问题和事故后，并没有让人们得到启发和借鉴。

责任心概念需要新的认知。责任分为四个维度，这四个维度涵盖了责任心的所有范畴，它们分别为：角色责任、能力责任、义务责任和原因责任。

当代责任管理为什么需要理性责任？现实生活和工作中，人们往往容易对待责任采用两个极端：（1）过于感性，或者说过度运用价值理性来对责任心进行施教，由于缺乏理性引导，容易产生空洞和教条的负面效果；（2）过度依赖规则制度，导致成员对责任产生抵触和逆反心理，通常表现为工具理性运用的过度。

理性责任矩阵通过对责任的约束和驱动的内因分析，划分出责任管理两种模式：（1）价值理性；（2）工具理性。通过两种理性的有效结合，可以很好地解决传统责任心无法解决的问题。

名言警句

1. 天下兴亡，匹夫有责。——顾炎武

2. 作为确定的人，现实的人，你就有规定、就有使命、就有任务，至于你是否意识到这一点，那都是无所谓的。这个任务是由于你的需要及其与现实世界的联系而产生的。——马克思

3. 自由不在于在幻想中摆脱自然规律而独立，而在于认识这些规律，从而能够有计划地使自然规律为一定的目的服务。——恩格斯

4. 在他握有意志的完全自由去行动时，他才能对他的这些行为负完全责任。——马克思

5. 没有无义务的权利，也没有无权利的义务。——马克思

6. 世界上有许多事情必须做，但你不一定喜欢做，这就是责任的含义。——马克思

7. 如果他要进行选择，他也总是必须在他的生活范围里面、在绝不由他的独自性所造成的一定的事物中间去进行选择的。——马克思

8. 人类始终只提出自己能够解决的任务，因为只要仔细考察就可以发现，任务本身，只有在解决它的物质条件已经存在或者至少在形成过程中的时候，才会产生。——马克思

3.5　合作共赢

读一读

案例：打造企业品牌　实现合作共赢

钢结构的经济、方便、快捷的特点使其迅速成为建筑行业的新宠，却很少有人注意到 H 型钢通过式抛丸机对这个新兴行业的推动。毕竟，一台抛丸机的价格是昂贵的，小的企业不愿意买，甚至一些大的企业也不愿意投资，大都靠人工打磨。2004 年之前的钢结构生产制造厂家仅

有为数极少的几家有 H 型钢通过式抛丸机。

2005 年钢结构市场在建筑领域发展火热，在这个市场上不得不提一匹黑马，它发展速度之快，令整个行业震惊。它就是长江精工结构（集团）股份有限公司。长江精工结构（集团）股份有限公司是一家上市公司，还是专注于钢结构建筑领域的行业领先型企业。该公司年承接各类钢结构建筑业务逾 90 亿元，现有职工 5 000 余人。在全国钢结构企业施工产值、建筑面积、年用钢量等指标统计二十强排名中位居榜首，并连续六年蝉联第一。在短短几年的发展进程中，该公司承接了诸如 2008 年北京奥运会主会场——国家体育场“鸟巢”工程、目前世界最高建筑——101 层的上海环球金融中心等工程，其中多项工程荣获“鲁班奖”、“国家优质工程金质奖”、“国家优质工程奖”等国家级奖项。2005 年长江精工结构（集团）股份有限公司下属分公司浙江精工空间特钢结构有限公司通过业内人士介绍，购买新世纪萧阳 8 个头的 H 型钢通过式抛丸机产品。因为当时精工钢构从国外购买图纸，自己制造抛丸机，但是效果非常不理想，生产的抛丸机产品经常隔几天修理一次，工作效率非常低下，浪费大量的时间和生产成本。精工钢构看中萧阳公司专业的技术能力和随传随到的贴心服务态度。在第一次与精工钢构的合作中，萧阳机械凭着专业的抛丸机研发、生产、销售和服务的态度，仿制出了 H 型钢 8 个头的抛丸机，也因而同精工钢构结下了深厚的友谊。

萧阳机械凭着过硬的技术、专业的服务态度和国内最强大的抛丸机设计研发团队，获得了一次又一次同精工钢构合作的机会，并成为精工钢构的长期供应商之一，先后把产品卖到精工重钢有限公司、精工轻钢有限公司、精工袍江出口基地、精工广东公司、精工武汉公司等，而他们的抛丸机产品也从 8 个头发展到 10 个头、12 个头、16 个头，逐步的完善与技术革新，使得他们成为抛丸机行业的领先者。

在同精工钢构数年的合作中，不得不提的是为精工钢构提供 16 个头的 H 型钢通过式抛丸机。几年前，绍兴的精工钢构由于业务的不断扩大，决定再购置第十一台抛丸机，按工件和产量必须使用 16 头的抛丸机才能满足当时的生产需求。但是该公司的厂房却是钢结构出现早期建立的，车间的高度容不下 16 个头的抛丸机，同时还限制行车的行程和有效高度。为了解决这一问题，精工找来 8 个抛丸机厂家寻求解决方案。经过反复研究论证，最终只有萧阳机械拿出了实质性的解决方案，并采用水除尘的方式帮助精工钢构改善工厂环境。水除尘就是抛弃传统的把烟筒向上安装排入空气中的方法，而采用建立一个水池，把烟筒延伸到水池里排尘的做法，这样大大改善了环境污染等问题。

自从同精工钢构这个龙头老大成功合作之后，萧阳机械迎来了企业新的发展点。接踵而来的中远集团、中海油等世界 500 强企业也纷纷同萧阳公司合作。萧阳公司用实际行动证明，专业的技术服务和贴心的服务态度是成功的基础，而寻求与知名企业合作、实现共赢才是成功的制胜法宝。

想一想

萧阳机械如果不与知名企业合作而光靠自己独干会有现在的辉煌成就吗？

讲一讲

合作就是互相配合，共同把事情做好。世界上的许多事情，只有通过人与人之间的相互合作才能完成。一个人学会了与别人合作，也就获得了打开成功之门的钥匙。所以，人们常说：小合作有小成就，大合作有大成就，不合作就很难有什么成就。这是非常宝贵的人生道理，我们

应该牢牢记住。大雁有一种合作的本能，它们飞行时呈“V”型。

因为为首的大雁在前面领路，能帮助它两边的雁形成局部的真空。科学家发现，雁群以这种形式飞行，要比单独飞行多飞出12%的距离。这些大雁飞行时，还会定期变换领导者，大家轮流做头领。可见，和谐合作可以产生“1+1>2”的倍增效果。

“人”字的结构也寓意着“互相支撑”，即一个由相互联系、相互制约的若干部分组成的整体，经过优化设计后，它的整体功能大于部分功能之和。在现实生活中，人离不开人与人之间的合作与相处。人也无法离群独居，其一生要与形形色色的人合作、相处，只要懂得如何与大家和谐合作与相处，生活就像春天般明媚、秋天般实在，采撷到的是一串串笑意盈盈的果实，反之，则收获到的是伤痕累累的遗憾。

合作，从多方面来看，就是一种力量的象征。从语文上说，合作就是字与字组成的词，字与词组成的句；从数学上讲，合作就是点与点聚成的线；从英语角度看，合作就是字母拼凑的单词；从物理角度说，合作就是让杠杆的动力臂大于阻力臂的智慧；从化学角度想，合作就是物质与物质产生的化学反应；从政治角度议，合作就是国与家之间的相互配合产生的集体力量；从历史角度望，合作就是前人智慧凝结的万里长城；从地理上说，合作就是经纬线相交而形成的地理位置；从生物角度上说，合作就是化敌为友保护领土不被侵犯的明智之选。只有懂合作的人，才知道众人拾柴火焰高的道理。

歌德说：“不管努力的目标是什么，不管他干什么，他单枪匹马总是没有力量的。合群永远是一切善良思想的人的最高需要。”我们现在所处的时代，对团结与协作精神的渴求比任何一个时代都显得迫切和重要。

古人早就认识到了团结协作的重大作用。荀子曾说：“每一个凡人，其实都可以成为伟大的禹。”凡人成为伟大的禹的条件是什么呢？

不管在古代还是在现代，不论在东方还是西方，无论是一个国家还是一个团体，甚至一个部门，许多现实的事例证明，如果仅仅依靠领导的殚精竭虑而没有员工的积极参与和响应，这个团队不是有效的团队，仅仅依靠某一个或某几个所谓的精英人士孤军奋战，而没有大军团的协作与支持，这个团队也是注定要失败的。

人具有双重属性：一是自然属性，二是社会属性。具有社会属性的人，应该具有良好的团队协作能力。人是群居的，这是人与动物最本质的区别，如同雁不能离群一样，特别是随着现代工业文明的发展，社会专业化分工会越来越细。但是个人分工只是形式，不是目的，团结协作才是目的，每项工作的完成都离不开团结协作，离不开与他人的沟通与交流。在当今这个时代，一个缺乏团结协作精神的人，不可能取得大的成功，难以在社会上立足。只有在沟通中传递信息，在交流中相互学习，才能在工作中不断完善，才能做得更好。

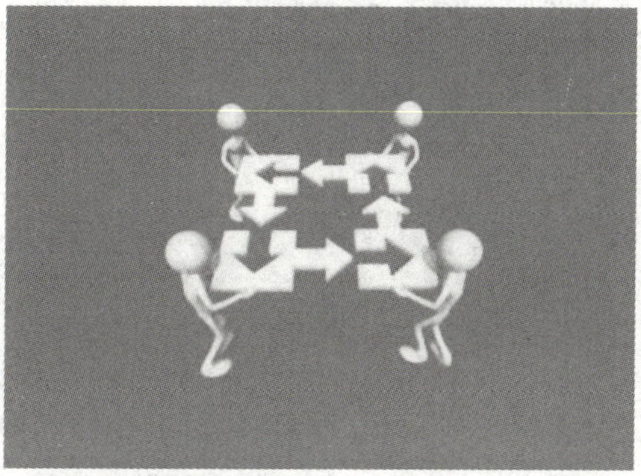

团结协作是一切事业成功的基础，是立于不败之地的重要保证。团结协作不只是一种解决问题的方法，而是一种道德品质。它体现了人们的集体智慧，是现代社会生活中不可缺少的一环。汉高祖刘邦平定天下以后，设宴款待群臣时说：运筹帷幄，决胜千里之外，朕不如张良；治国、爱民和用兵，朕不及萧何；统帅百万大军，百战百胜，朕不及韩信。但是，朕懂得与这三位天下人杰合作，所以朕能得到天下。反观项羽，连唯一的贤臣范增都团结不了，这才是他失败的原因。

我们提倡团队的团结协作精神和互补精神，就是要在目标一致的前提下团结起来，同心协力，取长补短，群策群力。将相和的佳话流传至今，不是廉颇的骁勇善战，也不是蔺相如的口若悬河，而是两人保江山为社稷为百姓、同仇敌忾、团结协作的胸怀。如果廉颇和蔺相如两人争权夺利，只顾自己的利益，国家都有可能因此灭亡，更别提两人自己的一己私利了。这些典故说明只有依靠团结协作的力量，才能把个人的愿望和团队的总体目标结合起来，讲团结协作，会团结协作，能团结协作。心往一处想，劲往一处使，工作中互相支持，生活上互相关心，每个人都能发挥特长、发挥优势，尤其能够利用自身的优势无私地支持他人、帮助他人。要善于团结那些与自己有不同意见的人，共同把事情办好，特别是在工作中遇到挫折时，更要相互理解和谅解，而不是互相推诿；能够同舟共济，共渡难关，而不是树倒猢狲散。只有这样才能超越个体认知以及个体力量的局限性，发挥集体的通力协作作用，产生“1+1>2”的效果。

总结升华

合作是个人与个人、群体与群体之间为达到共同目的，彼此相互配合的一种联合行动。成功的合作需要具备的基本条件主要有：

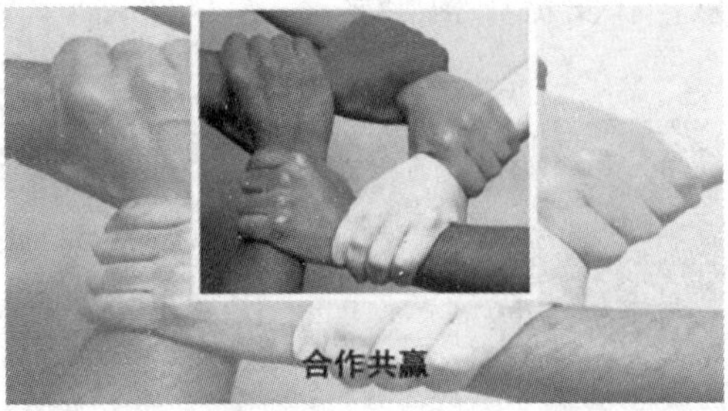

（1）一致的目标。任何合作都要有共同的目标，至少是短期的共同目标。

（2）统一的认识和规范。合作者应对共同目标、实现途径和具体步骤等有基本一致的认识；在联合行动中合作者必须遵守共同认可的社会规范和群体规范。

（3）相互信赖的合作气氛。创造相互理解、彼此信赖、互相支持的良好气氛是有效合作的重要条件。

（4）具有合作赖以生存和发展的一定物质基础。必要的物质条件（包括设备、通信和交通器材工具等）是合作顺利进行的前提，空间上的最佳配合距离，时间上的准时、有序，都是物质条件的组成部分。

按合作的性质，合作可分为同质合作与非同质合作。同质合作，即合作者无差别地从事同一活动，如无分工地从事某种劳动。非同质合作，即为达到同一目标，合作者有所分工，如按工艺流程分别完成不同工序的生产。

按照有无契约合同的标准，合作分为非正式合作与正式合作。非正式合作发生在初级群体或社区之中，是人类最古老、最自然和最普遍的合作形式。这种合作无契约上规定的任务，也很少受规范、传统与行政命令的限制。正式合作是指具有契约性质的合作，这种合作形式明文规定了合作者享有的权利和义务，通过一定法律程序，并受到法律的保护。

按合作的参加者分，有个人间的和群体间的合作。就合作本质而言，双方具有平等的法人地位，在自愿、互利的基础上实现不同程度的联合。

一、合作意识

合作意识是指个体对共同行动及其行为规则的认知与情感，是合作行为产生的基本前提和重要基础，人的合作意识是随心理和行为活动能力的增强而逐渐发展，但并不一定随着年龄的增长而提高。

二、合作的培养

合作意识很难通过讲座或讨论形式得到培养，它需要通过某种活动，通过人与人的交往过程，通过共同完成任务、对各种结果的经历、成果的分享和责任的共同承担去培养。

在体育活动里，人与人之间发生着频繁的合作，一场球赛、一个游戏、一次接力跑，如果同伴间没有合作意识，将很难取得胜利。合作意识的培养，要紧密结合活动内容提出具体要求。比如在集体项目的比赛中，要懂得谁上场、谁替换、替换谁都是要以实现最高目标为准则。一场比赛的胜利，除场上队员个人技术、技能充分发挥外，主要是同伴间相互配合，特别是少数技术好的学生，更应和同伴相互配合，不能单打独斗。比赛中因为各种原因，队友发挥失常或出现失误都在所难免，这种情况下，队员间更要相互谅解、鼓励和支持，不能埋怨、责备。人和人之间只有良好地合作，才能相处得更融洽、自然，取得成功的机会也更大。

当然，合作意识还应被迁移到日常生活和学习中去，要善于、敢于竞争，同时团结协作，使得自己身心更健全、人格更完善、素质更全面，更好地适应时代发展需要。

三、合作的意义

社会处在竞争十分激烈的时代，知识的竞争、人才的竞争、能源的竞争无处不在。然而这个时代又是要求广泛合作的时代，那种“鸡犬之声相闻，老死不相往来”的时代已一去不复返了。社会化大生产要求绝大部分的工作必须通过合作才能完成。合作和竞争并存，在竞争的基础上合作，在合作的基础上竞争，这一时代的特征表象越来越明显，我们应树立竞争意识，并将竞争纳入有序的状态和友好合作的氛围中。

善于合作，不仅能从工作中找到乐趣，而且也能从生活中找到乐趣。生活处处有合作，生活时时有快乐。别人在困难、烦恼时，你帮助了他，关键时刻伸出了友谊之手，那么当你遇到困难时，别人也会来帮助你，从而大家都会感受到人间的无穷乐趣。以一颗快乐的心对待别人的人，通常他也会得到同样的快乐，那种自我封闭、孤芳自赏，不与人交往的人是享受不到与人相处的快乐的。

名言警句

1. 天时不如地利，地利不如人和。　　——《孟子·公孙丑下》
2. 二人同心，其利断金。　　——《周易·系辞上》

3. 民齐者强。 ——荀况

4. 若不团结，任何力量都是弱小的。 ——拉封丹

5. 人心齐，泰山移。

6. 一滴水只有放进大海里才永远不会干涸，一个人只有当他把自己和集体事业融合在一起的时候才能最有力量。 ——雷锋

7. 不管一个人多么有才能，但是集体常常比他更聪明和更有力。

——奥斯特洛夫斯基

8. 五人团结一只虎，十人团结一条龙，百人团结像泰山。

——邓中夏

第4章 没有规矩不成方圆

4.1 知法守法

读一读

案例：西安高陵灭门碎尸案　“90后”小伙为钱变身杀人狂魔

法网恢恢，疏而不漏，犯了法迟早都要被抓的。曾经轰动一时的“3·14高陵灭门碎尸案”凶手已经被抓获。犯罪嫌疑人李朴3月24日早上在宝鸡落网。为了钱杀害一家三口，连3岁小男孩都不放过，这种丧心病狂的人就应该受到法律的严厉惩治。

人在穷途末路的时候很容易做出一些极端的行为。据悉，犯罪嫌疑人是因为钱而杀人的，一时冲动走上不归路。一个年轻的“90后”小伙，原本有一个幸福的家，还有无限美好的前途，可是却因为钱而堕落成杀人狂魔，金钱真的能吞噬一个人的良知。

2015年3月14日，西安高陵区泾渭镇水岸花城小区某室发生一起凶杀案。遇害房主是山西人，其一家三口被杀害，包括一名3岁的小男孩。案发现场有可能发生过搏斗。2015年3月14日22时许，犯罪嫌疑人用被害人的银行卡在ATM机上取走了1 000元钱。

2015年3月15日，凤城一路南康新村两栋民房间的过道里有两个神秘旅行箱，里面装有多块人体器官，为犯罪嫌疑人行凶之后的一个抛尸点。随后凤城路派出所民警对南康新村进行了摸排，但并未发现失踪人口。

由于案情重大，凤城路派出所向西安市公安局进行了汇报。恰巧的是在20公里以外的高陵马家湾也发生了一起命案，两起命案是否有着内在的联系呢？经过西安警方的仔细比对，出现在南康新村的可疑旅行箱仅仅只是案犯行凶之后的一个抛尸点。高陵马家湾水岸花城小区某房间便是案发地，遇害的是一家三口。

据小区的保安班长杨师傅讲，14 日晚上有人发现孩子的哭声，到 15 日晚上才有人报案。当民警打开该房间的入户门时，彻底被震惊了，房间里到处都是血迹。这户人家的房主是山西人，是一对年轻的夫妇带了一个 3 岁的小男孩，而这个孩子前几天才背起书包上幼儿园。小区保安班长杨师傅告诉记者，通过监控可以看到事发当晚 7 点多，两个男子进入到一号楼一单元，离开的时间是第二天清晨 6 点左右。如果案犯是视频中的两名可疑男子的话，跟房主到底有着怎样的深仇大恨，竟然连 3 岁的孩子也不放过？作完案之后，案犯为何又抛尸 20 公里外的西安城中村的闹市区？

犯罪嫌疑人李朴落网后，对犯罪事实供认不讳，其作案动机确是图财。据悉，犯罪嫌疑人李朴与遇害房主认识。案发当晚，李朴以做客为由骗开房门，抢劫后将其夫妇杀害，在离开现场后听到被害夫妇 3 岁的儿子不停哭喊，怕引起邻居注意，遂返回将小孩残忍杀害。

想一想

生命对人来说只有一次，是最宝贵的。案例中的主人公还很年轻，原本以后可以大有作为，人生会过得很精彩。但是什么导致他“自毁前途”？

讲一讲

遵纪守法指的是每个从业人员都要遵守纪律和法律，尤其要遵守职业纪律和与职业活动相关的法律法规。遵纪守法是每个公民应尽的义务，是建设中国特色社会主义和谐社会的基石。

一、遵纪守法的具体要求

1. 学法、知法、守法、用法

学法、知法，增强法律法制意识；遵纪守法，做个文明公民；用法护法，维护正当权益，保护消费者的权益。每年的 3 月 15 日是国际消费者权益日。

2. 遵守单位、行业纪律和规范

没有规矩，不成方圆。要建设高度文明、高度民主的社会主义国家，实现中华民族的伟大复兴，就必须在全社会形成“以遵纪守法为荣、以违法乱纪为耻”的社会主义道德观念，让遵纪守法成为我们的荣誉。

“法律”在犯罪人面前，意味着判决、处罚；“法律”在无辜者面前，代表着正义、公平。当一个人被证据确凿地证明有罪或无罪的时候，法律就得到了体现，正义就得到了伸张。“法”体现统治阶段的意志，是国家制定和颁布的公民必须遵守的行为规则，“律”是具体的规则、条文。“法”、“律”结合起来，组成了这个社会中神圣的词语。古罗马的西塞罗曾在《论法律》中说道：“法律是根据最古老的、一切事物的始源自然表述的对正义与非正义的区分，人类法律受自然指导，惩罚邪恶者，保障和维护高尚者。”法律在社会中是一种权威，人们需要参照它来生活；法律是一扇屏障，是那些弱小的人温暖的家，他们的利益在这里得到了保障，他们的权利在这里得到了自由；法律更是一条粗大的铁链，它紧紧地绑住犯罪分子，让他们无法在社会中胡作非为。

随着经济的高速发展，社会的进步，法律同样也会进一步完善，因为整个世界的和平发展要依靠法律才能稳步地前进。法律离我们并不遥远，无论是在家庭生活还是在社会生活中，法律都与我们息息相关。我们需要学法，懂法，用法，不犯法，才能像法国的德萨米在《公有法典》中说的那样：“这些神圣的法律，已被铭记在我们的心中，镌刻在我们的神经里，灌注在我们的血液中，并同我们共呼吸；它们是我们的生存，特别是我们的幸福所必需的。”

二、遵纪守法的意义

1. 遵纪守法是对从业人员的基本要求

遵纪守法是从业人员的基本义务和必备素质之一，遵守职业纪律是每个从业人员的基本要求。

2. 遵纪守法是从业的必要保证

在现代社会中，随着科学技术的突飞猛进和生产力的迅速发展，不仅一个企业部门分工细，一环紧扣一环，而且社会协作越来越广，行业与行业之间的联系也更为密切。

当代新的科学技术革命正在席卷全球，正如我们在科技发展史中所看到的，一种新的科学发明或技术手段的应用往往具有双重效应，它既能给社会带来好处，又可能产生新的祸害。

在社会主义市场经济条件下，要进行正常的经济生活，就必须建立一定的秩序和规则，否则社会就会处于混乱状况。

中国改革开放已经30多年了，眼下面临新的转折。邓小平说："我们这样大一个国家，怎样才能组织起来呢？一靠思想，二靠纪律。"

3. 遵纪守法是每个公民应尽的社会责任和道德义务

一个国家即使经济实力再强，假如没有健全的法制，没有遵纪守法的国民，仍不能算是一个真正文明、强大的国家，照这个标准来看，我们离真正的"强盛"还有相当一段距离。虽然，我国当前已经构建起了比较完备的法律框架，普法教育也做了多年，但实事求是地讲，"遵纪守法"四个字还远没有成为所有公民的自觉行动。应该说，我们这个五千年的文明古国，虽然距离一个真正意义上的法制国家尚需时日，但却并不缺少建立和谐社会所必不可少的道德传承。

民众对法纪是忠诚的，他们甚至希望像苏格拉底那样用生命去追随自己心中神圣的法律。古希腊雅典的"当权者"以对神不敬等罪名逮捕了苏格拉底并判他极刑。临刑前，他的弟子们决定帮他越狱，而且一切都准备妥当。但苏格拉底却说："我的信仰中有一条就是法律的权威，既然法律判处我极刑，作为一个好公民，我必须去遵守。"苏格拉底最终带着对法纪的忠诚含笑离开了人世，但他的思想却流芳百世。

在大多数国人看来，苏格拉底确实有点迂腐，既然法纪本身不公正，那为什么还要服从呢？有人认为，由于人们的道德准则与正义原则并不完全一致，也就必然存在意见分歧与矛盾。因而，为了建立良好社会秩序，人人都应当遵纪守法。在人民当家做主的现代中国，法律是人民代表大会代表人民制定出来的，反映了人民的基本意志，我们更应当自觉遵守和维护。如果有一天，我们国家不仅经济实力足够强大了，而且"以遵纪守法为荣、以违法乱纪为耻"的荣辱观也真正成为一种被全社会广泛认同、自觉追求的公共时尚时，中华民族的实力才能软硬兼备，傲立于世界民族之林。

遵纪守法是现代社会公民的基本素质和义务，是保持社会和谐安宁的重要条件。在社会主义民主政治条件下，从国家的根本大法到基层的规章制度，都是民主政治的产物，都是为维护人民的共同利益而制定的。"以遵纪守法为荣、以违法乱纪为耻"就是遵从人民意愿、维护人民利益的高尚之举，必将受到人民的肯定和赞同。这应该是每一个积极向上的人所追求的荣誉。

国无法不治，民无法不立。人人守法纪，凡事依法纪，则社会安宁，经济发展。倘若没有法纪的规范，失去法度的控制，各项秩序就无从保证，人们生存、发展的环境就会遭到破坏，人民群众就不可能安居乐业。十年“文革”，社会动乱，民主与法制遭到疯狂践踏，党纪、政纪、军纪受到严重破坏，社会秩序荡然无存，正常生产、生活无法进行，宪法赋予公民的基本权利得不到应有的尊重与维护，就连国家主席的人身自由与生存权利也得不到基本保证。这种“史无前例”的混乱无序状况，破坏了社会的安定，阻碍了经济的发展，给国家和人民带来了无可估量的巨大损失，教训极其惨痛而深刻。今天，我们强调“以遵纪守法为荣、以违法乱纪为耻”，就是要进一步告诫人们，无论是一个国家、一个社会、一个军队，还是一个地区、一个单位，不可没有法纪的规范，不可乱了正常的秩序。

4. 社会主义和谐社会本质上是民主法治社会

在民主法治的背景下，违法乱纪就是践踏民意，危害社会。有人似乎觉得违法乱纪可以捡便宜、捞好处，所以不惜以身试法，铤而走险，甚至沾沾自喜于钻法纪的空子。这是一种极其危险的玩火行为。那些最终被绳之以法的人，在最初都毫无例外地抱有侥幸心理，以为可以超越于恢恢法网，乃至为自己的违法乱纪而骄傲。当正义的宣判来临之际，他们才开始悔恨、自责，如果当初多一点遵纪守法的光荣感，多一点违法乱纪的耻辱感，少一点违法乱纪的侥幸心，又怎能玩火自焚？

总之，只有遵纪守法才能获得自由。法纪不仅反映人民的意愿，也是人类对社会生活的深刻总结，反映社会发展的客观规律。遵纪守法是遵从规律的表现，是聪明睿智的表现。马克思曾经讲过，“法典是人民自由的圣经”。逆法而动，越规而行，不是什么勇敢的举动，恰恰是无知和愚昧的表现。这种无视实践经验、无视客观规律的行为，绝不会带来什么好的后果，终究难逃客观规律的制裁。例如有人对交通法规毫不在意，任意穿行。当灾难降临时，既贻害自己，也贻害他人，留给人们的绝不是对英雄行为的扼腕痛惜，而是对冥顽落后的鄙视和警示。

议一议

案例一：江口多种形式帮群众学法守法用法

2015年3月，贵州省江口县城乡掀起普法宣传热潮，一堂堂法制教育课，一场场法制宣传电影和各乡、村、学校的法制宣传栏搞得红红火火。一张张建设新农村的村规民约责任状签订到千家万户，家庭和睦，邻里团结，村民共建和谐风景图。

过去，农村解决家事村事习惯于沿袭历史形成的诸多“族规”、“家法”。随着美丽乡村建设的深入开展和经济的不断发展壮大，许多矛盾和纠纷仅凭族规和“老办法”、“土政策”已经不能解决大量出现的经济和法律问题。于是，工作在基层的干部、个体经营户和有头脑的农民自发地学法，聘请法律顾问，以法律手段来解决村民的各类纠纷和内部事务，不少村的调解委员会和老党员、老干部义务为群众当调解员和法律顾问，全面推行政务、村务公开，广泛开展普法教育，使老百姓学法懂法、用法律保护自己。太平镇梵净山村支书杨再发说：“如今，村里无论是引水、架电、办企业、搞养老或房产保险等经济、行政合同，都要通过律师或公证”。

官和乡江溪屯村两个村民组因修路引起山林、土地纠纷。村委会组织老党员杨再林、胡万权等人揣着法律手册，召集双方当事人进行法律法规学习，妥善地解决了矛盾。寨抱村100岁老人田某某子女不尽赡养责任，造成老人衣食无着，村关工委老党员李世富、冉隆生上门召开家庭会，动员其家庭成员学习有关法规，责成其儿子、媳妇签订赡养老人协议。据悉，如今寨抱村84名老人全部签订了赡养协议，624户家庭签订了文明公约，被授予“全国文明村寨”称号。

案例二：以法治思维和法治方式引领法治太白建设
——太白县举办党的十八届四中全会精神专题培训

为了深入学习贯彻党的十八届四中全会精神，不断强化全县党员干部的法治思维和法治观念，着力推进法治太白建设。2015年3月24日，县委政法委联合县委党校举办的全县党员干部学习贯彻党的十八届四中全会精神专题培训班在县委党校开班，县委常委、政法委书记张志华出席开班仪式并讲话。

在开班仪式上，张志华从深刻认识依法治国、法治建设以及各级干部如何树立法治思维和法治方式、推进法治太白建设做了阐述，并提出全县各级干部要当好“四个表率”：

1. 要当好知法守法的表率

各镇、各部门的领导、身负执法职能的干部，是党的方针政策、法律法规的直接执行者，也是群众认识我们党、了解我们党委政府执政能力和执法形象的一个窗口，作为党员干部首先要让学法、知法、守法成为新常态，带头当好学法守法的表率，牢固树立法治思维和法治方式。

2. 要当好用法依法的表率

广大党员干部特别是领导干部更要带头遵法、用法、守法，带动全县形成办事依法、遇事找法、解决问题用法、化解矛盾靠法的法治良序。把依法办事与依法行政的具体实践紧密结合，与社会治理工作紧密结合，与解决群众关心的热点难点问题紧密结合，要把“依法治国”方略贯穿到依法治县、依法治镇、依法治村工作的始终。要着眼于长治久安目标，在依法化解矛盾纠纷上狠下工夫，推动依法治县工作步入法制化轨道。全县党政机关及党员干部既要推进法治、发挥好法律的规范作用，更要崇尚德治、发挥好道德的教化作用。

3. 要当好守法护法的表率

全县党员干部必须把守法护法摆在更加突出的位置，凝聚邪不压正的正能量，对违背法律原则的人和事要敢于碰硬，要求群众不做的自己坚决不做，要求群众做到的自己带头做到，自觉当好守法护法的表率。

4. 要当好勤奋学习的表率

四中全会《决定》聚焦法治建设，内涵丰富，涉及社会治理的各个方面，全县各级党员干部要认真学习实践，当勤学善思的好表率，不断提升法治太白建设能力和水平，进一步坚定信心，为法治太白建设提供坚强的组织保证，引领法治太白建设取得实效。

这次培训，县委党校精选三名资深讲师，主要围绕全面推进依法治国实现国家治理方式的又一次革命、坚定不移走中国特色社会主义法治道路、建设社会主义法治国家三个专题，对全县各镇、各部门和单位分管党建和依法行政工作的领导，以及具有行政执法职能的股室负责人和执法人员，开展了学习贯彻党的十八届四中全会精神的集中辅导培训，并组织答题测试，通报成绩，以检验学习成效。全县共安排辅导培训三期，每期一天，共有 240 余名党员干部参加。

俗话说“没有规矩，不成方圆”。小到个人大到国家都不能肆意妄为，都不能凌驾于法律之上。试想一下如果没有了法律的约束，我们的世界将会变成什么样子？

总结升华

一、守法的内涵

守法是法的实施的一种基本形式。立法者制定法的目的，就是要使法在社会生活中得到实施。如果法制定出来了，却不能在社会生活中得到遵守和执行，那必将失去立法的目的，也失去了法的权威和尊严。正如我国清末法学家沈家本所说：“法立而不行，与无法等，世未有无法之国而长治久安也。”

守法所包含的内容要比许多人所理解的广泛、深刻和丰富得多。守法意味着一个国家和社会主体严格依法办事的活动和状态，而依法办事就自然包含着两层含义，一是依法享有权利并行使权力，二是依法承担义务并履行义务。

守法主要包括守法主体、守法范围、守法内容等构成要素。

1. 守法主体

守法主体是指在一个国家和社会中应当遵守法律的主体即一定守法行为的实施者。按照宪法的规定，在我国，守法的主体可以分为以下几类：

（1）一切国家机关、武装力量、政党、社会团体、企业事业组织。

（2）中华人民共和国公民。

（3）在我国领域内的外国组织、外国人和无国籍人。

2. 守法范围

守法的范围，是指守法主体必须遵守的行为规范的种类。在我国，守法的范围主要是各种制定法，包括我国的宪法、法律、行政法规、部门规章、地方性法规、地方政府规章、民族自治地方的自治条例和单行条例、特别行政区法、经济特区的规范性法律文件等。

3. 守法内容

守法的内容包括履行法律义务和行使法律权利，两者密切联系，不可分割，守法是履行法律义务和行使法律权利的有机统一。

那么我们为什么一定要守法呢？

（1）守法是法的要求；

（2）守法是人出于契约式的利益和信用的考虑；

（3）守法是由于惧怕法律的制裁；

（4）守法是出于社会的压力；

（5）守法是出于心理上的惯性；

（6）守法是道德的要求。

二、守法的主观条件

守法的主观条件是守法主体的主观心理状态和法律意识水平。通常人们的政治意识、法律意识、道德意识、文化教育程度等都对其守法行为产生潜移默化的影响和支配。

政治意识是指人们关于政治现象的思想、观点和心理的总和，是一种重要的社会意识。作为一种社会意识，政治意识处于社会意识诸形式的核心地位，它往往渗透到其他社会意识中，成为其中起指导作用的部分。每个阶级、每个人都有自己所特有的政治意识，人们政治意识的高或低、先进或落后、发达或不发达，都会强烈地影响到人们对法的遵守。

法律观念是人们对法所持的态度和信念，是一种法律意识形态，它较之政治意识对人们的守法有着更为直接的影响。法律观念的形成，既可来自人们内心对法的认同，也可来自外部的传导灌输。法律观念的地域性很强，传统思想往往通过“文化沉淀”的途径影响人们。

道德观念是人们关于善与恶、公正与偏私、诚实与虚伪、荣誉与耻辱、正义与非正义等的观念。不同的道德观念会形成不同的善恶、是非、荣辱标准，对符合或违反法律的行为会给予不同的评价，从而使人们实施不同的行为。因此，道德观念对人们的守法行为也有着重大的影响作用。

人们的文化教育程度也在一定程度上影响着人们守法的状态。知识常常同文明相伴，而文明是守法的强化剂。人们文化的高低，知识的多寡，受教育的多少，直接影响到人们能否有效地学习法、准确地理解法和充分地掌握法，影响到人们能否对法建立正确的态度和信念，影响到人们能否正确履行法律义务和行使法律权利。

三、守法的客观条件

守法的客观条件是守法主体所处的客观社会环境，如法制状况、政治状况、经济状况、民族传统、国际形势、科学技术的发展等都会对守法行为产生不同程度的影响。

法制状况包括立法、执法、司法和法律监督等状况，这些都与守法有着密切的联系。首先就立法而言，守法的一个前提条件就是法自身必须具有优良品质。其次就执法和司法而言，国家行政机关和司法机关适用法的活动也影响着人们的守法。国家行政机关及其工作人员如能依法行政，严格执法，国家司法机关及其工作人员如能以事实为依据，以法律为准绳，公正司法，树立起良好的执法、司法和守法形象，必能带动和促进其他社会组织和公民的守法。

政治状况主要包括一个国家的社会制度、政治制度、各社会力量对比、社会秩序等方面的状况。不同的社会制度具有不同性质的法，对人们的守法会产生不同的影响。在社会主义国家，法反映的是广大人民的意志和利益，在正常的情况下，大多数人都会自觉地守法。国家的政治制度对守法也会产生一定的影响。在人民民主专政下，公民具有平等的基本法律地位，人民是终极的统治者，政府与公民的关系表现为双向的互控关系，政府的职能活动以保障人的权利为根本方向，由此，行使权利在人们的守法活动中占的比重较大。此外，在一个国家中，如果各种社会力量相对平衡，政局比较稳定，社会秩序较好，国泰民安，法就会有较高的权威，人们也就会更加自觉地去遵守它。

经济状况主要包括一个国家的经济制度、经济体制和经济发展水平等，也在不同程度上影响着法的遵守。就经济体制来说，市场经济是法治经济，在实行市场经济的国家，国家和政府都十分注意把市场经济纳入法治轨道，用法律的手段对市场经济进行调整，这就为守法营造了一个良好的法治环境，促使人们运用法律手段来维护公平的竞争，维护自己的合法权益。人们能否依法行使权利和履行义务，并不只是取决于人们主观上的愿望和选择，社会能否为他们提供必要的物质条件也是相当重要的，而这与社会经济的发展水平是密切相关的。

我们为什么要遵守法律？一言以蔽之，因为法律是公正和无私的，它需要并值得我们遵守。具体而言，法律体现了对人的尊严的维护。维护人的尊严离不开对人权利的保护。法律的出发点就是对公民、法人和其他组织的权利全面、有效、合理地保护。以公民的权利而言，既有民主权利，又有财产权和人身权利。法律保障权利的全面性和有效性。法律设定了民事责任、行政责任和刑事责任对受害者进行救济。法律保障权利的合理性，指法律要保护的是大多数人的最大利益，法律规定了权利不得滥用的原则，一个人在行使自己的权利时，不得影响社会公共利益。

法律能够成为人们行动的指南，在法律本身具有普遍性，是公之于众的，是相对稳定的，是经常能工整地加以执行的。法的普遍性就是所谓“法律面前人人平等”，法律的规范是一国领域之中的所有人，不因民族、性别、身份、职业等相区别。这就和习惯、道德、社团章程不同。法律要公之于众，目的是使所有人都知法、守法，使法律的实施处在社会监督之下。

法律不是朝立夕改，必须保持稳定性，只有这样才能保持法律的尊严。但是社会在不断地发展，法律作为一种社会规范当然不能一成不变，因此法律的稳定性只是一种相对的稳定性。比如法国民法典自

1804 年颁布以来，一直坚持五年一小修，十年一大修，保持和社会同步发展。美国联邦宪法 1789 年制定后，国会共通过 28 条修正案，其中批准生效的有 26 条。

法律能否公正地加以执行也是人们遵守法律的原因之一。在一个法治国家，法律是可预期的。依据同一个法律事实，不同地区适用同一法律，其判定结果应当相同。正是从这个意义上，有法可依比无法可依更严重，司法腐败对整个法制的损害是致命性的，因为它破坏了法律的可预期性，正如培根讲的“一次不公正的司法判断比多次不平的举动为祸尤烈，因为这些不平的举动不过弄脏了水流，而不公的判断则把水源败坏了”。

人们对法律的遵守就是要树立法律至上的原则。法律至上就是指法律的规范作用、强制作用是不可替代的，当权利的运作和法律的运行相悖时，权利应让位于法律；当道德、政策规定和法律相悖时，应以法律规范为准；当法律有明文规定时，不得违背法律；当法律无明文规定时，不得违背法律原则。法律的运行离不开人，离不开人对它的遵守，没有了遵守，法律就失去了依托，法律的运行必然受到各方面的干扰，法律的作用也无从发挥。

综上所述，我们要遵守法律，维护法律的公正性。

四、如何培养法律意识

一个良好公民的基本标准就是要知法，更要守法。那么在平常的生活中如何才能培养自己的法律意识呢?

(1) 抽空多看一些法律方面的书籍，比如《宪法》、《婚姻法》、《物权法》和《土地法》等与人们生活息息相关的法律知识，从而增强法律意识。

(2) 多观看一些有关法律方面的电视节目，比如“法律讲堂”、“今日说法”栏目，相信观看过此类节目的观众都会从中受益良多。

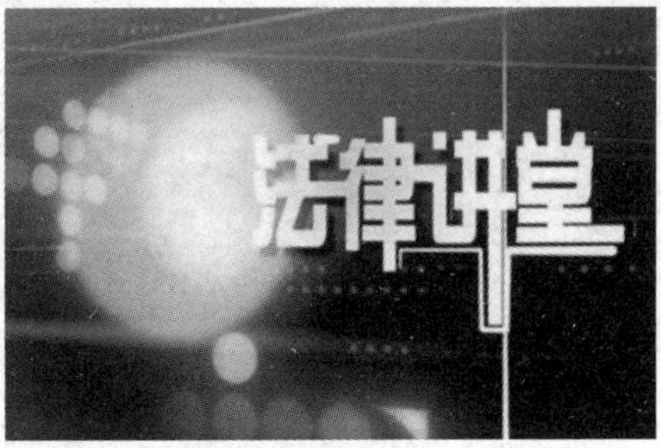

(3) 从我做起，从小事做起，遵纪守法，培养自己的良好行为，学会善待他人，邻里和睦，用实际行动来回报社会，从而更进一步增强自我法律意识。

(4) 加强道德修养。“道德是最基本的法律”已经成为法律界的共识，遵守社会主义道德的基本要求也就是遵守法律的基本要求，因为一个具有较高道德素质的人违法犯罪的可能性会大大降低，至少在伦理性的犯罪方面会大大降低。具体表现在遵守《公民道德建设基本纲要》中所提出的要求，可以通过自我教育、榜样示范、社会实践等方面来实现。

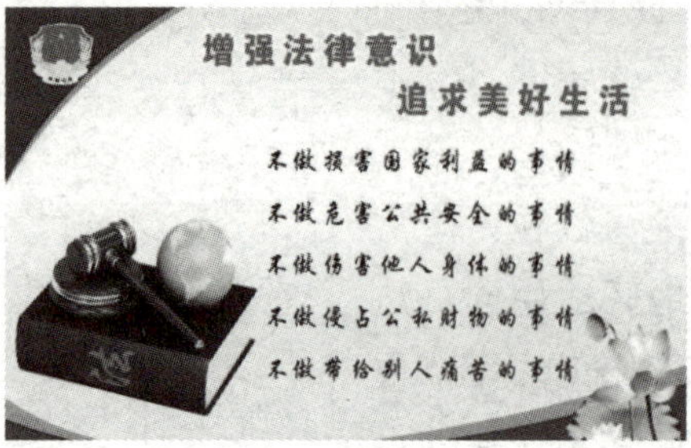

（5）养成良好的规则意识。绝大多数人认同的"规则"都是人类认识自然、改造自然的结晶，不少规则包含着科学的因素。这些人类认同的规则表面上看起来是对个人自由的限制，其实质却是对整个人类自由的维护。

（6）努力在自己工作、学习、生活的环境中营造一种尊重法律、遵守法律的氛围。自己应当带头遵守法律，并把它渗透到日常工作的方方面面。

名言警句

1. 一份不公平的合同也好过一场冗长的官司。
2. 有两种和平暴力，那就是法律和礼貌。　——歌德
3. 普法需靠你、我、他，学法需要从小抓。
4. 最好的法律从习惯产生。　——儒贝尔《冥想录》
5. 缘法而行，法盛人和。
6. 法律是一切人类智慧聪明的结晶，包括一切社会思想和道德。　——柏拉图
7. 在民法慈母般的眼神中，每个人就是整个国家。　——孟德斯鸠

4.2　诚实守信

读一读

案例一：诚信经营赢赞誉——嘉鱼"最美诚信经营户"蔡建军

在嘉鱼服装界，提起劳斯丹盾服装店总经理蔡建军，可谓是众所周知。

45 岁的蔡建军从事个体经营，他 15 年如一日，始终坚守"诚实守信、文明经营"的理念，热心公益、乐于助人，在个体工商户中发挥了模范带头作用。

新世纪之初，嘉鱼县老城区进行道路改造。当时建设资金紧缺，蔡建军积极响应县委、县政府号召，带头捐款。

“修桥补路儿孙满路，我捐款只当作行善积德，再说城区道路改造建设好了，受益的还是我们这些居民和做生意的人。”对于他人的不理解，蔡建军说出了心里话，并带动 17 家杂货经营户一天捐款 2 500 多元。

每逢消费者想退换服装时，只要没有将衣服弄脏、包装能恢复原样，蔡建军总是耐心地帮助消费者或退或换，直到消费者满意离店为止。为此，妻子没有少同他怄气。每当这个时候，他总是嘻嘻哈哈逗妻子露出笑脸。

“这样的事情的确给我们商家造成了负担，但是不能得罪消费者，也不能让老婆不高兴。老婆不高兴了回家哄一下就好了，客户不高兴生意可就难做了。”蔡建军笑呵呵地说。

蔡建军不仅是一个诚信商家，还是个热心帮人办事、从来不计回报的人。

在采访中，蔡建军说的最多的一句话就是：“没有国家的好政策，我的生活不敢想象；没有政府的支持和消费者的帮助，我的生意做不大。现在的日子好过了，用点时间为客户服务是我的义务和光荣。”

去年 3 月，鱼岳劳协分会换届选举，蔡建军被会员推选为分会副会长。担任鱼岳劳协分会副会长后，他积极参加个体工商户走访活动，宣传国家政策，了解个体工商户困难，热心帮助他们解决实际困难。

同乡杜向阳从农村搬到县城，想做早餐生意，但是人生地不熟，不知道需要办理哪些手续，他只好求助于蔡建军。蔡建军二话没说，就带着杜向阳到县疫控中心体检，两天后就帮他拿到了餐饮行业卫生许可证，并介绍杜向阳到工商所办理了营业执照。

在 15 年的经营生涯中，蔡建军的优质服务和良好口碑得到了客户和社会的一致认可。2000 年，他被评为嘉鱼县服务同业商会先进个人。2008 年至 2010 年，他的服装店被嘉鱼县总商会评为“最佳诚信单位”。

案例二：“爱心邮路”上的诚实守信人

姚城民，金湖县涂沟镇唐港邮政支局投递员。由于姚城民长期热情服务广大渔民，坚持诚实守信与学雷锋、做好事，他的事迹曾被多家新闻媒体宣传。

十年来，姚城民在“晴天一身灰、雨天一身泥”的乡村邮路上，累计投送报刊 586 万余份、各类信函 12 万余件，从未出过服务差错。作为一名投递员，他还是远近闻名的热心人。

2008 年 8 月，一场特大洪水将高邮湖养殖区数百条住家船冲散，整个渔民居住区消失在无边无际的高邮湖中。当时正逢三河村渔民董业明女儿考上无锡一所职业大学，等待收取录取通知书。在人烟稀少的高邮湖上，要想尽快找到董业明的住家船谈何容易。为了保证录取通知书及时送达，姚城民自费买了扩音喇叭与强光照明灯，并雇了一位渔民划船协助，顶风冒雨在高邮湖上寻找，终于在微弱的移动手机信号的帮助下，于晚上 9 点多钟才寻到养殖户董业明的住家船。

姚城民的投递范围东北两面环湖（宝应湖和高邮湖），服务对象是地处偏僻的广大渔民。渔民常常为购买生活日用品以及缴电费、香烟款以及电话费等犯愁，姚城民利用每天投报送刊的机会，将需要帮助代缴电费、香烟款、电话费以及购买物品的群众款项及时登记并代为办理。

在走村串户的同时，姚城民接触到了很多孤残、留守老人和儿童，并热心帮助这些老人和孩子。他长期资助来自特困家庭的宗俊、卢磁和王鑫等一批孩子，帮助他们一个个走进了大学。涂沟镇秦庄村患有严重肾炎的潘金桃、常年瘫痪在床的陈秀珍、港中居委会双目失明的招启武等孤残老人也是他常年帮扶对象，每到端午、中秋、春节等重大节日，姚城民都会及时为他们送去粽子、咸鸭蛋、牛奶、月饼、色拉油、大米、衣物等。

2007 年 6 月，他在投递时，看到涂沟村七旬孤寡老人李金霞因病倒在公路上，便毫不犹豫将老人送到镇卫生院医治，默默支付了门诊及药品费用合计 380 元。2009 年 9 月的一天傍晚，姚城民在背送突发高烧的痴呆儿去镇卫生院救治时，因天黑、雨大、风急、路滑等因素而不慎摔跤，为了保证每天的报刊信件能正常投递，左膀骨折的姚城民悄悄地让爱人连续半个月骑车带着自己上邮路，他的工作一天都没耽搁。

由于姚城民长期热情服务广大渔农民，坚持诚实守信与学雷锋、做好事，他的事迹曾被多家新闻媒体宣传。今年 3 月，姚城民被中央文明办列为“中国好人榜”候选人。

想一想

案例中的主人公们每天都生活地非常幸福、快乐，究竟是什么让他们深受人们的喜爱，并受到人民的拥护与爱戴呢？

讲一讲

“诚实守信”是中华民族传统美德的一个重要规范，也是革命传统道德的一个重要内容。所谓“诚实”，就是说老实话、办老实事，不弄虚作假，不隐瞒欺骗，不自欺欺人，表里如一。所谓“守信”，就是要“讲信用”、“守诺言”，也就是要“言而有信”、“诚实不欺”。

诚实守信

一、基本内涵

诚实，即真诚老实，就是忠于事物的本来面貌，不隐瞒自己的真实思想，不掩饰自己的真实感情，不说谎、不作假，不为不可告人的目的而欺瞒别人。

守信，就是讲信用、讲信誉，信守承诺，忠实于自己承担的义务，答应了别人的事一定要去做。忠诚地履行自己承担的义务是每一个现代公民应有的职业品质。

二、思想渊源

“诚实守信”是中华民族传统美德的一个重要规范，也是革命传统道德的一个重要内容。随着时代的不断发展和变化，“诚实守信”也被不断赋予体现时代精神的新内涵。

在先秦，所谓“诚”主要是指“诚实”、“真诚”和“忠诚”，心里想的和实际做的要一致，这也就是古人所说的“诚于中、形于外”，就是要“勿自欺”、“勿欺人”。所谓“信”，主要是“真实”、“诚实”和“信守诺言”，强调一个人要“言必信”，要“言而有信”等。后来，思想家们往往把“诚”和“信”相互通用。东汉的许慎在他所著的《说文解字》中说，“诚，信也”，又说“信，诚也”。由此可见，“诚”和“信”，不论是单独使用或相连使用，在古代，表示的大体是同一个意思。

孔子作为著名的教育家，他认为，在社会生活中，“信”是一个人立身之本，如果没有诚信，也就失去了做人的基本条件。他把“信”列为对学生进行教育的“四大科目”（言、行、忠、信）和“五大规范”（恭、宽、信、敏、惠）之一，强调要“言而有信”，认为只有“信”，才能得到他人“信任”（“信则人任焉”）。孔子说：“人而无信，不知其可也。大车无輗

(辕端横木，用来缚轭驾牛)，小车无軏（辕端上曲，用来钩住横木驾马)，其何以行之哉!”这就是说，一个人，如果失去“信”，就像车子没有轮中的关键一样，是一步也不能行走的。孔子在谈到统治者怎样才能得到老百姓信任时说：“民无信不立”，如果一个国家对老百姓不讲诚信，就必然得不到老百姓的支持；只有对老百姓讲诚信，才能够树立起自己的威信。

古人认为，在为人处事中，“谨而信”（谨慎和诚信)、“敬事而信”是最基本的。《春秋谷梁传・僖公二十二年》中记载：“人之所以为人者，言也。人而不能言，何以为人？言之所以为言者，信也。言而不信，何以为言?”孟轲把社会中人和人之间的基本道德规范概括为五个原则，“信”就是其中之一。这就是他所说的“父子有亲、君臣有义、夫妇有别、长幼有序、朋友有信”。先秦以后的思想家们，都把“诚”和“信”作为立身处世的基本道德要求。宋明道学家们，对“诚”赋予了更重要的地位。周敦颐把“诚”提到“五常之本，百行之源”的高度；朱熹说：“诚者，真实而无妄之谓。”陆象山则强调“忠信”，认为“忠者何？不欺之谓也；信者何？不妄之谓也”，“人而不忠信，何以异于禽兽者乎?”从上述这些思想家的言论可以看到，在中国古代传统道德中，诚信占有很重要的地位。

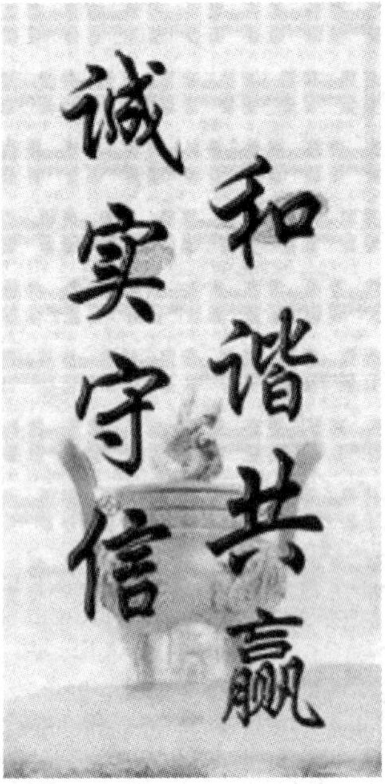

中国共产党成立后，在民主革命与社会主义革命的建设中，进一步加深和丰富了对“诚信”的认识，把“诚信”提高到党的建设的高度。毛泽东同志提出“实事求是”之后，在《为建设一个伟大的社会主义国家而奋斗》一文中还提出，我国人民要努力工作，要“老老实实，勤勤恳恳，互勉互励，力戒任何的虚夸和骄傲”。周恩来同志强调要“老老实实，实事求是，脚踏实地，稳步而又勇敢地前进”。刘少奇同志多次强调“大力提倡说老实话，办老实事，当老实人，坚决反对弄虚作假”。邓小平同志也着重指出要“实事求是”、“老老实实”，反对“说空话、说假话、说大话”，要求必须杜绝这种“恶习”。这一切，都充分说明，“诚实守信”、“老老实实”、“说老实话”、“办老实事”、“做老实人”不但是传统美德的要求，也是革命传统的重要要求。在革命和建设时期，“诚实守信”具有体现时代精神的新内容，其现实意义更加重要。

三、现实意义

党的十六大在阐述加强思想道德建设时提出，要“弘扬爱国主义精神，以为人民服务为核心，以集体主义为原则，以诚实守信为重点，加强社会公德、职业道德和家庭美德教育”，党的十六届三中全会通过的《中共中央关于完善社会主义市场经济体制若干问题的决定》中也指出，“增强全社会的信用意识，政府、企事业单位和个人都要把诚实守信作为基本行为准则。”明确提出在道德建设中要以“诚实守信为重点”的指导思想，这是对我国当前精神文明建设和思想道德建设的一个重要论断，是针对公民道德建设的实际情况和问题而得出的一个有针对性的结论。

1.“诚实守信”是当前道德建设的重点

社会主义社会的道德建设，是一个包括道德核心（为人民服务）、道德原则（集体主义）和各种道德规范的庞大体系。这个体系涵盖了道德生活的所有方面，包括“社会公德、职业道德和家庭美德”三大领域中各种人伦关系的要求。在“二十字基本道德规范”中，更突出了“爱国”、“守法”、“明礼”、“诚信”、“团结”“友善”、“勤俭”、“自强”、“敬业”、“奉献”等 10 个基本规范。为什么党的十六大在阐述加强道德建设时又提出要“以诚实守信为重点”呢？

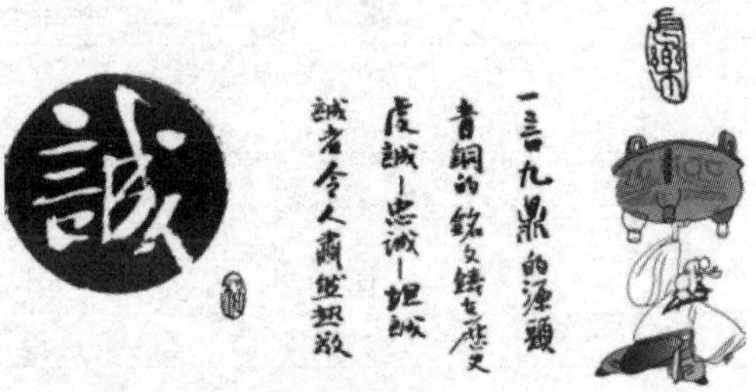

道德建设和道德教育的最终目的，就是要使道德核心、道德原则和道德规范转化为人们的内心信念，并把它付诸实践。道德教育不但要使人们懂得什么是道德的，什么是不道德的，更重要的是，要以诚挚、真实的态度，把道德要求化为自己的行动。古人认为：“履，德之基也”（《周易》），“口能言之，身能行之，国宝也；口不能言，身能行之，国器也；口能言之，身不能行，国用也；口言善，身行恶，国妖也”（《荀子·大略》），把能否实践道德作为道德建设的根本。因此，以什么样的态度来对待道德的核心、原则和规范，是道德建设和道德教育能否收到实际效果的决定环节。能够做到“诚实守信”，身体力行道德规范，我们的道德建设就必然取得愈来愈大的进展；不能做到“诚实守信”，我们的道德建设就会沦为空谈，人们的素质也就不可能得到提高。在当前我国一些地方的道德失范现象，归根到底，都是同失去了“诚实守信”有重要关系，而要改变这种现象，就必须从加强“诚实守信”的建设入手。

“言行一致”、“身体力行”，以老老实实的态度来履行道德规范的要求，可以说是加强道德建设的卓识远见。

2.“诚实守信”是社会健康发展的重要保障

“以诚实守信为重点”是社会主义市场经济对道德建设的一个重要要求，是提高人们的思想素质、改善社会风尚、保障经济秩序良性运行的支撑。加强诚信建设日益成为我国经济、政治、文化和社会健康发展的重要保障。

所谓“诚实”，就是说老实话、办老实事，不弄虚作假，不隐瞒欺骗，不自欺欺人，表里如一。所谓“守信”，就是要“讲信用”、“守诺言”，也就是要“言而有信”、“诚实不欺”等。

“诚实守信”是人和人之间能正常交往、社会生活能够稳定、经济秩序得以保持和发展的重要力量。对一个人来说，“诚实守信”既是一种道德品质和道德信念，也是每个公民的道德责任，更是一种崇高的“人格力量”。对一个企业和团体来说，它是一种“形象”，一种“品牌”，一种“信誉”，一个使企业兴旺发达的基础。对一个国家和政府来说，“诚实守信”是“国格”的体现，对国内，它是人民拥护政府、支持政府、赞成政府的一个重要的支撑；对国际，它是显示国家地位和国家尊严的象征，是国家自立自强于世界民族之林的重要力量，也是良好“国际形象”和“国际信誉”的标志。从经济生活来看，“诚实守信”是经济秩序的基石，是企业的“立身之本”和一种“无形的资产”；从政治道德来看，“诚实守信”是一种极其重要的“品性”，是“政治意识”和“责任意识”的体现，是一个从政者必须具有的“道德品性”和“政治素质”；从人际关系来看，“诚实守信”是人和人在社会交往中最根本的道德规范，也是一个人最主要的道德品质，人们在交往中，相互信任是相处的基础，其关键就在于“诚实守信”。

在现代社会中，随着社会主义市场经济的不断发展，“诚实守信”在社会政治生活、经济生活、文化建设和道德风尚等各个方面日益凸显出它的重要地位。立党为公、执政为民的思想，寄希望于政治上的“诚实守信”；经济秩序的正常运行，迫切要求“诚实守信”；人民群众的相互交往，热切地呼唤“诚实守信”；社会的道德失范，亟须“诚实守信”来予以匡正。在加强社会主义法制建设、依法治国的同时，加强诚信建设体现了“法治”和“德治”、依法治国与以德治国的相辅相成。

3.“诚实守信”是建立市场经济秩序的基石

市场经济，是交换经济、竞争经济，又是一种契约经济。因此，如何保证契约双方履行自己的义务，是维护市场经济秩序的关键。一方面，我们强调市场经济是法治经济，用“法律”的手段，来维护市场的“秩序”；同时，我们还必须用道德的力量，以“诚信”的道德觉悟，来维护正常的经济秩序。市场经济的健康运行，不仅靠对违法者的惩处；更重要的，要使大多数参与竞争的人，能够成为竞争中的守法者，成为一个有道德的人。如果没有道德教育，没有荣辱观念，没有羞耻之心，都信奉“自私自利”、“损人利己”的价值观念，人们就会想方设法以各种手段获取利益，人和人之间的交往就无法进行。社会失去了“诚实守信”的道德基石，失去了“诚实守信”为荣、“背信弃义”为耻的舆论氛围，市场经济的正常秩序是根本无法建立起来的。“法治”和“刑罚”着重于惩罚那些已经违法犯罪的人，而道德教育和“德治”则着重于对违法犯罪前的教育和预防。

在市场经济的激烈竞争中，在最大利益的诱惑与驱动下，只有使参与竞争的大多数人自觉守法，才能够避免“法不责众”的混乱局面，才能真正发挥法律的作用，才能保证市场经济秩序的正常运行。在社会主义社会中，“诚实守信”对克服“市场”的消极方面和负面影响、保证社会主义市场经济沿着社会主义道路向前发展，有着特殊的指向作用。

我国“市场”发展中的消极因素，如拜金主义、享乐主义和极端个人主义的滋生，已经对我国的市场经济秩序产生了不可忽视的影响。在经济交往中，假冒伪劣、欺诈欺骗、坑蒙拐骗、偷税漏税的歪风制约着经济的发展。统计、审计、财务、会计工作中，也出现了弄虚作假、欺上瞒下、无中生有、以假乱真的腐败现象。的确，由于欺骗欺诈现象屡禁不止和不断蔓延，已出现了所谓“信用缺失”、“信用危机”的现象，成为社会主义市场经济健康发展的一大“公害”。这种情况，是不可能仅仅靠“法治”来解决的，它还必须通过社会主义的“诚实守信”教育和社会主义正确价值导向来引导和克服。

4.“诚实守信”是一切职业道德的“立足点”

在公民道德建设中，把“诚实守信”融入到职业道德的各个领域和各个方面，使各行各业的从业人员，都能在各自的职业中，培养诚实守信的观念，忠诚于自己从事的职业，信守自己的承诺。“职业道德”总的要求是“爱岗敬业、诚实守信、办事公道、服务群众、奉献社会”，而“诚实守信”是其中的“立足点”。

一个政府的干部、一个国家的公务员，从贯彻“三个代表”重要思想的高度，一言一行，应当切实体现最广大人民的根本利益。对上级、对下级、对老百姓“诚实守信”，说老实话，办老实事。如果对上虚报成绩、弄虚作假、隐瞒缺点、掩盖错误；对下只说不做、言而无信，说的是为人民服务，而做的是为自己的升官发财着想，就必然走向腐败。一个企业的工作人员，如果能够树立起“诚信为本”、“童叟无欺”的形象，企业就能够不断发展壮大。一些企业之所以能兴旺发达，走出中国，在世界市场占有重要地位，尽管原因很多，但“以诚信为本”是其中一个决定性的因素；相反，如果为了追求最大利润而弄虚作假、以次充好、假冒伪劣和不讲信用，尽管也可能得益于一时，但最终必将身败名裂、自食其果。在前一段时期，我国的一些地方、企业和个人，曾以失去“诚实守信”而导致“信誉扫地”，在经济上、形象上蒙受了重大损失。一些地方和企业，“痛定思痛”，不得不以更大的代价，重新铸造自己“诚实守信”的形象，这个沉痛教训，是值得认真吸取的。

一个教育工作者、一个教师，不但要“传道、授业、解惑”，而且要“为人师表”、“言传身教”。不论在教学工作和科研工作中，都要忠于职守、热爱专业、认真负责、老老实实，绝不能敷衍塞责、虚华浮夸、弄虚作假、得过且过。“诚实守信”既是一种道德品质，更是一种“高尚人格”，每一个教师，不但要以自己的知识、智慧和才能来教育学生，更要以自己的“人格力量”来启迪学生、感召学生。作为“灵魂工程师”的教师，绝不能为了追逐名利而弄虚作假，而应当以诚实守信的人生态度和价值取向来启迪学生，通过潜移默化来培养学生的思想素质和道德素质。汉代著名思想家杨雄在他的《法言》中说：“师者，人之模范也”，提出了教师在“做人”上的“模范”作用，强调了对教师的道德品质的要求。从一定意义上，教育者的“身教”比“言传”更为重要。“身教重于言传”，“身教高于言传”。每一个教师，不但要以自己的知识和才能来传授知识，更要以自己的“道德品质”来感染和激励学生。同样，不论从事任何职业，我们都要把“诚实守信”融入到职业道德的具体要求之中，使其成为一切职业道德的“立足点”，提高职业人员的思想素质和道德素质。

四、建设途径

“诚实守信”建设，还必须建立相应的“诚信机制”，如必要的规章制度和赏罚；加强对“诚实守信”者的奖励、褒扬和对“失信”者的惩罚与贬斥；建立各种形式的诚信档案，及时把个人、企业、团体的诚信与失信记录公之于世；运用现代化的各种传媒手段，形成浓厚的“诚实守信”舆论氛围，使“诚实守信”能够深入人心，形成风气。在当今的市场经济时代里，诚实守信是每个人必备的素质，每个家庭都应该从小培养孩子有一颗诚信心，让孩子拥有诚实守信的品德，得到别人的尊重和信任，获得真诚的朋友和友谊，将来在事业上才能得到更好的合作伙伴和他人的支持。

五、家庭教育

诚信是一种道德品质和道德规范。无诚则无德，无信则事难成。聪明而睿智的家长们，一定能领悟到诚信教育的作用和真谛，那么就从现在做起，从身边的点滴小事做起吧。播下诚信的种子，给孩子以力量和耐力，赢得诚信这张人生的通行证！

1. 培养孩子诚信从点滴做起

培养孩子诚信的品质，它既要求家长有长期坚持的耐心，与时俱进的细心，又深深扎根渗透于日常生活的琐碎点滴中，贯穿家庭生活和亲子成长的全过程。

家长应从小就要求孩子说真话，不说假话；做错事时勇于承认自己的错误并能及时改正；不拿别人的东西，借别人的东西要还；做到言必信，行必果。针对社会上那种坑蒙拐骗的行为，父母要态度鲜明地进行批判，要让孩子坚信，这种弄虚作假的行为是必将受到惩罚的。这样，孩子长大以后才能成为一个光明磊落的人。与孩子共同阅读一些有关诚信的图书，讨论有关诚信的话题；鼓励孩子多与人交往，在交往中感受诚信，思考诚信。总之，父母要从点滴做起，从小事做起，塑造孩子的诚信之心。

2. 为孩子做诚信的榜样

父母要培养一个有责任心、以诚待人的孩子，就要以身作则，做诚信的表率。常言道："身教重于言教"，父母的行动对孩子来说是无声的语言，有形的榜样。

曾子是我国著名的思想家。有一次，他的妻子去街上买东西，独生儿子哭闹着一定要去。可曾子妻子嫌麻烦，就随便哄他一句说："你在家玩吧！等妈妈回来给你杀猪吃。乖！"儿子果然不哭闹了，在家等着吃猪肉。

妻子回来后，曾子拿起刀就去杀猪。妻子感到很奇怪，就问丈夫："咦，今天又不是过年过节的，你杀什么猪呀？"曾子回答说："不是你自己说回来后要给儿子杀猪吗？""哎，我是哄孩子玩呢，你怎么当真了，应付一下就算啦。"

曾子严肃地说："孩子可不是开玩笑的对象。他小，不懂事，凡事都要向父母学习，听从父母的教诲，如果父母说话不算数，欺骗了孩子，孩子就会认为人是可以欺骗的，转而去欺骗别人。如此一来，孩子骗人就成为父母教的了。而且，你骗了孩子，孩子以后就不再相信你了，你说的话他还听吗？"曾子的妻子恍然大悟。父母的这种诚信行为直接感染了儿子。一天晚上，儿子刚睡下又突然起来，从枕头下拿起一把竹简向外跑。曾子问他去做什么，儿子回答："我从朋友那里借书简时说好要今天还的。虽然现在很晚了，但再晚也要还给他，我不能言而无信呀！"曾子看着儿子跑出门，会心地笑了。

"人无信不立"，为了培养孩子的诚信习惯，在日常生活中，父母对待孩子一定要诚信，要说话算话。因此，父母在向孩子许诺之前一定要三思，不能言而无信，答应孩子的事情，就一定要做到；如果不能兑现，应及时向孩子解释，向孩子道歉，并做自我批评，让孩子从内心理解和原谅父母，事后父母应设法兑现自己的承诺。如父母一而再，再而三地言而无信，孩子会对父母产生不信任感，并认为说了话可以不算数，慢慢地他们也会这么做。

3. 营造诚恳、互信的家庭氛围

父母要做有心人，为孩子创造愉悦的讲诚信的氛围，以感染孩子的心灵，特别是家庭成员之间应相互信任。孩子尽管年龄小，但他同样会体会到家长对他的尊重和信任。要知道从小受到尊重、信任的孩子，会更加懂得怎样去尊重、信任别人和怎样得到别人的信任。

在有些家庭中存在着这样一种情况：孩子说谎时，父母不分青红皂白就加以苛责、训斥，甚至打孩子。有些孩子本来不想说谎，不敢欺骗父母，但畏惧于严厉的家庭环境，为了逃避惩罚，也为了让自己少受点皮肉之痛，于是编造了各种各样的谎言。基于这种情况，做父母的就应该反思一下自己的教育方式，当孩子在认错时，就不要再给孩子施加精神上的压力。在一种轻松的环境中，告诉孩子说谎会有什么样的危害，告诫孩子说谎或许能让你一时蒙混过关，但迟早也会让他人发现事情的真相，等真相大白之后，不仅会让你处于一种尴尬的境地，还会失去老师、父母、同学、朋友对你的信任，久而久之，别人就不愿意再跟你接近了。这样的话，孩子便会在愉悦互信的氛围中受到启迪，讲诚信的意识也就会逐步培养起来。

4. 满足孩子合理的需要

有位美国学者，他到监狱里面去访问 50 个罪犯，研究他们是怎么犯罪的。他发现了一件很有意思的事：有一个罪犯说他是从撒谎走向犯罪的。他为什么要撒谎呢？他小时候，家里面兄弟姐妹好几个，有一次分苹果吃，其中一个苹果又大又红，孩子们都想要那个大红苹果。老大说："妈，大的红苹果给我吃。"妈妈瞪他一眼说："你不懂事，你怎么带头吃大的呢？"这个罪犯回忆说，当时他观察发现：谁越说要，他妈妈就越不给谁，谁不吱声或说了反话，谁就最有希望得到。这时他就撒谎说："妈妈，我就要最小的苹果。"妈妈说："真是个好孩子，就把大苹果给你。”果然，说假话可以吃到大苹果啊，越想要就越不说，到时候，你“表现好”就可以得到内心想要的。孩子为了吃大苹果，所以就说假话，这就是妈妈的失误。

每个父母都希望自己的孩子诚实守信，不喜欢撒谎的孩子。但是，许多孩子却表现得不尽如人意。究其原因，大多是由于后天的某种需要引起的，比如为了满足吃的、玩的需要甚至是为了逃避受批评、受惩罚，这些都助长了孩子撒谎的恶习。父母应该认真分析孩子的需要，尽量满足其合理的部分。而满足孩子的时候应该用孩子的眼光来看待事物，要分析孩子的需要，认真倾听孩子的心里话，而不要以成人的想法推测孩子的心理。当孩子向父母讲述了他的需要后，父母应该跟孩子一起分析，让孩子明白哪些是合理的、正确的，然后及时满足孩子合理的需要；对于不合理的需要，则要对孩子讲明道理。千万不要觉得孩子还小，或者觉得事情无关紧要就放纵他们。长此以往，孩子就会不断地强化不良行为，形成不良的品格，最终影响到他的人生。

议一议

案例一：商业失信的十大类型和案例

一、制假售假，鸭肉摇身变成“羊肉”“牛肉”

2013 年 3 月，内蒙古包头公安机关查获的一起利用鸭肉等制售羊肉干、牛肉干的案件中，发现了“一滴香”“牛膏 1 号”等调味料。而近年来，山东、上海、江苏、贵阳等地警方均破获假冒牛、羊肉大案，捣毁了大批“毒鸡爪”等制假黑窝点。

二、虚假宣传，借明星名人效应欺骗消费者

借一位年过四十但外表年轻的明星做广告，一家名为爱碧丽生物科技有限公司宣称其公司的胶原蛋白产品能打开“逆生长的秘密”；钟南山曾因一天三次“被代言”痛批虚假广告；不少文艺界的大师大家们频频出现在电视台和报纸的广告中，为一些称包治百病的“神药”“神奇疗法”代言。

三、业绩造假，将亏损做成盈利，欺骗股东

2005 年至 2008 年间，紫光古汉长期通过虚开发票等手法虚增利润 5 164 万元，掩盖了期间公司连续两年亏损的事实。有的企业竟然长年造假，如南纺股份 5 年间虚构利润超过 3.4 亿元，让这家企业变成了股市上连续多年盈利的“香饽饽”。

四、价格欺诈，贴着“优惠促销”标签，实际卖得更贵

2014年年初，家乐福深圳保利店推出的元宝大豆油、景田饮用纯净水等产品竟然比促销前贵三分之一，甚至贵一半。沃尔玛深圳福星店促销“2瓶‘法国莱雅干红8号’仅需88元”，但卖的却是另外一种红酒，售货员拒绝为海报上的两瓶红酒按88元结账。

五、以劣充好，残羹冷炙成一些不法商家赚钱的“宝贝”

2012年，湖南破获的一起特大制售地沟油案件中，吴昌松等人利用废弃油脂等加工成地沟油，有250多吨流向餐桌，5 000元的成本能卖到12 500元；山东朱姓三兄弟从外省收购大量泔水油卖给一些粮油公司，销售金额超过5 000万元。

六、违法添加，“瘦肉精”冲破“十八道检验”

2011年，河南双汇集团旗下一家公司生产的含有“瘦肉精”的猪肉，冲破十八道防线流入市场。不仅双汇，山东、四川、北京等地一些公司都查出使用“瘦肉精”的现象，天津甚至在航空供给食品中检出“瘦肉精”。

七、拒不认错，掩盖问题

2012年5月初，可口可乐发生余氯水混入产品事件曝光后，公司先是宣称此为误传，两周后才承认操作失误，并就此道歉；2013年1月，肯德基“药残鸡”事件爆发一个半月之后，百胜集团中国CEO才出面道歉。

八、欠债不还，讨薪成了含辛茹苦打工一年的农民工群体最难过的“年关”

一万块钱的工资，讨要了900多天。直到2014年“五一”前夕，农民工刘仲凡才拿到了在重庆营中营装饰设计工程有限公司被拖欠了3年多的工资。从讨薪到最终拿到工资，他一共走了8个程序，出庭20余次，历经939天。

九、偷逃税款，主要涉及走私、稀有资源倒卖、虚开发票等问题

自2011年11月开始，19家企业利用西藏农产品收购税收优惠政策，在无真实业务情况下，虚开收购发票2 366份，开票金额7.83亿元，抵扣税款1.02亿元。

2013年，海关侦破包头市一起稀土走私大案，涉案货值和偷逃税款总额达1 400多万元。

十、店大欺客，对消费者施以霸王条款

2014年4月，易迅网上购买支持7天无理由退货商品的消费者投诉称，在没有使用产品的情况下要求退货时，被告知要收取 10%的退货手续费。而这一条款早在 2010 年就被列入上海消保委典型消费维权事件。

案例二：德国“毒黄瓜事件”

2011 年 5 月 30 日，在欧洲，受肠出血性大肠杆菌“污染”的黄瓜仍在蔓延，德国病毒感染黄瓜事件的死亡人数已经上升至 14 人。此外，有报道称，死亡病例首度扩散到德国北部以外地区，德国卫生部长预计新增病例还将继续上升。29 日和 30 日，在德国人口最为稠密的北威州，就有两名妇女死于感染引起的并发症。

为了应对此次危机，德国联邦及地区相关卫生食品防疫部门的代表 30 日在柏林举行了紧急会议。德国卫生部长巴尔在会后的新闻发布会上表示，当局目前依然无法确定此次疫病的传染源，所以他预计新增病例还将继续上升。而且有迹象表明，此次疫情的传染源依然活跃。德国农业及消费者保护部部长艾格纳也表示，目前形势严峻，需保持高度警惕。

另外，德国负责流行病预防研究的权威机构罗伯特·科赫研究所的所长布格尔告诉记者，目前因肠出血性大肠杆菌感染而引发的溶血性尿毒综合症患者的数量在继续上升，上周末又新增 80 例，目前德国大约有 350 名溶血性尿毒综合症患者，因而，不排除死亡人数会继续上升。

他同时也提醒，现阶段生吃黄瓜、西红柿和生菜沙拉，存在很大风险，煮熟后的蔬菜要比生吃安全得多。

在新闻发布会上得知，虽然感染人数继续增加，但疫情传播的速度在减缓。有代表就表示，在本次疫情最重的汉堡市，已经出现了新增感染病例速度下降的迹象。

看完以上案例，你有什么感想或看法？同学之间相互讨论发表各自的观点。

总结升华

一、诚信的内涵

诚信是一个道德范畴，是公民的第二个“身份证”，是日常行为的“诚实”和正式交流的“信用”的合称。即待人处事真诚、老实、讲信誉，言必信，行必果，一诺千金，以真诚之心，行信义之事。

诚信，分开来说的话：“诚”是真实，诚恳；“信”是信任，证据。

所以说，诚信是诚实无欺，信守诺言，言行相符，表里如一。

1.“诚”的含义

“诚”，是儒家为人之道的中心思想，立身处世，当以诚信为本。宋代理学家朱熹认为：“诚者，真实无妄之谓。”“诚”是一种美德。“诚即天道，天道酬诚”即言行需循天道，说真话，做实事，反对虚伪，做人要诚实。

2.“信”的含义

程颐认为：“以实之谓信。”可见，“信”不仅要求人们说话诚实可靠，切忌大话、空话、假话，而且要求做事也要诚实可靠。而“信”的基本内涵也是信守诺言、言行一致、诚实不欺。

“诚”主要是从天道而言，“信”主要是从人道而言。故孟子曰：“诚者，天之道也；诚之者，人之道也。”

“诚”本是自然固有之，效法天道、追求诚信，这是做人的道理、规律。二者在哲学上虽有区别，但从道德角度看，“诚”与“信”则是同义等值的概念，故许慎在《说文解字》说：“诚，信也。”“信，诚也。”基本含义都是诚实无欺，信守诺言，言行相符，表里如一，这是做人的基本要求。

在一般意义上，“诚”即诚实诚恳，主要指主体真诚的内在道德品质；“信”即信用信任，主要指主体内诚的外化。“诚”更多地指“内诚于心”，“信”则侧重于“外信于人”。“诚”与“信”一组合，就形成了一个内外兼备、具有丰富内涵的词汇，其基本含义是指诚实无欺，讲求信用。千百年来，诚信被中华民族视为自身的行为规范和道德修养，在基本字义的基础上形成了其独具特色并具有丰富内涵的诚信观。

“诚”与“信”作为伦理规范和道德标准，在起初是分开使用的。孟子说“诚者，天之道也；诚之者，人之道也。”《中庸》中也说：“诚者天之道，诚之者人之道。”“信”的基本含义是指遵守承诺，言行一致，真实可信。最先将“诚”与“信”连在一起使用的是在《逸周书》中：“成年不尝，信诚匡助，以辅殖财。”“父子之间观其孝慈，兄弟之间观其友和，君臣之间观其忠愚，乡党之间观其信诚。”这里的“信诚”实际上表达的是“诚信”的意思。就是说，从一般意义上，诚信是指诚实不欺，讲求信用，强调人与人之间应该真诚相待。

二、诚信的作用

诚信是人必备的优良品格，一个人讲诚信，就代表他是一个讲文明的人。讲诚信的人，处处受欢迎；不讲诚信的人，人们会忽视他的存在，人人都要讲诚信。诚信是为人之道，是立身处事之本。

1. 立人之本

子曰："人而无信，不知其可。"他认为人若不讲信用，在社会上就无立足之地，什么事情也做不成。

2. 齐家之道

唐代著名大臣魏徵说："夫妇有恩矣，不诚则离。"只要夫妻、父子和兄弟之间以诚相待，诚实守信，就能和睦相处，达到家和万事兴的目的。若家人彼此缺乏诚信、互不信任，家庭便会逐渐四分五裂。

3. 交友之基

只有"与朋友交，言而有信"，才能达到"朋友信之"、推心置腹、无私帮助的目的。否则，朋友之间充满虚伪、欺骗，就绝不会有真正的朋友，朋友间的交往是建立在诚信的基础上。

4. 为政之法

《左传》云："信，国之宝也。"指出诚信是治国的根本法宝。孔子在"足食"、"足兵"、"民信"三者中，宁肯去"兵"、去"食"，也要坚持保留"民信"。因为孔子认为"民无信不立"，如果人民不信任统治者，国家朝政根本立不住脚。因此，统治者必须"取信于民"，正如王安石所言："自古驱民在信诚，一言为重百金轻"。

5. 经商之魂

在现代社会，商人在签订合约时，都会期望对方信守合约。诚信更是各种商业活动的最佳竞争手段，是市场经济的灵魂，是企业家的一张真正的"金质名片"。

6. 心灵良药

古语云："反身而诚，乐莫大焉。"只有做到真诚无伪，才可使内心无愧，坦然宁静，给人带来最大的精神快乐，是人们安慰心灵的良药。人若不讲诚信，就会造成社会秩序混乱，彼此无信任感，后患无穷。正如《吕氏春秋・贵信》所说，如果君臣不讲信用，则百姓诽谤朝廷、国家不得安宁；做官不讲信用，则少不怕长，贵贱相轻；赏罚无信，则人民轻易犯法，难以施令；交友不讲信用，则互相怨恨，不能相亲；百工无信，则手工产品质量粗糙，以次充好，丹漆染色不正。可见失信对社会的危害有多么大。

综观而言，诚信对于自我修养、齐家、交友、营商以至为政，都是一种不可缺少的美德，可见诚信在人类社会中是非常重要的。

三、诚信的准则

讲诚信，并不是说说，很多人说得容易做起来难。这大概就是人真而不诚、诚而难信劣根性的缘故，他们以利益确定诚信，以自私和贪婪玩弄诚信。

在现实社会生活里，我们做人做事什么都不缺，缺的是人心，缺的是诚信。有的人只是要求别人有诚信、讲诚信，而自己就很难用诚信来对待他人。在文明发展的今天，更应该体现人的诚信度，结果却令人大失所望。

可以说，诚信普遍存在于我们的人性里，一旦人丢掉了诚信，人性就显得可恶、可怕、可耻。本不稀罕的更稀贵了，从而体现了人的道德品质和良知良心的迷失。

诚信是做人的基本准则，但究竟怎样才算是有诚信？这部分将为你介绍诚信的准则，并看看中国古代哲贤如何实践诚信之道。

1. 戒欺

“戒欺”，即不自欺亦不欺人。《礼记·大学》说：“所谓诚其意者，毋自欺也。”意谓真诚实意就是不自欺。宋代哲学家陆九渊也说：“慎独即不自欺。”即使在闲居独处时，自己的行为仍能谨慎不苟且，不会自欺。中国现代学者蔡元培先生说过：“诚字之意，就是不欺人，亦不可为人所欺。”可见，戒欺是诚信的重要准则之一。

2. 过而能改

《左传·宣公二年》曰：“人谁无过？过而能改，善莫大焉。”孔子曰：“过而不改，是谓过矣。”韩愈曰：“告我以吾过者，吾之师也。”陆九渊曰：“闻过则喜，知过不讳（忌讳），改过不惮（畏惧）。”

中国古代哲人强调知过即改，这是诚实的一种表现。《孟子·滕文公下》载有一则寓言：有一个人每天都偷邻居家的鸡，有人劝告他说：“这不是有道德者的行为。”那人回答说：“那么，我打算减少一些，一个月只偷一只鸡，然后停止偷鸡。”这则寓言说明，如果已经知道这样做是不道德的，就应立即改正，何必等到以后！所以，人对于过错应该“迁善如风之迅，改过如雷之烈”，与过错一刀两断，彻底改正。

3. 信守承诺

《左传·僖公十四年》曰：“弃信背邻，患孰恤之。无信患作，失援必毙。”意思是说，若自己丧失信用，背弃邻国，遇到祸患时又有谁会同情自己。失去了信用，一旦祸患发生，没有人来支援自己，就必定会灭亡。由此可见，重诺守信是十分重要的。如果我们对别人许下诺言，就需认真对待，对自己的承诺负责，切勿掉以轻心，失信于人。在平日待人处事时，我们可先从守时开始做起，然后对家人、朋友信守承诺，以诚信待人。

4. 诚信待人

中国古代哲学家认为诚信是人的修身之本，也是一切事业得以成功的保证。《河南程氏遗书》卷二十五云："学者不可以不诚，不诚无以为善，不诚无以为君子。修学不以诚，则学杂；为事不以诚，则事败；自谋不以诚，则是欺其心而自弃其忠；与人不以诚，则是丧其德而增人之怨。"这说明"诚"对于做人、做事是何等的重要！

5. 言行一致

中国古代哲人要求言行一致，《礼记·中庸》曰："言顾行，行顾言。"切不可"自食其言"、"面诺背违"、"阳是阴非"。孔子说："始吾于人也，听其言而信其行；今吾于人也，听其言而观其行。"意思是说，从前孔子对于人，只要听了他讲的话，就会相信他的行为；现在孔子对于人，当听了他讲的话后，还要观察他的实际行为。在这里，孔子肯定道德实践是评价诚信品格的标准。

四、自我鞭策

《论语·为政》："人而无信，不知其可"。对个人而言，诚信乃立人之本，是做人处世的基本准则，是每个公民正确的道德取向。从修身的角度看，诚信是人内心升起的太阳，可以照亮自己，也可以温暖别人；诚信是一把金钥匙，可以打开人的心锁，也可以打开知识和财富的大门；诚信绽放着生命之美，生活因它而多姿，人生因它而多彩。对企业而言，诚信是其赖以生存的根本；对城市而言，诚信等同于它发展的机遇；对国家民族而言，诚信是其繁荣昌盛、自强自立的基础。而一旦诚信缺失，危害甚大。墨子说："志不强者智不达，言不信者行不果。"言一朝不信，人就会失掉立身之本，企业就会失掉生存之根，城市就会失掉发展之机，国家民族就会失掉兴盛之源。老子说："夫轻诺必寡信，多易必多难。"诚信是市场经济持续发展的道德基础。一旦诚信缺失，社会上便会欺诈成风，市场混乱，道德沦丧，人心惟危。当今社会，假冒伪劣商品泛滥，假文凭假学历盛行，假政绩假数据屡禁不绝，假新闻假广告层出不穷，信用欺诈防不胜防，这正是诚信缺失的具体体现。尤其是学术造假，非常严重，典型案例有：浙江大学副教授贺海波剽窃论文。浙江大学共核查了贺海波及其所在研究室相关人员涉嫌学术道德问题的论文 20 篇，其中贺海波涉及论文 9 篇。事发后，贺海波被撤销副教授职务和任职资格。浙江大学将其开除出教师队伍。

据悉，中国每年因为信用缺失而导致的直接和间接经济损失高达 5 855亿元，相当于中国年财政收入的 37%，中国国内生产总值每年因此至少减少两个百分点。由此可见，诚信的缺失，将会影响社会的发展，阻碍人类文明的进程。

提高自身诚信可以从以下七个方法入手：

（1）学会尊重别人；

（2）信守承诺；
（3）尽量去了解、帮助别人；
（4）宽待他人；
（5）培养耐心；
（6）守时；
（7）尽量完成答应别人的事。

人类没有真诚，生活便没有分量。让我们在真诚中舒展心灵的双翼，在真诚中领略世界的风采。留住真诚，生命便有了前进的依托；留住真诚，你我便有心灵的共鸣。让我们在诚信里感受温暖，让我们在诚信里憧憬未来。

五、现代诚信

作为中华民族的传统美德，诚信和其他优秀文化传统一样，不同时代有不同的特点，每一个时代都会赋予它不同的内涵，都会为它打上政治、经济和阶级的烙印。作为一种道德规范，现代诚信既是对传统诚信的传承，又是对传统诚信的发展和超越。和传统诚信相比，现代诚信有如下特点：

一是调整社会生活的内容更为广泛。传统的农耕社会，是自给自足的自然经济。由于生产力发展水平的限制，交通落后，信息闭塞，人的活动范围很小，人与人之间交往的范围很窄，频率很低。除了少数经商的人群外，社会生活的主体人群之间的交流一般是局限于亲戚、朋友和熟人之间。而诚信作为一种道德规范，它调整的是人与人之间的交流与交往，如果调整主体缺失，这种规范对社会生活的作用也就降价。曾子曰："吾日三省吾身：为人谋而不忠乎？与朋友交而不信乎？传不习乎？"可见，在古代，儒家所推崇的"信"也多是朋友之"信"，在"修身，齐家，治国，平天下"的儒家大义中，"信"在很大程度上局限于"修身齐家"这一层面上。现代社会，社会生产力水平大大提高，信息畅通，交通方便，人类社会逐渐由农耕文明走向商业文明，人与人之间的交流范围扩大，交流的机会增多，交流合作的形式逐渐多样化，交流的对象也由熟悉的人群扩展到陌生的人群。特别是在全球一体化的今天，信息网络化，经济全球化，人与人之间，企业与企业之间，团体与团体之间，城市与城市之间，国家与国家之间交流与合作日益频繁。诚信这一道德规范所调整的范围已扩展到社会生活的方方面面，小到熟人朋友的日常生活交往，大到国家政治经济组织之间的交往与合作。现代诚信已超越了传统意义的诚信，具有了更深广的内涵，已从"修身齐家"的层面扩展到"治国平天下"的层面。中国共产党十六大提出了实行依法治国和以德治国相结合的治国方略，其中"德"的重要内容便是

“诚信”。

二是诚信缺乏的危害更大。由于农耕文明时代人们的交流多限于亲戚、朋友、熟人之间，传统诚信只是居于“修身齐家”的层面，诚信的缺失往往是伤害亲戚朋友熟人的感情，失朋友之“义”，是个人修养的缺失，是道德取向的偏差，是人性的堕落。而现代诚信一旦缺失，不但个人失去立身之本，而且还会影响一个企业、一座城市、一个国家或民族的生存和发展。一言足以兴邦，一诺岂止千金。一次金融诈骗，可导致上亿的资金流失；一纸合同不履行，会使一个企业破产；一言承诺失信，可使一个国家威信扫地。

在现今世界各地，失信的现象十分严重，造成信用危机，影响经济发展，扰乱生活秩序。例如，在中国大陆，有些政府官员欺上瞒下，贪污情况严重。在商业交易中，假冒伪劣商品屡禁不止，中国约有 35% 的企业被假冒伪劣产品侵权，此类产品的产值年均高达 13 000 亿元。商家态度冷漠敷衍、虚假广告、毁合约、做假账的现象相当普遍。凡此种种，不胜枚举。在香港，从 20 世纪 70 年代至今，也发生过不少惊人的贪污案件，如“葛柏案”、“律政高官受贿案”、“圆洲角短桩丑闻”，至于街头行骗、盗窃、信用卡赖账等现象俯拾皆是。

在现今中国学界，失信的现象尤其严重，学术诈骗、项目造假、论文抄袭等的举报和揭露不胜枚举。例如，西安交通大学长江学者特聘教授、博士生导师李连生存在严重学术诈骗行为，科技部公开撤销其昔日获得的 2005 年国家科学技术进步奖二等奖获奖项目“涡旋压缩机设计制造关键技术研究及系列产品开发”，他因学术造假被西安交通大学解除了教师聘用合同。

现代社会急功近利，物欲横流。现代人虽利用科技创造了物质财富，但自己反被物质财富所奴役。现代人每天营营役役，以提高生活水平和物质享受，但道德价值观念却开始败落。在物质主义、功利主义和享乐思想的冲击下，现代人普遍认为见利忘义、投机取巧比中国传统美德如诚信、刻苦、勤奋更为重要，社会崇尚金钱、权力，并以此作为衡量个人成功与否的标准。反观人类的精神世界、生命价值、崇高理想、道德情操等，则被逐渐遗忘。

当现代人意识到自己可以积极争取权力和利益时，却错误地认为自由就是无规定和不受约束地为所欲为，因此人们往往为了一己私利而不择手段，损人利己，将道德规范、承诺信誉、合约法律置之度外，做出种种自私行为。例如中国经济开始急促发展，但信用制度、市场规则尚未健全，于是一些见利忘义的人就钻制度法律不完备、执法不严的空子，不讲信用，形成现今“见利忘信”的现象，而导致了一连串的严重后果。

儒家十分重视修身为本的思想，认为齐家、治国、平天下都以自我修养为根本。

子路是孔子的弟子，有一天子路问孔子："如何才能成为一个君子?"孔子答："修己以敬（修养自己，保持严肃恭敬的态度）。"子路又问："这样就足够吗?"孔子答："修己以安人（修养自己，使周围的人们安乐）。"子路再问："这样就足够吗?"孔子答："修己以安百姓。"孔子这里是把"修己"作为"安人"、"安百姓"的前提，孔子认为君子应先慎重地培养、训练自己的道德品质，然后再去使人民安乐，再去使百姓安乐。孟子也明确地阐述了"修身"与"家"、"国"的关系，他说："天下之本在国，国之本在家，家之本在身。"由此孟子做出结论："君子之守（操守），修其身而天下平。"

荀子从"修身"的社会效应角度指出："以修身自强，则名配尧、禹。""故君子务修其内而让之于外，务积德于身而处之以遵道（遵从道德原则），如是，则贵名（美好的名声）起如日月，天下应之如雷霆。"荀子认为其理想人物圣人和大儒，都具备道德上最高的品格。若一个人能实践道德，便会正如圣贤般留下美好的名声，天下百姓就会如雷霆般拥护他。

儒家经典《大学》对修身与齐家、治国、平天下的关系做出了更为具体、更为系统的表述，当中指出："古之欲明明德于天下者，先治其国；欲治其国者，先齐其家；欲齐其家者，先修其身。"由此，《大学》得出结论说："自天下以至于庶人，壹是（皆是）皆以修身为本。"可见不论是什么人，都以修身养性为根本。

根据"修身为本"的思想，要求每个人在求学阶段，务必先从自己修身养性做起，不断地磨炼自己的诚信品格，诸如在日常生活中严格地要求自己做到不自欺亦不欺人，不护短亦不造假，在无人监督时亦能自律、勇于改过等。正如晚清重臣曾国藩所说："天下无现成之人才，亦无生知之卓识，大抵皆由勉强磨炼而出耳。"

1. 学业

在学校读书是人生重要的求知阶段，在学习过程中，可能会犯不少错。明代理学家王阳明说过："夫过者，自大贤所不免。"即使是圣贤，也不可能无过失。不过，我们应持诚实态度对待过错，知错即改，不文过饰非，弄虚作假。只有不断地改正错误，才能超越自己，从中吸取教训，获得知识，走向成功之路。

孟子曾说："子路，人告之以有过，则喜，禹闻善言，则拜。"通常人们很难看到自己的缺点，若有别人对自己给予善意的批评，当事人会受益匪浅。东汉尚书令左雄曾推举冀州刺史周举为尚书，后因左雄推荐贪官冯直为将帅，周举以此上书皇帝，揭发左雄罪状。左雄知道自己的过失后，即赔礼谢罪，说：“我曾是冯直之父的部下，又与冯直是好朋友，现在周举以此来揭发我，这确实是我过错。”天下之人因此更加尊重左雄。

在学业中犯错并不可怕，可怕的是文过饰非，隐瞒错误的侥幸心理。实际上，只要是犯了错误（如说谎、考试作弊等），迟早会被人发现。传说宋代奸臣秦桧与妻子王氏在东窗下密谋杀害忠臣岳飞。秦桧死后，王氏叫道士招魂，看见秦桧在阴间受审。秦桧对道士说：“可否代为通传我的妻子，东窗的事已被发现了。”可见纸包不住火，“若要人不知，除非己莫为”，说的就是这个道理。

在学校求知，是一个艰苦的学习过程。求学时应抱着“知之为知之，不知为不知”的态度，知道就是知道，不知道就是不知道，不可以不懂装懂，欺世盗名。同时，学贵在勤，勤能补拙，历代不少名人都是在极端艰苦的条件下求学，如“苏秦发愤刺股”、“匡衡凿壁偷光”、“车胤囊萤勤学”等，成功非侥幸，只有诚实、刻苦、排除万难的人才能成功。

作为新时代大学生，我们应遵循以下诚信守则：

立身诚为本，处世信为基；养德始于真，修业成于勤；

忠诚报祖国，荣耻铭于心；信仰须高洁，立场当坚定；

精诚探真知，独创著文章；评奖要真实，考试应自警；

真挚敬师长，坦诚待同学；文明行网络，是非应辨明；

花销要适度，兼职重信誉；诚实求助贷，守信还款清；

客观荐自我，郑重许承诺；踏实干事业，契约必践行。

2. 人际交往

在人际交往中营造一种和谐的关系，这是每一个人所期盼的。为了营造这种和谐的关系，我们平日与人交往时，务必做到以下几点：

（1）以诚相待。东晋高道葛洪在《抱朴子·交际》中，反对“匿情而口合”、“面从而背憎”，故我们应以真情实意对待朋友，不可口是心非，隐瞒实情。真诚是友谊的生命，如果对朋友诈伪而无真诚之情，这只是“乌集之交”。只有肝胆相照的朋友，才是“腹心之友”。西汉文学家、哲学家扬雄于《法言·学行》曰：“朋而不心，面朋也；友而不心，面友也。”若交朋友而不交心，不能开心见诚，这种缺乏真诚的友谊是难以持久的，故人际交往贵在真心、交心与知心。

（2）以信相交。朋友之间必须诚实忠信，《论语·学而》曰：“与朋友交，言而有信。”一旦欺骗朋友，朋友也不会信任自己，便会破坏了大家的友谊。而真的朋友，能做到如《礼记·儒行》所言：“久不相见，

闻流言不信。”就算大家很久没见，当听到有关朋友的谣言，彼此仍能互相信任。

（3）以道义相交。将人际交往建立在道义的基础上，彼此皆以道义为原则，这是一种君子之交。北宋著名文学家欧阳修在《朋党论》中深刻地分析说：“小人与小人，以同利为朋……小人所好者禄利也，所贪者财货也。当其同利之时，暂相党引以为朋者，伪也。及其见利而争先，或利尽而交疏，则反相贼害……君子则不然。所守者道义，所行者忠信……以之修身，则同道而相益……终始如一，此君子之朋也。”真正的君子之交以道义为基础，真心相待，友谊是持久的。相反，小人之交以势利为基础，虚假造作，友谊是短暂的。

（4）以平等相交。将友谊建立在志同道合、情趣相投的基础上，其中一方不应以自己的年资、地位、权势、财富作为交友的资本，彼此应当相互尊重，做到“上交不谄，下交不骄”，遇到显贵的人，不会因此奉承巴结；遇到寒微的人，不会因此傲慢自大。这正是平等之交的可贵之处。

3. 工作

当你日后离开校园，投身社会工作时，在不同的工作岗位上应如何实践诚信之道呢？请谨记这三个要诀：

（1）身为下属。身为下属应具有敬业精神，凡事做到精益求精，完成本职工作，切不可弄虚作假，偷奸耍滑，欺骗上司。《管子·乘马》篇曰：“非诚贾（不是诚实的商人）不得食于贾（以商谋生），非诚工不得食于工，非诚农不得食于农，非信士不得立于朝。”只有以诚实的态度对待自己的工作，方可事业有成。所谓“为事不以诚，则事败”说的就是这个道理。故诚信是百行之源，也是成事之本。

（2）身为上司。若日后你成为别人的上司，在用人时，必须奉行“疑人不用，用人不疑”的原则。宋代欧阳修曾在《论任人之体不可疑札子》曰：“任人之道，要在不疑。宁可艰于择人，不可轻任而不信。”任人之道有两个要点：一是选人一定要选准，要选德才兼备的贤者；二是一旦选准，就要信任他，放手使用他，充分发挥他的聪明才智，使其为社会做出更大的贡献。

康熙皇帝在《庭训格言》中，亦注意到“为人上者，用人虽宜信（信任），然亦不可遽信（急于相信）。在下者，常视上意所向而巧（虚伪不实）以投之。一有偏好（特别的或不正当的爱好），则下必投其所好以诱之。”这就是说，对诚实君子而言，上司对于下属应当用人不疑；而对那些曲意逢迎、极力投其所好的人，必须加以警惕，并对他进行了解和考察，以辨其真伪，切忌轻信。

（3）同事之间。诚信是中国的传统美德，同事之间应更加注意，要以诚相待，切不可互相猜疑，各怀鬼胎。古人云：“以诚感人者，人亦诚而应。”诚信具有双向性的，只有自己以诚对待同事和朋友，才能得到他人以诚相报。这样，同事之间的关系更为和谐融洽，大大提高了工作效率。

4. 营商

从营商角度来看，“诚信”主要有以诚待客、货真价实、公平买卖、信守合同、偿还借贷、不做假账等。有一位外国专家曾讲过一句话：“诚实是最好的公共关系政策。”商家只有以诚待客，方能赢得顾客盈门。

徽州商人吴南坡宣示：“人宁贸诈，吾宁贸信，终不以五尺童子而饰价为欺。”所以，他出售的“南坡布”货真价实，深受顾客信任。久而久之，四方顾客都十分相信“南坡布”。只要去买布，看见是吴南坡的铺面，不管精恶长短，买了就走。

5. 为政

若你将来毕业后打算从政，应如何实践诚信之道呢？正如《吕氏春秋·贵信》所言：“君臣不信，则百姓诽谤，社稷不宁；处官不信，则少不畏长，贵贱相轻；赏罚不信，则民易犯法，不可使令。”对于从政者来说，取信于民是最为重要的。只有政府守信，赏罚分明，人民才能信赖政府，遵纪守法，所以对于政府来说，祸莫大于无信。

西晋大臣、文学家傅玄在其著作《傅子·义信》中，援引了两个历史典故来说明这一道理。其一是昏君周幽王为取悦宠妃褒姒，以烽火戏弄诸侯，失信于诸侯而亡国。其二是春秋时期，齐襄公令连称、管至父戍守葵丘，时正值瓜熟，答应他们瓜熟时由他人接替。结果，齐襄公失信，二人以此借口作乱，并弑齐襄公。傅玄就此做出结论：“王者体信，而万国以安；诸侯秉信，而境内以和。”只要君主与诸侯互相信任，信守诺言，取信于民，天下自然太平。可见，取信于臣民是何等的重要。

从政者最重要的是取信于民，如何做到取信于民呢？其一是为官清廉，其二是秉公执法。明初名儒梁寅在石门山讲学，其中一名学生初为官，前去请教梁寅。梁寅认为做官的三个要诀为“清”、“慎”、“勤”。所谓“清”，即是反贪倡廉；“慎”即是为官慎重认真，不马虎从事；“勤”即勤敏执政，力戒懒惰。这样，方可取信于民。

名言警句

1. 信言不美，美言不信。　　——《老子·八十一章》

（译：诚信之言不华美，华美之言不真实。）

2. 诚者，天之道也。诚之者，人之道也。——《孟子·离娄上》

（译：肯定“诚”是天的运行规律，追求诚信之道才是做人的道理。）

3. 耻不信，不耻不见信。——《荀子·非十二子》

（译：耻于自己不能有“信”德，而不耻于不被别人信任。）

4. 人先信而后求能。——《淮南子》

（译：应先看他是否讲信用，然后再论及他的能力如何，说明信重于能。）

5. 勿以身贵而贱人，勿以独见而违众，勿持功能而失信。

——诸葛亮

（译：不要自持身份高贵而看不起别人，不要以自己的意见而违背大众的意思，不要仗持有功劳、有才能就失信于人。）

6. 推之以诚，则不言而信。——《中说·周公》

（译：只要能够推心置腹，以诚相待，不用言说也会相互信任。）

7. 诚则信矣，信则诚矣。——《河南程氏遗书》卷二十五

（译：诚实就会有信誉，讲信誉就是诚实，可见“诚”与“信”是相通的。）

8. 诚者，真实无妄之谓。——朱熹

（译：诚信就是真实而无虚假。）

9. 一诚足以消万伪。——曹端

（译：一个诚实的行为足以消解千万种虚伪。）

4.3 文明礼貌

读一读

案例：雷锋纪念日

一、光华学生进社区打扫卫生

近期，光华小学以 3 月 5 日学雷锋纪念日为契机，开展以“弘扬雷锋精神，做全面发展一代新人”为主题的系列实践活动，号召广大师生大力学习、弘扬和践行雷锋精神。这一天，在学校大部队的带领下各中队开展“学雷锋，在行动”活动，小雷锋们拿着扫把、火钳、铲子，对

卫生死角进行了彻底清理。下午，各中队开展了“学习雷锋，争当先锋”的主题队会，队员们积极地讲雷锋的故事、背诵雷锋的名言、读雷锋的日记、论雷锋的精神，收到很好的教育效果。三月份，学校还将继续开展为集体、为社会、为他人做一次好事活动，并积极组织队员开展绿化美化校园活动，人人争当环保小卫士，让队员时刻感受到雷锋就在我身边。

二、潼关县各学校多形式开展文明礼貌主题活动

3 月份是学雷锋活动月，为了使广大学生继承优良传统，弘扬雷锋精神，潼关县各校广泛开展文明礼貌主题活动，广大学生积极参与，奉献爱心，用自己的实际行动传承和践行真善美，让真善美之花处处绽放!

潼关中学：3 月 11 日，潼关中学启动了“文明礼仪伴我行”活动，该校号召同学们要学习和牢记文明礼仪常识，在日常生活和学习中培养学生理解、宽容、谦让、诚实的待人态度和庄重大方、热情友好、礼貌待人的文明举止。学生代表也在发言中倡议：尊敬师长、文明用语、规范行为、诚实守信。

城关二中：由学校团委牵头在校操场召开了“三月文明礼貌月动员大会”。大会向全校师生发出倡议，积极行动起来，从我做起，从身边的小事做起，争做文明中学生。希望全体师生领悟大会精神，认真做好落实、全面深化学雷锋精神内涵，让学雷锋活动可持续和谐健康地发展，促进城关二中内涵式全面发展。

潼关三中：潼关三中全体师生在学术报告厅召开了“弘扬雷锋精神，争做时代新人”雷锋月主题活动的动员大会。大会由团委宣读了“潼关三中学雷锋活动月实施方案”及“学雷锋活动月先进集体与个人的评选办法”。大会召全校师生立即行动起来，从自己做起，从身边的小事做起，关心每个人、每件事，在今后的学习和生活中，用实际行动去发扬雷锋高尚的风格、弘扬雷锋可贵的精神，在学校掀起学雷锋精神、争做文明中学生的新高潮，让三中校园处处绽放雷锋之花!

北极小学：北极小学开展了“行动小雷锋志愿服务”文明礼仪主题教育活动。学校 230 名志愿者在中队辅导员的带领下用短短半小时将北极巷四条街道打扫得干干净净。街道变了样，旧貌换新颜，志愿者们赢得过往行人赞赏的目光。学生们在实践中感受到了雷锋精神的可贵，让雷锋精神内化为自身的行为习惯和道德品质，自觉做中华民族传统美德的传承者，社会主义道德规范的实践者，良好社会风尚的创造者。

文川小学：文川小学举行了“感恩在心，争当先锋”德育教育月活动启动仪式。辅导员为孩子讲述了雷锋的感人故事，同学们听得津津有味，深受鼓舞，纷纷在“弘扬奉献、友爱、互助、进步精神，争做雷锋式志愿者”的横幅上，签上自己的名字，并承诺说到做到。同时学校向孩子们发出倡议，希望孩子们无论是在校园内、家庭里，还是走进社区，都要尽己所能，争做雷锋式的好孩子。走到哪里，将好事做到哪里，帮助更多需要帮助的人。活动有条不紊地进行，孩子们热血沸腾，激情高涨，相信经过这样的活动，孩子们定能将雷锋精神真正落实到生活的每件小事中。

安乐镇西矿小学：西矿小学召开了“雷锋精神伴我成长”的主题活动，学习雷锋精神，提高学生基本素质，在校领导的热切关注和大力支持下，掀起了一股浓厚的学雷锋热潮。通过此次活动，同学们充分了解了雷锋精神，也认识到了无私奉献的含义所在。

想一想

无论是学校还是其他单位都在组织“文明礼貌”活动，其目的是让每个人都真真正正地懂礼貌、会礼貌、用礼貌。那么文明礼貌对我们来说意味着什么呢?

讲一讲

文明礼仪是人类为维持社会的正常运转而要求人们共同遵守的最基本的道德规范，它在人们长期共同生活和相互交往中逐渐形成并且以风俗、习惯和传统等方式固定下来。

礼仪、礼节、礼貌的内容丰富多样，但它有自身的规律性，其基本的礼仪原则：一是敬人的原则；二是自律的原则，就是在交往过程中要克己、慎重、积极主动、自觉自愿、礼貌待人、表里如一，自我对照、自我反省、自我要求、自我检点、自我约束，不能妄自尊大；三是适度的原则，适度得体，掌握分寸；四是真诚的原则，诚心诚意，以诚待人，不逢场作戏，言行不一。

在与人交往过程中，可能会用到以下的文明用语：您好；请坐；请问；请稍候；对不起；请原谅；很抱歉；没关系；不客气；谢谢；请不要着急；对不起，让您久等了；您请讲；请出示您的证件；我会尽量帮助您；为您服务是我应该做的；有不懂的地方您尽管问；非常感谢您的合作。

大千世界，芸芸众生，人与人之间难免磕磕碰碰，有时甚至失礼失态，一句“对不起”就能使怨气烟消云散；反之，可能会造成意想不到的后果，甚至酿成人间悲剧。在人际交往中，学会道歉是我们从小学做人的很重要的一项道德修养，我们要学会说“对不起”，力争做文明青少年。而且，语言是交际的工具，文明用语则是通往心灵的金钥匙，在交际中能否使用文明用语，反映着一个人的修养，而且影响到整个社会风气。讲脏话粗话的世界是“黑白”的，讲文明用语的社会才是“彩色”的。当然，生活中的文明礼貌用语还有很多，要注意各种场合使用的礼貌用语，这样就能成为一个彬彬有礼的人。

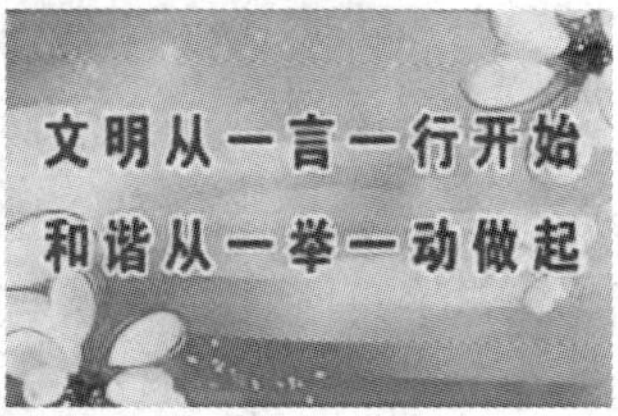

学习“礼仪”，要以提高本人自尊心为基础。自尊，即自我尊重，是希望被别人尊重、不向别人卑躬屈节，也不容别人侮辱、歧视的一种心理状态，是人的自我意识的表现，并以特定的方式指导人的行动，是一种积极的行为动机。正确的自尊心应具有待人谦逊、不骄不躁的品格。青少年学生在学会尊重他人时，自己也得到他人的尊重；自尊心在提高的同时，其内心的道德要求也在提高。所以，培养青少年学生高尚的人格，养成自尊、自爱、自律的良好品德显得尤为重要。礼仪教育可以作为动力和导向，在青少年学生的个体发展上发挥重要作用。再次，学习“礼仪”要重在实践，一个人的礼仪在言行中才能反映出来，每个人都要在理解礼仪要求的基础上，敢于在日常的言行中、平时的待人接物中展现自己文明有礼的形象。一些学生平时也知道要讲文明、懂礼貌，但在公共场合或遇到不熟悉的人时，其“礼仪”规范就无法发挥，这是他们缺乏自信的表现。青少年学生应树立信心，懂得在应用得体的礼仪言行的同时，也是自我良好形象的塑造，要敢于展示一个有礼、自信、文明的自我，并且充分利用各种场合、机会去表现这一点。

礼仪也是校园文化的重要表现形式，具有良好礼仪习惯的人首先给人以“赏心悦目”之感，能调节人与人之间的关系，在学校，礼仪能使老师与学生、同学与同学之间的关系更加和谐、融洽、友善，使校园的文明氛围更加浓厚。

一、礼仪的内容

礼仪教育的内容涵盖着社会生活的各个方面。从内容上看有仪容、举止、表情、服饰、谈吐、待人接物等；从对象上看有个人礼仪、公共

场所礼仪、待客与做客礼仪、餐桌礼仪、馈赠礼仪、文明交往等。在人际交往过程中的行为规范称为礼节，礼节在言语动作上的表现称为礼貌。加强道德实践应注意礼仪，使人们在“敬人、自律、适度、真诚”的原则上进行人际交往，告别不文明的言行。

1. 仪容仪表

仪表是指人的容貌，是一个人精神面貌的外观体现，一个人的卫生和修养习惯。服饰、形象与保持端庄、大方的仪表有着密切的关系。

（1）个人卫生。卫生是仪容美的关键，是礼仪的基本要求。不管长相多么标致，服饰多么华贵，若蓬头垢面，满身异味，那必然破坏一个人的外在形象。因此，每个人都应该养成良好的卫生习惯，做到入睡前洗脸、脚，早、晚饭后勤刷牙，经常洗头洗澡，勤更衣、勤洗手，讲究梳理。忌在人前打扫个人卫生，比如剔牙齿、掏鼻孔、挖耳屎、修指甲、搓泥垢等，这些行为不仅不雅观，也不尊重他人。与人谈话时应保持一定距离，声音最好不要太大，不要唾液四溅。

（2）穿着服饰。服饰反映了一个人文化素质的高低，审美情趣的雅俗。具体来说，既要自然得体、协调大方，又要遵守某种约定俗成的规范或原则。服装不但要与自己的具体条件相适应，还必须时刻注意客观环境、场合对人的着装要求，即着装打扮要优先考虑时间、地点和目的三大要素，并努力照顾到穿着打扮的其他方面。

2. 言谈

言谈作为一门艺术，也是个人礼仪的一个重要组成部分。

（1）礼貌。态度要诚恳、亲切；声音大小要适宜，语调要平和沉稳；尊重他人。

（2）用语。多用敬语，即表示尊敬和礼貌的词语。如日常使用的“请”、“谢谢”、“对不起”等，第二人称中的“您”等。初次见面为“久仰”；很久不见为“久违”；请人评点为“指教”；麻烦别人称“打扰”；求给方便为“借光”；托人办事为“拜托”等。要努力养成使用敬语的习惯，如今，我国提倡的礼貌用语是十个字：“您好”、“请”、“谢谢”、“对不起”、“再见”。这十个字体现了文明礼仪的基本的语言形式。

3. 仪态举止

（1）谈话姿势。谈话的姿势往往反映出一个人的性格、修养和文明素质。所以，交谈时，首先双方要互相正视、互相倾听，不能东张西望、看书看报、面带倦容、哈欠连天，否则会给人心不在焉、傲慢无理等不礼貌的印象。

（2）站姿。站立是人最基本的姿势，是一种静态的美。站立时，身体应与地面垂直，重心放在两个前脚掌上，挺胸、收腹、收颌、抬头、双肩放松，双臂自然下垂或在体前交叉，眼睛平视，面带笑容。站立时不要歪脖、斜腰、屈腿等，在一些正式场合不宜将手插在裤袋里或交叉在胸前，更不要下意识地做些小动作，那样不但显得拘谨，给人以缺乏自信之感，而且也有失仪态的庄重。

（3）坐姿。坐，也是一种静态造型。端庄优美的坐姿，会给人以文雅、稳重、自然大方的美感。正确的坐姿应该腰背挺直、肩放松。女性应两膝并拢或两膝合并倾斜；男性膝部可分开一些，但不要过大，一般不超过肩宽。双手自然放在膝盖上或椅子扶手上。在正式场合，入座时要轻柔和缓，起座要端庄稳重，不可猛起猛坐，弄得桌椅乱响，造成尴尬气氛。不论何种坐姿，上身都要保持端正，如古人所言的“坐如钟”。若坚持这一点，那么不管怎样变换身体的姿态，都会显得优美、自然。

4. 握手礼

握手是一种沟通思想、交流感情、增进友谊的重要方式。与他人握手时，目光注视对方，微笑致意，不可心不在焉、左顾右盼，不可戴帽子和手套与人握手。在正常情况下，握手的时间不宜超过 3 秒，同时必须站立，以示对他人的尊重、礼貌。

握手也讲究一定的顺序。一般由“尊者决定”，即待女士、长辈、已婚者、职位高者伸出手来之后，男士、晚辈、未婚者、职位低者方可伸出手去呼应。若一个人要与许多人握手，那么有礼貌的顺序是：先上级后下级；先长辈后晚辈；先主人后客人。

5. 鞠躬礼

鞠躬，意即弯身行礼，是对他人敬佩的一种礼节方式。鞠躬时必须立正、脱帽、行礼，或是边鞠躬边说敬语。鞠躬前目视对方，以表尊重的诚意。

6. 致意

致意是一种不出声的问候礼节，常用于相识的人在各种场合打招呼。在社交场合里，人们往往采用招手致意、欠身致意、脱帽致意等形式来表达友善之意。

二、公共场所礼仪

1. 影剧院礼仪

在影剧院，观众应尽早入座。如果自己的座位在中间，应当有礼貌地向已就座者示意，让其让自己通过；通过让座者时要与之正面相对，切勿让自己的臀部正对其脸，这是很失礼的。应注意衣着整洁，即使天气炎热，也不要袒胸露腹，在影剧院不可大呼小叫，笑语喧哗，要把手机调成振动，也别把影院当成小吃店大吃大喝。演出结束后观众应有秩序地离开，不要推搡。

2. 图书馆阅览室礼仪

图书馆、阅览室是公共的学习场所。

（1）注意整洁，遵守规则。不能穿背心和拖鞋入内；就座时，不要为别人预占位置；查阅目录卡片时，不可把卡片翻乱或撕坏，或用笔在卡片上涂画。

（2）保持安静和卫生。走动时脚步要轻，不要高声谈话，不要吃有声或带有果壳的食物，这些都是有悖于文明礼貌的。

（3）图书馆、阅览室的图书、桌椅、板凳等属于公共财产，应注意爱护，不要随意刻画、破坏。

3. 乘车礼仪

（1）骑自行车。要严格遵守交通规则，不闯红灯，骑车时不撑雨伞，不互相追逐或曲折竞驶，不骑车带人。遇到老弱病残者动作要迟缓，给予谅解，主动礼让。

（2）乘火车、轮船。在候车室、候船室里，要保持安静，不要大声喊叫。上车、登船时要依次排队，不要乱挤乱撞。在车厢、轮船里，不要随地吐痰、乱丢纸屑果皮，也不要让小孩随地大小便。

（3）乘公共汽车。车到站时应依次排队，对妇女、儿童、老年人及病残者要照顾谦让；上车后不要抢占座位，更不要把物品放到座位上替别人占座；遇到老弱病残孕及怀抱婴儿的乘客应主动让座。

4. 旅游观光礼仪

（1）游览观光。凡旅游观光者应爱护旅游观光地区的公共财物。对公共建筑、设施和文物古迹，甚至花草树木，都不能随意破坏；不能在柱、墙、碑等建筑物上乱写、乱画、乱刻；不要随地吐痰、随地大小便、污染环境；不要乱扔果皮纸屑、杂物等。

（2）宾馆住宿。旅客在任何宾馆居住都不要在房间里大声喧哗，以免影响其他客人；对服务员要以礼相待，对他们所提供的服务表示感谢。

（3）饭店进餐。尊重服务员的劳动，对服务员应谦和有礼，当服务员忙不过来时，应耐心等待，不可敲击桌碗或喊叫；对于服务员工作上的失误，要善意提出，不可冷言冷语加以讽刺。

议一议

案例：景区不文明现象：猛摇树干拍樱花雨　桂花树挂吊床

万物复苏，百花争艳，赏花是春季最应景的事。近日，长沙市内各处公园景点和近郊山野，都迎来了市民踏青赏花的高峰。然而，一些游客的不文明行为却让这些“春的使者”很受伤。

1. 为拍“樱花雨”猛摇树干

省森林植物园内，数千株樱花次第盛开，游人如潮。在樱花湖畔，几个大人带着两个五六岁的孩子拍照留影，家长一会儿把孩子抱到树上，一会儿让孩子拉着花枝，摆出各种姿势。这样拍了一阵，觉得不过瘾，其中一名年纪稍长的男子抓住树枝使劲摇晃，大量花瓣随之飘落，孩子开心地喊着：“下花瓣雨了！”持相机的女子按下快门后，对照片效果不太满意，又带孩子来到另一棵樱花树下，同行的大人都加入摇树的行列。来往的游客看到他们的行为，都连连摇头，但没有人站出来制止。一名巡逻的工作人员上前劝阻，两个孩子有些不好意思地站到大人身后，大人说了句“我们到那边去看看”，带着孩子走开了。

2. 吊床悠悠，桂花树“呻吟”

虽然不是桂花飘香的季节，湖南烈士公园的桂花林人气依然很旺，一些游客在树上挂起了吊床。两个孩子一个躺在吊床里，另一个站在下面前后摇晃。“高一点，再高一点！”吊床里的孩子开心地咯咯笑着。就在“禁止悬挂吊床”的提示牌旁边，一名年轻人躺在吊床上优哉游哉。

公园其他地方，采花、摘果、爬树的现象屡见不鲜。一棵大樟树旁有几张空闲的石椅，但两名年轻女孩偏偏要坐在一根粗壮的树枝上聊天。

公园管理处有关负责人表示，对于游客的不文明行为，工作人员只能劝导，在节假日游客高峰，管理处还会组织一些志愿者协助维护公园秩序，但主要还是靠游客的自我约束和相互监督。

3. 摘花折柳鲜有人劝阻

橘洲景区、桃花岭公园、月湖公园、天心公园等地，近日也成了花的世界。但是，看到游客摘花、折柳、踏绿等不文明行为，鲜有人上前劝阻。

橘洲景区的杨柳垂下绿丝绦，两名大学生模样的男孩折下几根柳枝，编织起来戴在头上。记者走了一圈，草地里、水面上都能看到被折断的柳枝。桃花岭公园内，几名年轻女孩把摘下的桃花戴在头上拍照，一些游客回家时不忘带走几枝映山红。一名六七岁的小女孩指着游客手里的花说："妈妈你看，阿姨摘公园的花。"孩子的妈妈忙轻声提醒："不要这么大声说别人。"

只是一味地追求自己享乐而不顾周围的一切，这样的"快乐"你要吗？

总结升华

一、礼貌的重要性

礼貌是尊重人的具体表现，对人礼貌是人的一种素质。

第一，礼貌是人区别于动物的重要标志之一。动物的群集完全是出于本能，其间不存在礼貌问题，更谈不上尊重。人的行为则体现社会性，人在社会中生存必须遵守一定的规范，礼貌就是其中的规范之一。客观上讲，以礼待人是维系人际关系的一条纽带。

第二，对人礼貌是尊重他人的具体体现。礼貌待人首先意味着平等待人，即每一个人在人格上是平等的，不歧视他人，不伤害他人，不强求他人。从根本上讲，这是尊重人的表现。

第三，礼貌待人也意味着宽容别人。对他人表现出来的行为能够包容、谦让，即理解他人、认可他人，珍视他人的个性，给他人的个性留有广阔的空间，这正是尊重他人的真正表现。

第四，礼貌待人意味着与人友好相处。与人交往中，和悦的语气、亲切的称呼、诚挚的态度是待人友好的直接表现，更体现为对他人的尊重。

第五，对人礼貌是一个人道德素质的重要体现。在尊重他人的同时，也体现了自身的美好，因此，礼貌也是对自身尊重的一种体现。

文明礼貌关系到个人修养、人际关系的质量和社会风气的好坏，关系到国家和民族的尊严。

二、礼仪的重要性

1. 礼仪是传承文明的需要

我国是世界四大文明古国之一，古老的中华民族自古以来就享有“礼仪之邦”的美称。中华民族源远流长，在五千年悠久的历史长河中，不但创造了灿烂的文化，而且形成了古老民族的传统美德，在博大精深的伦理文化遗产中，很多优良的、传统的礼仪规范，直至今天仍然有很强大的生命力，它是中华民族宝贵的精神财富。童稚时的孔融让梨，尊敬长辈传为美谈；岳飞问路，颇知礼节，才得以校场比武，骑马跨天下；“程门立雪”是尊敬师长的典范。老子在《道德经》中告诉我们“做一天人就要讲一天道德”。这些，淋漓尽致地体现了中国人的礼仪道德所在。作为中华民族的传承人——青少年，我们有责任继承和发扬中华民族五千年文化精髓，使中国“礼仪之邦”的美称名副其实，使“礼仪之邦”的美名享誉中外。

2. 礼仪是时代发展的需要

如今，世界发生了巨大变化，人类社会是以文明、和平、发展为主流的信息社会，人与人之间的交往与合作日渐频繁、密切。在交往与合作过程中，人们的礼仪是否周全，不仅显示其修养、素质，而且直接影响到事业、业务的成功。随着时代的发展，人们的精神要求日益发展，人人都在寻求一种充满友爱、真诚、理解、互助的温馨和谐的生存环境，寻求充满文明与友善、真诚与安宁的空间。前进的社会呼唤文明，科学的未来呼唤文明。当前，我国正在进行两个文明建设，正努力跻身于世界先进民族之林。文明礼仪是精神文明的一个重要内容，是一个人道德品质的外在表现，是衡量一个人教育程度的标尺，文明礼仪养成教育不仅是个体道德、品质和个性形成的基础教育，也是提高全民族道德素质、振兴民族精神及建设社会主义精神文明的基础教育。因此，学校必须抓好小学生文明礼仪教育，这是时代的需要，是提高全民族素质的需要，也是社会主义精神文明建设的需要。

3. 礼仪是孩子成长的需要

一个注重自身修养，重礼仪的人才可能成为优秀的人、有用的人、品行兼优的人。孔子曰：“兴于诗，立于礼，成于乐。”孟子也说过：“敬人者，人恒敬之，爱人者，人恒爱之。”古希腊哲人赫拉克利特也说：“礼貌是有教养的人的第二个太阳”。这些都充分说明“礼”是何等重要。青少年儿童一代是祖国的未来、祖国的希望，加强小学生文明礼仪养成教育至关重要。今天的孩子从小就不是“一张白纸”，五颜六色印入脑中，大人的生活环境或多或少对孩子的心灵造成了污染。虽然中华民族的传统美德依然在传承，但就整体情况看，传统美德确实存在弱化的趋势，特别是对青少年儿童的约束力越来越少。有些人在学校里不会尊重他人，不礼让、不礼貌；在社会上不懂得称呼他人，甚至满口粗言，这些现象不得不引起我们的深思。同时，与人为善、礼尚往来等美德在相当数量的孩子们身上正在淡化。为了孩子们的健康成长，我们必须加强他们的文明礼仪教育。虽然我们没有必要也不可能将孩子培养成一个十全十美的人，但是我们完全可以将有可能影响孩子未来的各种致命的弱点事先予以纠正。

“做人先学礼”，礼仪教育是人生的第一课。礼仪必须通过学习、培养和训练，才能成为人们的行为习惯。每一位社会成员都有义务和责任，通过学习礼仪、传承礼仪，自然而然地成为这个民族和团体的一员。个人文明礼仪一旦养成，必然会在社会生活中发挥重要的作用。

4. 礼仪是个人心理安宁、心灵净化、身心愉悦、增强修养的保障

当每个人都抱着与人为善的动机为人处世，以文明市民的准则约束自己时，所有的人都会心底坦荡、身心愉悦。

5. 礼仪是家庭美满和睦的根基

家庭是以婚姻和血缘为纽带的一种社会关系。家庭礼仪可以使夫妻和睦、父慈子孝、家庭幸福。

6. 礼仪是人际关系和谐的基础

社会是不同群体的集合，群体是由众多个体汇合而成的，而个体的差异性是绝对的。一个举止大方、着装得体的人肯定会比举止粗俗、衣着不整的人更受欢迎，也就更方便交往与应酬。礼仪是个人美好形象的标志，是一个人内在素质和外在形象的具体体现。内强素质外塑形象，如果我们时时处处都能以礼待人，那么显得我们很有修养。礼仪是社会交往的润滑剂和黏合剂，是熟人之间的奢侈品，会使不同群体之间相互敬重、相互理解、求同存异、和谐相处。

7. 礼仪是各项事业发展的关键

职业是人们在社会上谋生、立足的一种手段。个人形象代表企业形象，活体广告。企业形象的好与坏实际就是企业员工素质的高与低。讲究礼仪可以帮助人们实现理想、走向成功，可以促进全体员工团结互助、敬业爱岗、诚实守信，可以增强人们的交往和竞争实力，从而推动各项事业的发展。礼仪是社会文明进步的载体，要继承弘扬祖国优秀的文化传统，加强社会主义精神文明建设，文明礼仪宣传教育是其中重要的一项内容。

古人有这样的话：穷则独善其身，达则兼济天下。意思就是：不得志的时候就要修养自己的道德，得志的时候就要努力让天下人即老百姓都能得到好处。

名言警句

1. 文明时代是学会天然产物进一步加工的时期，是真正的工业和艺术产生的时期。 ——恩格斯

2. 道德是为人类社会升到更高的水平，为人类社会摆脱劳动剥削制度服务的。 ——列宁

3. 爱护公有财产，就是共产主义的特征。 ——加里宁

4. 真正的文明是所有人种植幸福的结果。 ——幸田露伴

5. 文明就是要造就有修养的人。 ——罗斯金

6. 文明的历史是人类得到缓慢而痛苦的解放的历史。 ——英格索尔

7. 万物之中，文明是最脆弱的，任何高度的文明都经不起它所面临的多重危险的威胁。 ——亨·哈·埃利斯

8. 明日的文明，始于今日的奉献。 ——爱因斯坦

9. 良好的礼貌是由微小的牺牲组成。 ——爱默生

10. 不学礼，无以立。 ——孔子

11. 凡人之所以贵于禽兽者，以有礼也。 ——《晏子春秋》

第5章 感动你我，感动中国

5.1 2015感动中国十大人物

一、中国氢弹之父于敏

1. 颁奖词

离乱中寻觅一张安静的书桌，未曾向洋已经砺就了锋锷。受命之日，寝不安席，当年吴钩，申城淬火，十月出塞，大器初成。一句嘱托，许下了一生；一声巨响，惊诧了世界；一个名字，荡涤了人心。他是中国科学院学部委员（院士），国家最高科技奖获得者；他是89岁高龄的于敏。

2. 主要事迹

于敏，中国科学院学部委员（院士），89岁，核物理学家，国家最高科技奖获得者。

在中国核物理的几位开创者中，于敏是唯一一位没有留学背景的人。在氢弹的理论探索中，于敏几乎从一张白纸开始，依靠自己的勤奋，举一反三。克服重重困难，自主研发，解决了氢弹研制中的一系列基础问题。1967年，中国完成了氢弹核爆实验。从原子弹到氢弹，中国只用了两年零八个月，这是世界上最快的速度。在氢弹研制过程中，于敏提出了从原理到构形基本完整的设想，成为中国氢弹研制中的关键人物。

从60年代开始，于敏放弃了个人热爱的基础物理专业，此后30年一直隐姓埋名，于敏一生只有两次公开露面，一次是1999年，国家为两弹一星元勋授奖，另外一次是2015年1月9日，国家科技奖颁奖，于敏成为最高科技奖的唯一获得者。

二、“移民第一责任人”赵久富

1. 颁奖词

清水即将漫过家园，最后一次，把红旗在墙上摩平。你带领乡亲们启程，车轮移动的瞬间，心间隐痛。不敢回望，怕牵动一路哭声。五十年间，两度背井离乡，我们的老支书，一生放不下的，不只是白发高堂。他是湖北黄湖移民新村党支部书记赵久富，带领村民重找致富路。

2. 主要事迹

为了南水北调中线工程，湖北省有 18.2 万移民离别故土，赵久富是中线一期工程 40 多万移民的杰出代表。50 年前，为修建丹江口水库，7 岁的赵久富随父母搬迁到了郧县安阳镇余嘴村。2008 年，该省试点移民开始，在余嘴村当了 26 年村支书的赵久富主动选择外迁，积极配合库区、安置区工作。于 2010 年 4 月，与 61 户村民一道，由十堰市郧县迁往黄冈市团风县。

赵久富是移民搬迁的带头人。2010 年，南水北调移民工作正式开始，湖北十堰市郧县余嘴村被定为首批搬迁的移民试点村。家园难舍，故土难离，乡亲们户看户、村看村、群众看党员、党员看干部，谁也不愿意主动搬迁。村支书赵久富是党员，又是村干部，还是一名退伍军人，尽管他的家没有被划进移民版图，但他必须带好这个头。他说服自己的爱人："说话办事乡亲们都看着咱，为了国家南水北调工程我不能拖后腿。"

2010 年 4 月 30 日，搬迁的这天，赵久富含泪告别 80 岁高堂，带 61 户村民前往 600 公里外的黄冈。赵久富本打算把新家安顿好之后就接父母过来一起住，然而这却成了他一生的遗憾。2013 年，老父亲突发疾病，当赵久富从黄冈赶回老家时，父亲已经永远闭上了眼睛。

搬迁后，赵久富发挥党员先锋模范作用，带领乡亲们积极进取，自力更生，艰苦创业，经历了从不适应，到逐渐融入当地；从依赖依靠政府，到主动参与、主动建设的巨大转变，移民的主人翁意识越来越浓，建设新家的热情越来越高，涌现了一大批带头致富、带头创业的先进典型。由于工作出色、贡献突出，赵久富被任命为黄湖新区党总支书记，也是该省 7.7 万外迁移民中唯一的省人大代表。

"感动中国"组委员会评价赵久富：量与江海宽。赵久富在颁奖现场表示，自己父母也曾经历过一次移民，我们是二次移民。南水北调 40 多万移民付出的太多、太多。但看到这么大的工程我们国家能做，很震撼。

三、好心人"炎黄"张纪清

1. 颁奖词

一个善良的背影，汇入茫茫人海。他用中国人熟悉的两个字，掩盖半生的秘密。他是红尘中的隐者，平凡的老人，朴素的心愿，清贫的生活，高贵的心灵。炎黄不是一个名字，是一脉香火，为我们点燃。他是江苏江阴市民张纪清，27 年署名“炎黄”捐款，建敬老院、希望小学。

2. 主要事迹

在“感动中国”的历史上，出现过两个代表城市良心的符号，一是 2006 年度青岛的“微尘”，二是这一届的“炎黄”。

1987 年，江阴祝塘镇政府收到一笔用于敬老院建设的捐款，捐款人署名“炎黄”，1 000 元的捐款金额接近于当时一个人一年的工资。此后 27 年间，贫困学生、希望小学、敬老院、地震灾区都陆续收到了署名“炎黄”的捐款。

“炎黄”到底是谁呢？当人们在大街上举着“寻找‘炎黄’”的牌子，当“炎黄”渐渐成为江阴的慈善符号，当代表爱心的“炎黄陈列馆”落成，“炎黄”本人却千呼万唤不出来。

2014 年 11 月，有位叫张纪清的老人在邮局汇款时突然晕倒。散落的汇款单暴露了他的秘密。人们发现，他就是江阴人寻找了 27 年的“炎黄”！

今年 74 岁的张纪清出身清苦，曾是改革开放后镇上的首个万元户。这些年，为了多做善事，他的房子越换越小，从 3 间变成 2 间，又从 2 间变成 1 间。

“一不小心”暴露了身份，他还有点苦恼，“唉！没有隐藏好。”当别人为他的善举点赞时，他摇摇头：“这都是小事，能帮就帮一把吧。”

四、最美乡村教师朱敏才、孙丽娜

1. 颁奖词

他们走过半个地球，最后在小山村驻足，他们要开一扇窗，让孩子发现新的世界。发愤忘食，乐以忘忧。夕阳最美，晚照情浓。信念比生命还重要的一代，请接受我们的敬礼。朱敏才曾是一名外交官，妻子孙丽娜曾是一名高级教师，退休后奔赴贵州偏远山区支教。

2. 主要事迹

10 年前，退休的外交官夫妇朱敏才、孙丽娜并没有选择北京的安逸生活，而是来到贵州偏远山区义务支教。

他们将义务支教作为新生活的支点，也是圆了自己未圆的梦——1965 年从贵州大学英语系毕业时，朱敏才填写的志愿是到贵州山区当一名英语老师，而国家的统一分配让他成了一名外交官。本来是小学教师的孙丽娜，因为跟随丈夫常驻外国使馆而不得不放弃心爱的工作，她总觉得当老师还没当够。

把光鲜靓丽的西装和礼服留在北京，背上简单的行囊，他们来到了偏僻的尖山苗寨。寨里有 200 多个孩子，在他们之前，这儿只有一名代课老师。

尽管做好了吃苦的准备，但条件之艰苦还是超出了他们的预料。他们的卧室跟男厕所共用一面墙，夏天臭气熏天，孙丽娜晚上要戴着两层口罩才能睡觉。高原强烈的紫外线照射让孙丽娜的右眼全部失明，左眼视力只剩下 0.03。朱敏才患有高血糖、高血脂、呼吸暂停综合征等危险疾病，山区湿冷的气候又让他得上了风湿病。这里缺医少药，朱敏才干脆硬扛着。为省下钱购买教学器材和孩子的学习用品，那条大窟窿连着小窟窿的秋裤，他们都不舍得扔，缝缝补补接着穿。

这些年，夫妇俩行了上万公里，支教了 5 所乡村小学，不仅为学校新开设了外语、音乐、体育、美术等课程，还募集善款 350 多万元，为孩子们建了电脑教室和学生食堂。偏远的山寨因为他们的出现而看到了希望，他们也因为孩子们的面貌一新而感到莫大满足，“整个寨子都飘着他们的朗读声，那声音太美了。”

2014 年 9 月，在支教的第 9 年，扎根贵州山区的朱敏才第一次回到北京，他和孙丽娜一起，接受“最美乡村教师”的颁奖。谈起未来的打算，年逾古稀的他表示“只要还能动，就在那里教下去”。但让孙丽娜没有想到的是，仅仅一个月之后，丈夫就因突发脑出血被送进了遵义县人民医院。突然见不到朝夕相处的朱老师了，孩子们总是问：“朱老师什么时候回来呀？朱老师您快点好起来吧！”

穿一件充满生机的绿色上装，孙丽娜来到“感动中国”的舞台，含泪接过属于他们夫妇俩的荣誉。她带来了丈夫的近况：“他右半边还没有知觉，但神智开始清醒，可以连着说两三个字了。”回到孩子们中间，这是朱敏才最大的心愿。

五、做儿子的耳朵和向导：陶艳波

1. 颁奖词

“他的四周寂静下来，你的心完全沉没。除了母爱你一无所有，但也要横下心和命运争夺。十六年陪读，你是他的同桌，你做他的耳朵，让他听见这世界的轻盈，也听见无声的爱。”48 岁的陶艳波，辞职陪着失去听说能力的儿子一起上学，12 年苦读，儿子如愿考上了大学。

2. 主要事迹

在“感动中国”的舞台上，即使是出于天性的母爱，也会因为她的非凡坚韧及创造的奇迹而深深震撼观众的心灵。继往年割肝救子的暴走妈妈陈玉蓉和为儿女留下巨幅十字绣作为未来学费的癌症母亲姚厚芝之后，这回，陶艳波母子的故事，再次成为全场的泪点。

儿子杨乃彬 8 个月大的时候因病失聪，从此，这个黑龙江的三口之家，为儿子的明天，走上了一条异常艰辛的路。

陶艳波本不敢眺望太遥远的未来。她先是去北京学习唇语，回来后不厌其烦训练儿子。整整 3 年，当那一句含混不清的“妈——”从儿子嘴里说出时，陶艳波和丈夫相拥而泣。儿子 7 岁那年，她毅然辞掉工作，随儿子一起走进了小学校园。她决心以自己的陪读，为儿子赢得与健全孩子同样的教育。从小学一年级到大学四年级，整整 16 年，陶艳波成了杨乃彬的“同桌的你”。

小学的课程相对容易，陶艳波面临的考验在于体力。课间，她得陪着孩子们蹦蹦跳跳。上课时，为了不影响后面的孩子听讲，她坐在一张很矮的凳子上，一堂课下来，累得腰酸背痛。乃彬看不清老师的口型，急得满头大汗。为了让儿子跟上进度，陶艳波必须把上课的内容全部记下来，课后，放慢速度再给儿子讲一遍。乃彬小学六年级时，陶艳波和丈夫倾尽家财，为他做了人工耳蜗植入手术。初中三年，陶艳波既要学习越来越难的功课，还要给儿子进行声音训练。2008 年，乃彬收到重点高中录取通知书的那天，陶艳波笑了，班主任却抱着她哭了：“这 3 年你太不容易了!”

更不容易的是接下来的高中三年。复杂的方程和定律，让年过 40 岁的陶艳波学得异常吃力。“如果我不懂，他就更不懂了。”为了让儿子考上大学，陶艳波成了全班最用功的学生，“一下课就缠着老师问问题，有些题目一想就是一宿。”

2011 年，失聪的杨乃彬终于走进了大学校门。“别家的孩子 19 岁考入大学，我家的孩子也是 19 岁考入大学。”说起自己的儿子，陶艳波充满自豪。

如今，乃彬已经是个懂事的男子汉，为减轻家庭经济负担，他勤工俭学，为同学提供快递服务。他那青春的脸庞，洋溢着自信的微笑。

当道路越走越宽，48 岁的陶艳波会在今后的日子里，给自己订立什么规划呢?“感动中国”的采访环节，主持人敬一丹提醒陶艳波：“比如旅游啊，美容啊……”陶艳波并不接茬，又把话题回到儿子身上：“我的希望就是，他以后能够融入社会。儿子的幸福就是我的幸福。”母子俩一起唱起了《世上只有妈妈好》，听力受限的乃斌无法找准音调，但这依然是最让人动容的演唱。在舞台上唱歌，这是乃彬打小的心愿，也是妈妈帮他圆了又一个梦想。

母子俩能收获今天的成功和荣誉，离不开一个人——乃彬父亲的全力支持，“感动中国”也把他请到了现场。“既然生下他，就要对他一辈子负责。”陶艳波和丈夫的坚定共识，支持着他家走过风雨，走向阳光。

六、大漠“猎鹰”木拉提·西日甫江

1. 颁奖词

钢的意志，铁的臂膀，每天都在与死亡的狂沙较量。危险无处不在，他用胸膛作盾牌；为了同胞的安宁，他选择了翱翔。高飞的猎鹰，他绝不孤独，因为身后是人民！他是新疆和田地区公安局民警木拉提·西日甫江，数十次将暴恐犯罪活动打击在预谋之中。

2. 主要事迹

木拉提·西日甫江是新疆和田地区一名公安民警。和田是暴力恐怖斗争的前沿阵地，面对艰巨繁重和复杂危险的维稳任务，木拉提·西日甫江与犯罪分子机智周旋、斗智斗勇，先后数十次将暴恐犯罪活动粉碎在预谋之中，他也因此被当地群众誉为“猎鹰”（维吾尔语的尊称，传说中老百姓的守护者）。

2014 年 4 月，木拉提获得重要情报，一伙隐藏在和田农村的暴恐分子正在秘密制造大批炸弹，准备实施多点连环袭击。秘密侦查发现，暴恐分子有很强的反侦查意识，布置了大量机关，还在制爆窝点的内部和周边预埋了遥控起爆的炸药，事情一旦败露，就打算和警察同归于尽。情况紧急，木拉提和战友们没有犹豫，在摸清位置、确定时机后，果断行动，击毙了歹徒。当场搜出了 200 多枚自制炸弹的成品和半成品，其中包括杀伤力巨大的汽油炸弹和人体炸弹。

“你当时怕不怕?”“感动中国”主持人白岩松问木拉提·西日甫江。

“也怕。”

“那你为什么冲在前面?”

“因为我已经有老婆有孩子了，可很多年轻人还没有成家，还没有自己的孩子。”这个 38 岁汉子的朴实回答，令全场响起经久不息的掌声。

“木拉提”在维语中是“梦想”的意思。木拉提·西日甫江的梦想有两个：一是当一名优秀的警察，这是他一生要追求的目标；二是让和田更加祥和，大家都去那里旅游。

七、麻风病医生肖卿福

1. 颁奖词

偏见如同夜幕，和大山一起把村庄围困。他来的时候，心里装着使命，衣襟上沾满晨光。像一名战士，在自己的阵地上顽强抵抗；像一位天使，用温暖驱赶绝望。医者之大，不仅治人，更在医心，他让阳光重新照进村庄。他是江西赣州于都县皮防所支部书记、皮防科科长肖卿福。

2. 主要事迹

肖卿福，男，66 岁，江西省赣州市于都县皮防所支部书记、皮防科科长，一位麻风病医生。一说到极具传染性的麻风病，许多人都会心生畏惧。42 年前，当他第一次走进江西唯一一个麻风病康复村——于都县安背村时，他一夜没睡，连床都不敢碰，蹲在地上一直到天亮。但医生的职责让他留了下来。42 年间，他独立确诊、治疗麻风病新发、复发患者 300 多人，矫正康复手术 100 多例，从未出过医疗事故。经过肖卿福和他同行的共同努力，麻风病患病率从 1966 年的每 10 万人中 23.5 人下降到 2009 年的 20 万人中 1 人。2010 年，贡献突出的肖卿福荣获了麻风病防治领域的最高奖——马海德奖。

退休后，肖卿福依然闲不下来。他坚持每周到镇上出诊一次。“只要病人需要，我就要帮他们。”

八、守护父亲——朱晓晖

1. 颁奖词

十三年相守，有多少日子，就有多少道沟坎。命运百般挤兑，她总咬紧牙关。寒风带着雪花，围攻最北方的一角。这小小的车库，是冬天里最温暖的宫殿。她病中的老父亲，是那幸福的王。她是朱晓晖，为给父亲治病，她辞掉报社的工作，欠下一身债务，周末还给“债主”的孩子补习。

2. 主要事迹

本年度“感动中国”的另一则亲情故事同样发生在黑龙江这片黑土地上，与陶艳波的舐犊之情所不同的是，女诗人朱晓晖为我们讲述的是反哺之恩。

刚过 40 岁就头发灰白、十几年没买过新衣服、整日洗洗涮涮……这样的朱晓晖很难让人将她和诗联系在一起。

但她又确实是诗人，16 岁起发表诗歌，大学毕业后在报社工作。2002 年，父亲突患脑梗瘫痪在床，从此改变了她的生活轨迹。

“父亲最疼我，我一定要让父亲活下去。”为了悉心照料父亲，朱晓晖辞职、借债、卖房卖车。不堪重负的丈夫带着孩子离开了这个家。生活的苦难全压在了朱晓晖的肩上。

父女俩在社区的一个车库里安了家，一住就是 13 年。女儿天天给父亲擦身、翻身，父亲从未得过褥疮。两人生活的唯一来源是父亲每月 1 000 多元的养老保险，除去治病的开销所剩无几。为维持生活，朱晓晖放下面子去菜市场捡拾别人不要的菜。

“刚开始也有一点点委屈的感觉，但是一看见我爸活着，每天还能跟我爸爸聊聊天，我就觉得很快乐。”夜深人静时，朱晓晖会在灯下铺开一张纸，写写诗，一年也能写个百十首，父亲常常是诗中的主角。

“每天看着东升西落的太阳 \\ 在守望着父亲 \\ 让我明白 \\ 这样的日子会久久的存在 \\ 不能让坚强的身体倒下 \\ 要勇敢的寻找生命的活力”诗歌赐予她力量，让她抬头面对生活的所有赠予。

在“感动中国”之前，朱晓晖的孝心故事感动了当地一家孔子学堂的师生。每个周末，朱晓晖在这里当志愿者老师。师生们随她来到那间车库，孩子们背着《三字经》，唱唱跳跳表演节目，还排着队，仰着一张张稚嫩的小脸，凑到病榻前亲一亲爷爷那张沟壑纵横的脸。当一老一少两张脸庞在短片中定格时，其带来的心灵冲击胜过任何言语和教材。

九、科学先驱师昌绪

1. 颁奖词

八载隔洋同对月，一心挫霸誓归国，归来是他的梦，盈满对祖国的情。有胆识，敢担当，空心涡轮叶片，是他送给祖国的翅膀，两院元勋，三世书香，一介书生，国之栋梁。

2. 主要事迹

两位国家最高科技奖得主被评为同一年度“感动中国”人物，这在“感动中国”长达 13 年的历史上还是头一回。其一是 2010 年度国家最高科技奖得主、材料科学先驱师昌绪。

在“感动中国”颁奖典礼现场，属于他的那尊奖杯被放在烛光和白玫瑰花前——于 2014 年 11 月 10 日仙逝、享年 96 岁的他，将在天堂里接过这份荣誉。“这让我觉得很欣慰。”师昌绪的夫人通过短片替老伴儿发来获奖感言，“我们每个人，能够一心为国，兢兢业业做好自己的事，将来都可以感动中国。”

“一心为国，兢兢业业”，这是师昌绪一生的写照。2011 年 1 月 12 日，本报记者曾来到他的居所，记录下这位耄耋老人的音容笑貌。坐在一幅“九旬创得千秋业，百岁更庆万世功”的书法对联前面，他目光如炬，中气十足：“哪里需要发展，怎么发展对中国有利，我就敢干!”

正是这样的赤子情怀，他于上个世纪 50 年代不畏艰辛，从大洋彼岸的美国留学归国，于 60 年代立下军令状研制出航空发动机最关键的空心涡轮叶片，成为中国高温合金的开拓者。他于 2000 年组织两院论证，将制造大飞机列入中长期规划。九十多岁了，他还天天去自然科学基金委上班，编辑《材料大词典》，并为国家新材料的开发和利用献计献策。

那天，他好几次强调：“祖国的需要就是我的需要，生来就得为国家作贡献，这是我唯一的目的。”他把最后的光和热全部奉献，不折不扣达成了他唯一的目的，尽管没有等来那副对联所说的“百岁更庆万世功”，但他的人生同样因为纯粹而没有遗憾。

十、爱心集体陇海大院

1. 颁奖词

一场爱的马拉松，长跑三十九年，没有终点，一座爱的大院，满是善良的人，温暖的手，真诚的心，春去春回的接力，不离不弃的深情，鸽子飞走了还会回来，人们聚在一起，就不再离开。

2. 主要事迹

陇海大院精神被发现有些偶然。2008 年，一位下基层采访的记者无意中得知高新海的故事，在挖掘这个故事时，陇海大院的爱心事迹方为外人所知。陇海大院原本称作陇海院。据《郑县（郑州以前叫郑县）志》记载，陇海院建于“民国”二年（公元 1913 年），是为了分段修筑陇海铁路而筹建的办公大院。院内环境优美，青砖铺设的一条条甬道通向一座座小楼，每幢楼房周围都种植有整齐的冬青和常青的松柏、翠竹。幢幢典雅的楼房全是西式的，木质结构和红砖、红瓦或红灰相间的砖瓦搭配，相得益彰。

新中国成立后，陇海院被改为铁路老干部宿舍，之后成为陇海院社区、陇海宾馆所在地和铁路职工集中居住的楼房大院。一位老人回忆多年前的陇海大院，“夏季，陇海院内培植的花木争奇斗艳，特别是满院里到处都是一片片、一丛丛的丁香花木。”就是这个充满传奇色彩的陇海大院，近年来以另一个传奇——“陇海大院精神”再次引起关注。

2014 年 5 月 16 日，电影《好好的活着》在郑州市奥斯卡升龙国际影城举行了首映式。影片就是以陇海大院的大量真实故事改编，再现了获得“感动中原十大新闻人物”、“中国好人榜”的“陇海大院爱心集体”数十年接力照顾高位截瘫者高新海的感人事迹。

著名编剧孟宪明谈电影剧本创作时感慨，他在陇海大院看到了中国传统美德的影子，他要以这部片子向陇海大院致敬。陇海大院精神是什么？“邻里互助、扶残助残、扶危济困。”

5.2 2014 感动中国十大人物

一、中国核潜艇之父黄旭华

1. 颁奖词

时代到处是惊涛骇浪，你埋下头，甘心做沉默的砥柱；一穷二白的

年代，你挺起胸，成为国家最大的财富。你的人生，正如深海中的潜艇，无声，但有无穷的力量。

2. 主要事迹

黄旭华，男，87 岁，中国第一代核动力潜艇研制创始人之一，被誉为“中国核潜艇之父”。

1958 年，我国批准核潜艇工程立项。那时中苏关系尚处于蜜月期，依靠苏联提供部分技术资料，是当初考虑的措施之一。1959 年，苏联提出中断对中国若干重要项目的援助，对中国施加压力。毛泽东听后发誓：“核潜艇——一万年也要搞出来”。曾有过几年仿制苏式常规潜艇经历、毕业于上海交大造船系的黄旭华被选中参研。

30 多年中，8 个兄弟姐妹都不知道黄旭华搞核潜艇，父亲临终时也不知他是干什么的，母亲从 63 岁盼到 93 岁才见到儿子一面。

核潜艇是集核电站、导弹发射场和海底城市于一体的尖端工程。中国的核潜艇研制工作是从一个核潜艇玩具模型一步一步开始的。

为研制核潜艇，新婚不久的黄旭华告别妻子来到试验基地。后来他把家安在了小岛上。为了艇上千万台设备，上百公里长的电缆、管道，他要联络全国 24 个省市的 2 000 多家科研单位，工程复杂。那时没有计算机，他和同事用算盘和计算尺演算出成千上万个数据。

1964 年，黄旭华终于带领团队研制出我国第一艘核潜艇。使中国成为世界上第五个拥有核潜艇的国家。

1988 年，核潜艇按设计极限在南海作深潜试验。黄旭华亲自下潜 300 米，是世界上核潜艇总设计师亲自下水做深潜试验的第一人。

黄旭华曾先后多次获得国家科学技术进步特等奖，全国科学大会奖等，为国防事业、为我国核潜艇事业的发展做出了重要贡献。

二、拾荒助学子的孤寡老人刘盛兰

1. 颁奖词

残年风烛，发出微弱的光，苍老的手，在人间写下大爱。病弱的身躯，高贵的心灵，他在九旬的高龄俯视生命。一沓沓汇款，是寄给我们的问卷，所有人都应该思考答案。

2. 主要事迹

刘盛兰，男，91 岁，山东省烟台市蚕庄镇柳杭村村民，“五保”老人。

刘盛兰是位普通村民，年轻时在外打工，后

来在一家企业作保管员。73 岁的时候，老伴去世，他成了孤寡老人。为了让自己老了无力行动时，身边会有一个照顾他的人，他开始了助学。这是老人的初衷。但后来，他助学的规模远远地超出了自己的想象。

1998 年，刘盛兰在报纸上看到了一则救助报道，从那时起，73 岁的他就将自己微薄的工资捐出去。而受捐助的学生，也逐渐从周边几个地市“扩张”到全国各地。最多的时候，他同时资助着 50 多名学生。

每天清早，刘盛兰起来弄点简单的饭菜，就骑着自行车走村串巷去了，直到捡回一大堆破烂。他 17 年几乎未尝肉味，没添过一件新衣，“吝啬”的连一个馒头都舍不得买，可捐资助学总计 7 万多元，资助了 100 多个学生。刘盛兰一直没进养老院，这样能拿到每年 4 000 元的生活补贴。这些钱他全部捐给了贫困学生。

刘盛兰唯一珍藏的是一个深蓝色布袋，里面装满了汇款单和回信。这么多年过去了，老人也不记得汇出去多少钱、收了多少封信。2013 年 8 月，因为肾病，刘盛兰住进了医院，但他仍然惦记着捐资助学，担心汇款中断和没到位会断了孩子们的希望。得知老人住院，很多受资助的孩子回来看望他，照顾他。

三、为战友守墓的陈俊贵

1. 颁奖词

只为风雪之夜一次生死相托，你守住誓言，为我们守住心灵的最后阵地。洒一碗酒，那碗里是岁月峥嵘；敬一个礼，那是士兵最真的情义。雪下了又融，草黄了又青，你种在山顶的松，岿然不动。

2. 主要事迹

陈俊贵，男，汉族，55 岁，新疆维吾尔自治区尼勒克县乔尔玛筑路解放军指战员烈士陵园管理员。

1979 年，陈俊贵随所在部队到新疆参加修筑天山深处独库公路的大会战。1980 年 4 月 6 日，部队被暴风雪围困在天山深处，面临断炊的危险。四名战士奉命带着最后的干粮出门求援，在风雪弥漫的生死关头，班长把最后一个馒头给了年龄最小的陈俊贵。

班长和战友陆续牺牲了，陈俊贵终于找到了人群，部队得救了。接受 4 年冻伤治疗后，他复员回到辽宁老家，始终没有忘记班长的临终嘱托：希望陈俊贵可以去他的老家看望一下自己的父母。陈俊贵不知道战友的家庭地址和父母姓名，多方打听无果，1985 年冬天，陈俊贵作决定，带着妻子和刚刚出生的儿子，来到班长和战友牺牲的新疆天山脚下，为战友守墓。

20 多年里，他从未停止对班长父母的寻找。终于，他从一名扫墓的老战友口中得到班长在湖北省罗田县白莲乡的地址。2005 年 10 月，陈俊贵赶赴罗田县，得知班长父亲母亲都已去世。陈俊贵跪在班长父母坟前说："对不起，我来晚了，你们不要牵挂，今生今世我都将守在郑林书坟前，让他永不寂寞！"

目前，陈俊贵已将班长和副班长的遗骨，从新源县移到新扩建的尼勒克县乔尔玛筑路解放军烈士陵园安葬，还担任了这里的管理员。陈俊贵说："我不仅可以和班长在一起，还可以守护为修筑天山独库公路牺牲的战友们了！"

四、老百姓的贴心人段爱平

1. 颁奖词

山梁挡住了阳光，你用肩膀扛起乡亲的盼望。村庄在渐渐丰满，你的身体却慢慢柔弱。庄稼，总要把一切还给泥土。你贴工，贴钱，贴命，你还贴近百姓的心。

2. 主要事迹

段爱平，女，57 岁，山西长治市襄垣县王桥镇返底村党支部书记、村委会主任。

1998 年，段爱平嫁进了返底村。为改善生活，她借钱做起了焦炭生意，两年下来赚了几十万元。当时的返底村是个名副其实的穷村，村小学的教室是危房，孩子们没有教师上课。没上过学的段爱平决定出资为村里建一所新小学。

1999 年，段爱平在没有参加候选的情况下，高票当选为返底村委主任。

上任后，段爱平先后给村里盖了学校，建了养老院。为了建养老院，她没时间陪肝癌晚期的老伴，为了使村民发家致富，她带领村民种植药材，改造全村电网，投资园林建设，栽植树木，而这些项目中段爱平自己就贴了十几万。

去年，段爱平被诊断为淋巴癌，经过化疗、电烤，她的脖子已经看不到完整的肌肤，每天就靠葡萄糖和止疼药度日，身体已经到严重透支的地步。就是这样，她也没有离开工作岗位，每天想的是要尽力再为村民做更多的事。

五、"油菜花父子"沈克泉、沈昌健

1. 颁奖词

父亲留恋那油菜花开的芬芳，儿子就把他葬在不远的山上。三十年花开花谢，两代人春来秋往，一家人不分昼夜，守护最微弱的希望。一

粒种子，蕴含着世代相传的梦想。

2. 主要事迹

沈昌健，男，46 岁，湖南省常德市临澧县杨桥村村民。

1978 年，养蜂人沈克泉在贵州山区发现了 3 株花期长、生长结构好的野生油菜，将其带回家乡播种，想为养蜂场提供新的蜜源。继而想到改良培育出产量高的油菜品种，为家乡解决吃油难的问题。

一开始，乡亲们嘲笑他“泥腿子想当科学家”。直到 20 世纪八十年代，沈克泉培育出了优质油菜种，得到了乡亲们的认可。

上世纪九十年代，由于沈克泉的油菜品种未经国家审定，当地部门对沈克泉进行了罚款、拘留。但他仍刻苦自学有关油菜遗传育种和生产栽培的知识。在没有专业分析、没有专业仪器的情况下，父子俩用肉眼观察，凭记录总结规律。

1996 年，家里为搞油菜研究欠债不少。沈昌健卖掉中巴，带着卖车款回家投入油菜研发。

2011 年，沈克泉父子繁育的“贵野 A”不育系获国家发明专利证书。2007 年，沈克泉带着自己培育的巨型油菜“独闯”在武汉召开的第 12 届国际油菜大会，引起了不小的轰动。

2009 年，沈克泉去世，沈昌健依然是坚持着油菜育种。家人将沈克泉葬在离试验地不远的山坡上。家人知道，这些油菜是老人最后的心愿和牵挂。

如今，沈昌健的“沈油杂”202、819 已进入区域试验环节，五亩送检试验田里有 300 个单株样本，每个样本送检一次就是 200 元；300 亩的示范田里还欠着两万多元的工钱，马上要施肥又是两万元的肥料钱。对于已经 35 年没有主业收入的沈昌健一家而言，“吃饭靠田，科研靠借”。几十年来，沈克泉、沈昌健父子自筹资金 150 多万元，这几年政府也常有资助，可沈家里欠下了不少债，“几乎所有亲戚都借遍了。”家里最值钱的是两台用来贮藏油菜种子的冰箱。

35 年父子相继，只为一株油菜的梦想。沈昌健说等现在的种子通过审定了，会卖给种子公司，拿着资金去滚动开发下一代油菜杂交新组合。自己的油菜育种路也许得“慢慢走”，但怎么也会走下去。

六、门巴族的“护梦人”格桑德吉

1. 颁奖词

不想让乡亲的梦，跌落于悬崖。门巴的女儿执意要回到家乡，坚守在雪山、河流之间。她用一颗心，脉动一群人的心，用一点光，点亮山间更多的灯火。

2. 主要事迹

格桑德吉，女，西藏自治区墨脱县帮辛乡小学的一名教师。

2000 年，格桑德吉毕业于河北师范大学，毕业之后她并没有像其他同学一样选择留在大城市工作，而是毅然回到西藏。为了让雅鲁藏布江边、喜马拉雅山脚下的门巴族孩子有学上，格桑德吉放弃拉萨的工作，主动申请到山乡小学教学。

墨脱县帮辛乡，因常年泥石流、山体滑坡，是墨脱最后一个通公路的乡。为了劝学，格桑德吉天黑走悬崖，在满是泥石流、山体滑坡的道路上频繁往返；为了孩子们不停课，别村缺老师时她不顾六个月身孕、背起糌粑上路；为了把学生平安送到家，每年道路艰险、大雪封山时，格桑德吉过冰河、溜铁索，把四个月才能回一次家的学生们平安送到父母的身边。

这些年来，为了教好孩子们，格桑德吉将自己的女儿央珍从两岁时一直寄养在拉萨的爷爷家，当一年之后格桑德吉再到拉萨的时候，女儿已经不认识她了。2013 年，时逢格桑德吉荣获“最美乡村教师”，节目组特地邀请了格桑德吉的丈夫和女儿来到北京。同时，这也是格桑德吉与女儿的第五次见面。

十三年来，在格桑德吉的努力下，门巴族孩子从最初失学率 30%，变成到今天入学率 95%。她教的孩子有 6 名考上大学、20 多名考上大专、中专，而她自己的女儿却留在了拉萨，一年才能见一次。村民们亲切地称她为门巴族的“护梦人”。

七、百岁仁医胡佩兰

1. 颁奖词

技不在高而在德；术不在巧，而在仁。医者，看的是病，救的是心，开的是药，给的是情。扈江离与辟芷兮，纫秋兰以为佩。你是仁医，是济世良药。

2. 主要事迹

胡佩兰，女，98 岁，解放军 3519 职工医院和郑州市建中街社区卫生服务中心坐诊医生。

1944 年，胡佩兰毕业于河南大学医学部，70 岁时才从郑州铁路中心医院的妇产科主任位上退休。退休后，她一直坚持坐诊。

胡佩兰生活节俭，舍不得在自己身上多花一分钱。但她经常大方地给病人垫付医药费。她还拿出微薄的坐诊收入和退休金，捐建了50多个“希望书屋”。

胡佩兰患有严重的腰椎间盘突出，进出都要坐小推椅。2013年7月，98岁胡佩兰心脏病突发，经抢救后，第二天她依然准时到医院坐诊。

胡佩兰根据自己多年的临床经验，平时看病不太依靠高科技仪器。因为慕名找上门的病人多，胡佩兰每天都会坚持看完所有病人才下班，对患者也极有耐心，给病人开药，很少超过一百元。如今，胡佩兰的记忆明显下降，耳朵也不如以前，但病人的情况她却记得清清楚楚，耳朵里放着助听器，听不清的地方，便由旁边的学生解释。

胡佩兰对病人的态度有目共睹，她经常说：“医患关系搞不好是因为交流不够，医生只要对病人认真负责了，病人也自然会对医生极力配合，不管面对哪一个病人，都要把患者当成自己的第一个病人来对待。”

直至今日，胡佩兰已经在一个工厂职工医院和现在的地方，连续坐诊20年，坚持每周出诊6天，风雨无阻。

八、绝症母亲姚厚芝

1. 颁奖词

病压垮了身体，但不能摧毁母爱。草根母亲呕心沥血，为孩子缝补梦想，而深厚的爱，更铺就孩子精神的未来。请上天给你多一些时间，让你把美好的愿望，织进这春天的图景。

2. 主要事迹

姚厚芝，女，38岁，重庆市巫溪县塘坊镇红土村村民。

1999年，姚厚芝嫁给了王以朝，婚后一起赴山东煤矿打工。随着两个孩子的出生，姚厚芝专心在家带孩子，丈夫在煤矿挖煤。2006年，一场病魔突袭，彻底摧垮了这个家。

姚厚芝查出乳腺肿瘤，需立即做切除手术。面对高额的手术费，姚厚芝选择了“药疗”。几年下来，病情没有丝毫好转。

2009年2月，姚厚芝从电视上得知，绣十字绣也能卖钱。第二天，她坐车辗转十余小时，咬牙花2 800元购回一幅6.5米长的十字绣《清明上河图》十字绣样。这次的“先斩后奏”，让一向疼她的丈夫火冒三丈，觉得她是在瞎折腾，可姚厚芝有自己的想法。

从此，姚厚芝过起了“两点一线两头黑”的生活，每天绣十字绣长达 17 个小时。2012 年 7 月，经过 3 年零 5 个月的昼夜追赶，这幅共需 127 万针才能刺制而成的《清明上河图》终于落针。有收藏家上门出 20 万收购，姚厚芝拒绝了。

姚厚芝想将十字绣保存下来，即便有一天自己不在人世了，再把它卖出去，孩子们上大学的钱就不用愁了。

姚厚芝的儿子王锐读初中，女儿王琼读小学。王锐说长大了要当医生，给妈妈治病。不善言辞的丈夫，不知道怎么劝说妻子，本身患有肝病的他只是拼命地下井，希望能早点挣够钱给妻子治病。

第一幅十字绣完工后，姚厚芝又买回了一幅长 22 米、宽 0.85 米的《清明上河图》十字绣样。这幅刺绣的难度、时间和价钱是第一幅的好几倍。姚厚芝偷偷找以前的工友七拼八凑了一万元，瞒着丈夫说只花了两三千元。她怕丈夫心痛和着急，因为家里实在是负担不起。从 2006 年到现在，姚厚芝花去的医药费已达 10 多万元。

如今，王以朝仍在山东挖煤，姚厚芝在家照料两个孩子的生活。姚厚芝说，第二幅《清明上河图》已绣了快 6 米。希望老天能再给她 3 年时间。她现在就是一个与时间赛跑的人，不知道自己生命何时会终结。她没有其他奢求和心愿，只是想尽自己所能多给孩子留点什么。

九、迟到的荣誉——方俊明

1. 颁奖词

纵身一跃，却被命运撞得头破血流。在轮椅上度过青春，但你却固执地相信善良，丝毫不悔。今天你不能起身，但我们知道，你早已站立在所有人面前。

2. 主要事迹

方俊明，男，56 岁，湖北省武汉市武昌人。

1985 年 8 月，28 岁的方俊明为救一个假装落水的顽童，跃入河中，造成颈椎骨折，高位截瘫。直到 2013 年 11 月，方俊明终于获得了迟到 28 年的见义勇为荣誉称号。

方俊明救人当年，武汉市尚无见义勇为方面的奖励条例，被“救”男孩的家庭始终不愿出具书面证明，致使他见义勇为的行为一直未得到确认。对于这样一位“英雄”，他所在单位，原武昌车辆厂，只好比照工伤来处理。

武汉市见义勇为基金会于 1993 年成立，但奖励对象为“与犯罪分子作斗争人员”。这两年，有人问方俊明有没有见义勇为证书，“我觉得尴尬，只好把报上的报道拿给人家看。”

这些年来，妻子离开了，父亲也去世了。方俊明的生活无法自理，依靠母亲姜春梅日夜照顾瘫痪在床的儿子，并将当时尚未满周岁的孙女拉扯养大。

2013年，一部话剧上演后，方俊明再次成为人们关注的话题。应方俊明要求，武汉市通过收集材料，确认方俊明当年行为属见义勇为，并颁发见义勇为先进分子荣誉称号。

虽然荣誉迟到了28年。但方俊明从来没有后悔那次行动。一个家庭的艰辛，一个生命的委屈，这一切都见证了善良在人们心中的恒定不变的价值。

十、将军梦，守护情——龚全珍

1. 颁奖词

少年时寻见光，青年时遇见爱，暮年到来的时候，你的心依然辽阔。一生追随革命、爱情和信仰，辗转于战场、田野、课堂。人民的敬意，是你一生最美的勋章。

2. 主要事迹

龚全珍，女，90岁，现居江西莲花县琴亭镇金城社区。

1957年8月，开国将军甘祖昌主动向组织上辞去新疆军区后勤部长职务，回家乡江西省莲花县坊楼乡沿背村务农，龚全珍相随而归。那一年，她34岁。

将军当农民，甘祖昌是新中国第一人。龚全珍完全理解和支持丈夫的决定：“老甘不是一个普通的农民，正像他说的那样，‘活着就要为国家做事情，做不了大事就做小事，干不了复杂重要的工作就做简单的工作，决不能无功受禄，决不能不劳而获’。”

从新疆到江西，全家11口人的行装只有3个箱子，却带了8只笼子，里面装着新疆的家禽家畜良种。当时甘祖昌每月工资330元，生活上十分节俭，把2/3的工资用来修水利、建校舍、办企业、扶贫济困。他一共参加建起了3座水库、4座电站、3条公路、12座桥梁、25公里长的渠道。龚全珍全力配合丈夫，也把自己工资的大部分花在支援农村建设上。回到莲花头几年，她没有做一件新衣服。

龚全珍在家里待不住。步行25公里到县文教局联系工作，被分配在九都中学任教。这所学校条件很差，只有3名老师，她却一点不嫌弃，第二天就搬铺盖去了学校，开始把自己赤忱的爱投入到这片红土地。

1961 年，县文教局安排龚全珍到同乡的南陂小学当校长，在那里一待就是 13 年。后来，她又被调到离家不远的甘家小学当校长，依然还是老作风，吃住在学校，全身心地扑在工作上。

1986 年 3 月，甘将军因病逝世，一只铁盒子是他留给妻子和儿女唯一的遗产，里面用红布包着 3 枚闪亮的勋章。

离休后，龚全珍积极开展革命传统教育和理想信念教育，倾力捐资助学、扶贫济困，开办“龚全珍工作室”，服务社区、服务群众，从青春岁月到耄耋之年，为广大群众做了大量的实事好事，受到当地干部群众的尊敬和爱戴。

2013 年 9 月 26 日，龚全珍获得第四届全国道德模范称号，受到党和国家领导人习近平同志高度赞扬。

5.3　2013 感动中国十大人物

一、一生奉献给核事业的科学家林俊德

1. 颁奖词

大漠，烽烟，马兰。平沙莽莽黄入天，英雄埋名五十年。剑河风急云片阔，将军金甲夜不脱。战士自有战士的告别，你永远不会倒下！

2. 主要事迹

林俊德，中国工程院院士、总装备部某基地研究员林俊德，2012 年病逝。

林俊德入伍 52 年，参加了我国全部核试验任务，为国防科技和武器装备发展倾尽心血，在癌症晚期，仍以超常的意志工作到生命的最后一刻。

林俊德的中学和大学都是靠政府助学金完成的。大学毕业后，他被分配从事核试验研究。由于核爆炸具有极大的破坏性，测量仪器研制一直存在很大难度。林俊德根据当时的实际情况，独立创新制作了钟表式压力自记仪，为测量核爆炸冲击波参数提供了完整可靠的数据。在之后 40 多年的科研旅途中，他先后获得 30 多项科技成果。

2012 年 5 月 4 日，他被确诊为“胆管癌晚期”。为了不影响工作，他拒绝手术和化疗。5 月 26 日，因病情突然恶化，他被送进重症监护室。醒来后，他强烈要求转回普通病房，他说：“我是搞核试验的，一不怕苦，二不怕死，现在最需要的是时间。”

林俊德住院期间，整理移交了一生积累的全部科研试验技术资料；

多次打电话到实验室指导科研工作。5月31日上午，已极度虚弱的林俊德，先后9次向家人和医护人员提出要下床工作。于是，病房中便出现了震撼人心的一幕：病危的林俊德，在众人的搀抬下，向数步之外的办公桌，开始了一生最艰难也是最后的冲锋……

5小时后，心电仪上波动的生命曲线，从屏幕上永远地消失了。这位军人，完成了生命中最后的冲锋。

临终前，林俊德交代：把我埋在马兰。马兰，一种在“死亡之海”罗布泊大漠中仍能扎根绽放的野花。坐落在那里的中国核试验基地，就是以这种野花来命名的。

二、用行动注解孝德的好儿子陈斌强

1. 颁奖词

小时候，这根布带就是母爱，妈妈用它背着你。长大了，这布带是儿子的深情，你用它背着妈妈。有一天，妈妈的记忆走远了，但爱不会，它在儿女的臂膀上一代代传承。

2. 主要事迹

陈斌强，38岁，浙江磐安县冷水镇中心学校初中语文教师。

陈斌强9岁时父亲车祸去世，妈妈独自抚养三个孩子长大。2007年，妈妈得了老年痴呆症，丧失了日常生活能力。

一天，陈斌强的姐姐在无意中提到，妈妈最大的愿望就是和儿子住在一起。陈斌强回忆起多年来妈妈对自己的付出，他决定再困难也不会丢下妈妈。

那时，陈斌强的儿子不到两岁，妻子建议他把妈妈送到养老院去，他说：“一个连儿子都不认识的老人，送到养老院，被欺负了怎么办?”为了照顾妈妈，他硬是把儿子提前一年送进幼儿园。

为了能亲自照顾母亲，他每天用一根布条把母亲绑在自己身上，骑着电动车行驶30公里去学校上班。开始同事们都不太理解，说：“这样带在身边照顾，一两天倒可以，一年两年怎么吃得消?”可陈斌强做到了，一连五年，风雨无阻带着妈妈上班。

照顾母亲的生活异常辛苦。陈斌强一天到晚连轴转：晚上9时，服侍母亲睡下；凌晨1时，准时起床抱母亲上厕所；清晨5时，闹钟响起，他要赶在师生之前起床，将母亲房间打扫干净，处理好母亲的大小便；早上7时喂过母亲吃饭后，开始学校一天的工作。

尽管生活上的事儿很多，可是陈斌强的教学任务却一点也没落下，他教着两个班语文，负责教初一学生广播体操，总管学校体艺2+1活动。他总说：“我是跑着走的。”

三、捐献肝肾的 12 岁女孩何玥

1. 颁奖词

正是花样年华，你却悄然离开。你捐出自己，如同花朵从枝头散落，留得满地清香。命运如此残酷，你却像天使一样飞翔。你来过，你不曾离开，你用平凡生命最后的闪光，把人间照亮。

2. 主要事迹

何玥，女，12 岁，广西桂林人，小学生。

2012 年 4 月，何玥即将小学毕业，却被查出患有高度恶性小脑胶质瘤，住院进行了第一次手术。9 月初，病情突然复发二次入院，肿瘤已扩散至脑部组织。当听说自己的生命只剩三个月时，她决定将自己的器官捐献给需要的人。11 月 17 日，小何玥脑死亡，父亲根据她的遗愿将她的两个肾和一个肝捐给了三个人。

在亲人眼里，何玥是个爱学习、有爱心的孩子。今年 4 月，做完手术第三天，她就回到学校上课了。她的家里满满一面墙都贴着她的“三好学生”之类的荣誉奖状。2008 年汶川地震时，她硬逼着父母捐出了一个月的工钱。她被查出脑瘤后，学校为她捐钱，她要父亲捐给更需要的人。

9 月中旬，爸爸从广东打工回来，她第一句话就说：“爸爸，我想把自己的器官捐出去，行不行？”她说，她只剩下三个月的生命，她希望能尽自己的能力给别人生的希望。由于是何玥最后的心愿，爸爸妈妈奶奶叔叔婶婶最终同意了孩子的想法，决定帮助她完成遗愿。

11 月 17 日凌晨零点 10 分，小何玥在医院里走完了自己短短 12 年的生命历程。凌晨 4 点，她的两个肾被送到解放军第 181 医院捐给了两名患者，其中一名是身患尿毒症的 18 岁藏族小伙索朗旺青。

何玥因捐献器官被称为“最美女孩”，她死前的这个愿望被称为“最美遗愿”。

四、受民工爱戴的基层好干部陈家顺

1. 颁奖词

为乡亲卧底，你吃遍所有的苦，为百姓打工，你换来群众最多的甜。你乔装改扮，却藏不住心底最深的惦念；你隐姓埋名，可我们都知道你是谁，为了谁。

2. 主要事迹

陈家顺，54 岁，男。云南省沾益县人力资源和社会保障局副局长、沾益县驻浙江义乌劳务工作站站长。

云南沾益县是劳务输出大县，陈家顺担任副局长后，积极组织家乡农民到浙江义乌等地务工，并关注他们的切身利益，为他们排忧解难，用实际行动诠释了一名共产党员全心全意为人民服务的宗旨。

为保障外出务工人员的合法利益，摸清农民工工作、吃住、工资待遇、劳动时间等情况，陈家顺从2007年9月起先后深入5家用工企业，以农民工的身份应聘到企业“卧底”打工。和农民工兄弟同吃同住同劳动，当过操作员、仓库保管员，养过猪，干过装卸工，当过民办学校教师。几年来，他“卧底”考察了义乌市及周边县市的许多家企业，为农民工提供了180多家用工情况良好的企业信息。

在调解各类用工纠纷时，他总是挺身而出，为农民工利益据理力争。4年来，共为农民工调解各类纠纷780余起，挽回损失180万余元。在农民工遇到困难时，他想方设法帮助解决，多次协调企业垫付农民工车费、伙食费、医药费等共7万多元。

这些实实在在的行动，赢得了当地民工和社会各界的称赞，陈家顺被人们誉为“卧底局长”、“民工局长”。

五、守护“炕头课堂”14载的高淑珍

1. 颁奖词

粗糙的手支起课桌，宽厚的背挡住风雨。有了爱，小院里的孩子一天天茁壮起来。你的心和泥土一样质朴，你洒下辛苦的种子，善良会生长成参天大树。

2. 主要事迹

高淑珍，56岁，河北滦南县司各庄镇洼里村普通农村妇女。

高淑珍的儿子王利国4岁那年得了类风湿，落下了残疾。到了该上学的年龄不能上学。高淑珍心疼儿子，想在家里办个小课堂。后来她发现，附近村庄也有一些因肢残不能上学的孩子，他们都对读书充满渴望。她想让不幸的孩子都能读书，于是在家里办起了学校。

1998年4月，她的“炕头课堂”开讲了，老师是女儿王国光。5个孩子、4张课桌、2块小黑板和借来的旧课本……高淑珍的家里响起了读书声。

这个学校一开就是14年。14年间，她接收了近百名残疾孩子，却从未收过一分钱。高淑珍和女儿每天用自行车接送孩子，中午就在她家一起吃大锅饭。渐渐的，自行车已经接不过来，她一咬牙，买了辆旧面包车。有两个肢残严重的孩子，路上她怕颠坏了，就一直抱在怀里。后来，为了让孩子少受罪，她索性让孩子都住在家里，免费吃住读书。

慕名而来的孩子越来越多，但是高淑珍精力有限，家里地方有限，还债务累累，但是“不”字她始终说不出口。无论多么艰难，她总是尽最大努力，让孩子们的生活过得好一些。高淑珍家承包了20多亩水田，稻谷就是孩子们的口粮。但是歉收的时候，让每个孩子吃饱并不轻松。为了多挣几个钱，她每天天不亮就骑着自行车，驮着批发来的一些日用品去赶集，一骑就是 100 多里地。有的时候下大雪没有集，高淑珍就走街串户地卖，“我一天出去挣十块二十块，给孩子们买点好吃的，我心里头欢喜，骑着车子都有劲。”她说。

高淑珍爱心小院的故事见诸媒体后，引起强烈反响。爱心小院收到了来自全国各地的捐助，还有不少志愿者从各地赶来实行爱心接力。有的志愿者已经在这里工作了三年多时间，上海一家医院为小院的 10 个孩子实行了治疗手术。

六、最美女教师张丽莉

1. 颁奖词

别哭，孩子，那是你们人生最美的一课。你们的老师，她失去了双腿，却给自己插上了翅膀；她大你们不多，却让我们学会了许多。都说人生没有彩排，可即便再面对那一刻，这也是她不变的选择。

2. 主要事迹

张丽莉，女，28 岁。黑龙江省佳木斯市第十九中学初三（3）班班主任。

张丽莉出生在一个教育世家，2006 年，她从哈尔滨师范大学毕业后，分配到佳木斯市第十九中学任教。

2012 年 5 月 8 日，放学时分，张丽莉在路旁疏导学生。一辆停在路旁的客车，因驾驶员误碰操纵杆失控，撞向学生，危急时刻，张丽莉向前一扑，将车前的学生用力推到一边，自己却被撞倒了。

车轮从张丽莉的大腿碾压过去，肉都翻卷起来，路面满是鲜血，惨不忍睹。被轧伤后她有时清醒有时昏迷，在送医院的途中，还对大家说：要先救学生。昏迷多天后，张丽莉醒来的第一句话是：“那几个孩子没事吧！”

经过抢救，张丽莉被迫高位截肢。她的亲人和医护人员都不敢想象她知道真相的后果会是怎样，但张丽莉很快接受了事实，还反过来安慰父亲说：“当时车祸的场景我还记得，很幸运，如果车轮从我的头碾过去，你们就看不到我了，我救了学生，也保住了命，今后一定会幸福的。”

有人问张丽莉，“你后悔吗?”她回答：“不后悔。这样做是我的本能。我已经 28 岁了，我已和父母度过 28 年的快乐时光。那些孩子还小，他们的快乐人生刚刚开始。”

七、守礁二十年的南海卫士李文波

1. 颁奖词

二十年坚守，你站成了一块礁石，任凭风吹浪打。却只能愧对青丝白发。你也有梦，可更知肩上的责任比天大。你的心中自有一片海，在那里，祖国的风帆从不曾落下。

2. 主要事迹

李文波，男，48 岁，山东平度人，中国海军南海守礁士兵。

李文波 21 岁毕业于中国海洋大学，当年入伍，三年后赴南沙永暑礁守礁。

20 多年来，他先后 29 次赴南沙执行守礁任务，累计守礁 97 个月，向联合国教科文组织和军内外气象部门提供水文气象数据 140 多万组，创造了国内守礁次数最多、时间最长、成果最丰的纪录，受到了联合国教科文组织的高度评价。

长期恶劣环境下的生活，李文波的身体大不如从前，风湿病越来越重，但他仍然坚持一次不落地守礁，还经常顶替战友。除了坚守岗位，李文波还不断创新，为守礁工作总结经验，编写教材。他设计出了南沙第一套水文气象月报表程序，还编撰完成了《海洋水文气象观测教材》。

为了守礁，李文波亏欠家里太多。他新婚 5 天后回到南沙，20 多年来，与妻子真正在一起的时间不到 3 年。2003 年 4 月，李文波第一次回到老家，才知道母亲已经卧病在床 3 年，2005 年 9 月，母亲病危，李文波回到老家陪伴母亲仅十天，就接到执行南沙守礁的命令，在前往南沙的舰艇上他接到了母亲病逝的消息，一个人长跪在甲板上向北方失声痛哭。

李文波说：“南沙守礁是我一生的荣耀，就算下辈子坐轮椅，也没什么后悔的!”

八、见证海峡沧桑的台湾老兵高秉涵

1. 颁奖词

海峡浅浅，明月弯弯。一封家书，一张船票，一生的想念。相隔倍觉离乱苦，近乡更知故土甜。少小离家，如今你回来了，双手颤抖，你捧着的不是老兵的遗骨，一坛又一坛，都是满满的乡愁。

2. 主要事迹

高秉涵，台湾律师，老兵。1936 年出生于山东菏泽。

高秉涵的一生，凝聚了所有台湾老兵经历的坎坷和艰辛，同时也见证了海峡两岸从隔绝到沟通的一段特殊历史。

高秉涵生于山东菏泽，13 岁已经成为“小学兵”，在“南逃”路上几乎丢掉半条命，辗转抵达台湾之后，他又成了孤儿流落于台北街头。他流过浪，做过小贩，几经周折考上了台湾“国防学院”法律系，毕业后成为金门驻军军事法庭的法官。

他审的第一个案子是金门逃兵案，一个士兵在值岗时冒险抱一只轮胎穿越金门海峡想游回厦门的家，但是没能成功，被判处死刑。一个想要回家孝敬母亲的人怎么会有死罪？为什么一段浅浅的海峡会让骨肉同胞分为两个世界？身为法官的高秉涵无能为力，但他的内心受到极大的触动。

1973 年，高秉涵退出军界，成为一名挂牌律师。1979 年，离家 31 年后，高秉涵写的第一封家书，由中国台湾至欧洲、经美国寄到中国内地，又经北京、广州、辽源，历时三个多月，于母亲葬礼的当天抵达亲人的手中。

两岸开放后，他开始奔波于大陆和台湾之间，义务为台湾老兵寻亲提供支持，20 多年间，先后抱回了 54 个老兵的骨灰罐，帮助他们完成遗愿，回归故乡的怀抱。

九、残疾乡村医生夫妇周月华、艾起

1. 颁奖词

她背起药箱，他再背起她。他心里装的全是她，而她的心里还装着整个村庄。一条路，两个人，二十年。大山巍峨，溪水蜿蜒，月华皎洁，爱正慢慢升起。

2. 主要事迹

周月华，女，43 岁，重庆市北碚区柳荫镇西河村乡村医生，艾起是她的丈夫。

周月华出生后 8 个月被诊断为先天性小儿麻痹症，左腿残疾，这一切并没有摧垮她生活的意志。凭着自己的执著，周月华完成了中学学业并成功从卫校毕业。

在找工作的过程中，周月华因身体残疾而四处碰壁。后来，看到乡亲们每次都要步行几个小时才能到镇上医院看病，她就动了行医的心思。

周月华将平时省吃俭用下来的 200 元加上家中仅有的 600 元储蓄作为开诊所的启动资金，又把家里堂屋修整了出来做场地，药品采购则靠两个弟弟用小竹筐一筐筐往回背，1990 年 11 月，周月华的“柳荫镇西河村卫生室”终于正式挂牌营业了。

“我喜欢我的工作，喜欢我现在所做的一切。”周月华说道，“住在偏远地方，农民看病要走上好几小时。所以我现在做多一点，让乡亲们少跑一点，少花一点，自己会感到很开心。”

最开始行医时，周月华右肩挎的是药箱，左肩拄着拐杖在山间艰难行走，这种行医方式直到她遇到了人生中的第二条左腿——她的丈夫，艾起。

周月华和艾起结婚之后，无论上山涉水，刮风下雨，只要有出诊，艾起便会揽起周月华的手，用宽阔的后背将她背到病人家里。“背你一辈子，我无怨无悔!”这个男人用 20 年的行动，默默支持着妻子的事业。

二十多年来，她硬是靠着拐杖和丈夫的后背，“爬”遍了方圆 13 平方公里的大小山岭，为辖区近 5 000 村民带去了医疗服务。

“没有他，这么多年，我做不到的。”周月华说道，“他是我这辈子的第二条左腿。”“我背着她走了 18 年。我说过要背她一辈子，就要实现这个诺言，永远都不放弃。”周月华的丈夫艾起说。

十、用生命托起战机的航空英模罗阳

1. 颁奖词

如果你没有离开，依然会，带吴钩，巡万里关山。多希望你只是小憩，醉一下再挑灯看剑，梦一回再吹角连营。你听到了么？那战机的呼啸，没有悲伤，是为你而奏响!

2. 主要事迹

罗阳，男，51 岁，辽宁沈阳人。沈阳飞机工业（集团）有限公司董事长、总经理。

罗阳所在的沈飞集团是中国重要的歼击机研制生产基地，他本人也是飞机设计专家，2012 年 11 月 25 日上午，随中国首艘航母“辽宁舰”参与舰载机起降训练的罗阳，在大连执行任务时突发急性心肌梗死、心源性猝死，经抢救无效，于 12 时 48 分在工作岗位上殉职。

罗阳 1982 年毕业于北京航空航天大学高空设计专业。他担任中航工业沈飞董事长、总经理的 5 年，是沈飞新型号飞机任务最多、最重的 5 年。难关难度，难题难点，好像排着队一样。罗阳善于解决问题，采取多种措施推动研制进度，创造了新机研制提前 18 天总装下线，从设计发图到成功首飞仅用 10 个半月的奇迹。

2012 年 1 月，罗阳担任中国第一艘航空母舰舰载机歼-15 研制现场总指挥。没有经验，也没有现成的关键技术可以借鉴，航空制造大国对技术的封锁，逼着航空人只有自主创新一条路可以走。在航母上，罗阳坚持亲力亲为，与科研人员一起整理试验数据，观看每次起降过程，记录和分析飞机状态，出现身体不适，也没有中途下舰，甚至都没有去找医护人员检查。

难度高，任务重，时间短。重重考验摆在罗阳面前，可是他就有这么一股不服输、不懈怠的劲头。他曾说，外国人能干成的事情，中国人同样能干成，而且还能干得更好。

在生命的最后一个月里，他不知疲倦，劳心劳力，没有一刻休息，直至生命的最后一刻。

5.4　2012 感动中国十大人物

一、"中华之光"朱光亚

朱光亚

1. 颁奖词

人生为一大事来。他一生就做了一件事，但却是新中国血脉中，激烈奔涌的最雄壮力量。细推物理即是乐，不用浮名绊此生。遥远苍穹，他是最亮的星。

2. 主要事迹

20 世纪 50 年代末，朱光亚被任命为中国核武器研制的科学技术领导人。他负责并组织领导中国原子弹、氢弹的研究、设计、制造与试验研究，地下核试验的攻关，高技术研究发展计划的制订与实施，国防科学技术研究发展及军备控制问题研究等工作，为中国核科学技术事业的发展做出了重大贡献。20 世纪 80 年代中期，他还参与了"863"计划（国家高技术研究发展计划）的制订和实施。

二、坚守藏区 12 年支教的胡忠、谢晓君夫妇

胡忠、谢晓君一家

1. 颁奖词

他们带上年幼的孩子，是为了更多的孩子；他们放下苍老的父母，是为了成为最好的父母。不是绝情，是极致的深情；不是冲动，是不悔的抉择。他们是高原上怒放的并蒂雪莲。

2. 主要事迹

在去四川藏区福利学校支教前，胡忠、谢晓君夫妇都是成都某名校的老师。2000 年，胡忠看了一篇关于甘孜州康定县塔公乡一所孤儿学校急需老师的报道，动了支教的念头，得到妻子的支

持。3 年后，谢晓君带着 3 岁的女儿也来到这里支教。2006 年 8 月，创办了一所位置更偏远、条件更艰苦的学校，她主动前往当起了藏族娃娃们的老师、家长甚至是保姆。

三、高龄肝脏临床医生吴孟超

1. 颁奖词

吴孟超

60 年前，他搭建了第一张手术台，到今天也没有离开。手中一把刀，游刃肝胆，依然精准；心中一团火，守着誓言，从未熄灭。他是不知疲倦的老马，要把病人一个一个驮过河。

2. 主要事迹

吴孟超是世界上 90 岁高龄仍然工作在手术台前的医生之一。他不仅是一位优秀的肝脏科临床医生，更是一位杰出的医学研究者，我国肝脏外科医学奠基人。50 年间，吴孟超推动中国的肝脏医学从无到有，从有到精，他的成就令全球同行瞩目、敬佩。

一位好医生，一位优秀研究者。他总是设身处地为病人着想，要求医生用最简单、最便宜、最有效的方法为病人治疗。

四、无臂钢琴师刘伟

1. 颁奖词

刘伟

当命运的绳索无情地缚住双臂，当别人的目光叹息生命的悲哀，他依然固执地为梦想插上翅膀，用双脚在琴键上写下：相信自己。那变幻的旋律，正是他努力飞翔的轨迹。

2. 主要事迹

“我的人生中只有两条路，要么赶紧死，要么精彩地活着。”这是无臂钢琴师刘伟的励志名言。

上帝给你的另一双手　他是北京人，生于 1987 年，10 岁时因触电意外失去双臂，伤愈后他为了今后的生计加入北京市残疾人游泳队。2002 年，通过努力，他在武汉举行的全国残疾人游泳锦标赛上获得了两金一银；2005 年、2006 年连续两年获得了全国残疾人游泳锦标赛百米蛙泳项目的冠军。他还对母亲许下承诺：在 2008 年的残奥会上拿一枚金牌回来。并且在此期间，他还学习了高中的课程，成绩十分优异，考上大学不成问题。然而命运对这位年轻人的残酷之处在于：总是先给了他一个美妙的开局，然后迅速地吹响终场哨。在为奥运会努力做准备时，高强度的体能消耗导致了免疫力的下降，并且高压电对于他的身体细胞有过严重的伤害，不排除以后患上白血病的可能，所以他无奈放弃了体育。此时一个从小藏在他心里的梦改变了他的人生轨迹，从小就梦想着能成为钢琴家的他，放弃体育，并且不顾家人劝阻，选择了放弃高考，学习钢琴。但他的学琴路绝不是一帆风顺。当他报名参加音乐学校后，遭到音乐学校拒绝和学校校长的侮辱与歧视，校长说他的加入只会影响校容，但坚强的他没有因此沉沦，他对音乐学校校长说："谢谢你能这么歧视我，迟早有一天我会让你看，我没有手也能弹钢琴！"于是，他开始自学钢琴。用脚弹琴是艰难的，这需要勇气和想象力，许多人用手弹都需要很多年才有起色，何况是脚。他每天练琴时间超过 7 小时。那时真是精神和体力的双重考验。终于在脚指头一次次被磨破之后，他逐渐摸索出了如何用脚来和琴键相处。和他在学习游泳上的表现一样，他对音乐的悟性同样惊人。奥运会时，只学了一年钢琴的他就上了北京电视台的《唱响奥运》节目，当着刘德华的面，弹了一曲《梦中的婚礼》。接着，他弹着钢琴，与刘德华合唱了一首《天意》。2010 年 8 月，在《中国达人秀》的现场，他带着空着的袖管走了上来，坐到钢琴前。那首《梦中的婚礼》响了起来。曲子结束，全场起立鼓掌。当评委高晓松问他这一切是怎么做到的时候，他说了一句："我觉得我的人生中只有两条路，要么赶紧死，要么精彩地活着。"他就是第一位中国达人，2010 年中国达人秀总冠军刘伟。刘伟凭着自己不懈地努力，创造了奇迹。

五、义务植树 22 年的好书记杨善洲

1. 颁奖词

绿了荒山，白了头发，他志在造福百姓；老骥伏枥，意气风发，他心向未来。清廉，自上任时起；奉献，直到最后一天。60 年里的一切作为，就是为了不辜负人民的期望。

2. 主要事迹

原任云南保山地委书记的杨善洲，已于 2010 年 10 月因病逝世。他从事革命工作近 40 年，两袖清风，清廉履职，忘我工作，一心为民。1988 年退休后，他主动带领大家植树造林 5.6 万亩。去世前，他把当地 20 万元特别贡献奖中捐出了 16 万，价值 3 亿元的林场也无偿上缴给国家。

杨善洲

六、“烤羊肉串的慈善家”阿里木

1. 颁奖词

阿里木

快乐的巴郎，在烟火缭绕的街市上，大声放歌。苦难没有冷了他的热心，声誉不能改变他的信念。一个人最朴素的恻隐，在人群中激荡起向善的涟漪。

2. 主要事迹

40 岁的阿里木 2001 年来到贵州省毕节市，以卖烤羊肉串为生。毕节有不少穷困学生上不了学，阿里木便决定用卖烤羊肉串挣来的钱资助贫困学生。从 2001 年到 2009 年来，几万元钱，全部捐献出来资助了上百名贫困学生。很多网友被他的故事所感动，亲切地称他为“烤羊肉串的慈善家”和“草根慈善家”。

七、带给麻风村孩子希望的张平宜

1. 颁奖词

张平宜

蜀道难，蜀道难，台湾娘子上凉山。跨越海峡，跨越偏见，她抱起麻风村孤单的孩子，把无助的眼神柔化成对世界的希望。她看起来无比坚强，其实她的内心比谁都柔软。

2. 主要事迹

张平宜曾经是台湾《中国时报》的资深记者。2000 年，为了采访大陆麻风康复村的现状，她来到了四川省西部一个叫大营盘的小村庄。2002 年，她履行自己的承诺，为村庄小学兴建了“中华希望之翼服务协会”，致力于大营盘麻风病人的子女教育。11 年来，在四川凉山彝族自治州越西县，张平宜将一个供麻风村子女上学的教学点一点点地建成为完善正规的学校，2005 年至今已培养百余名毕业生。

八、托举生命的最美妈妈吴菊萍

1. 颁奖词

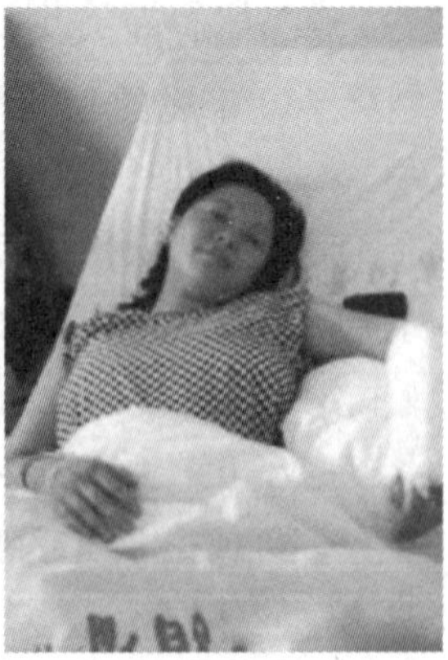
吴菊萍

危险裹胁生命呼啸而来，母性的天平容不得刹那摇摆。她挺身而出，接住生命，托住了幼吾幼以及人之幼的传统美德。她并不比我们高大，但那一刻，已经让我们仰望。

2. 主要事迹

2011 年 7 月 2 日下午，杭州滨江白金海岸小区。两岁的妞妞趁奶奶不注意，爬上阳台外的晾衣竿，突然从 10 楼坠落，楼下过往的人们望见便厉声尖叫起来，这一叫把吴菊萍给唤了过来，只见她踢掉高跟鞋，张开双臂，冲过去接住了妞妞。

被紧急送往医院后，吴菊萍被诊断为左手臂多处粉碎性骨折，尺桡骨断成三截，预计半年才能康复。逃过一劫的妞妞在 10 天后苏醒过来，开口叫了“爸爸、妈妈”。

“这是本能，是一个母亲应该做的事情。”躺在病床上，吴菊萍一脸平静。事件发生时，她的孩子只有七个月大，尚在哺乳期。

荣誉铺天盖地，吴菊萍保持了清醒的认识，“我只是普通人，问心无愧就好。”公司奖励了 20 万元，她留作自用，为此背负了不少压力。“我需要好好生活，好好工作，才有能力去帮助身边的人。”赡养父母、培养孩子、还有房贷……任何普通人，都无法对这些现实问题视而不见。

“我会把重心调整回工作、家庭中来，减少媒体活动。”吴菊萍年后将重返工作岗位，她最大的心愿是看着妞妞与自家孩子健康长大。

九、恪守孝道的平凡女孩孟佩杰

1. 颁奖词

在贫困中，她任劳任怨，乐观开朗，用青春的朝气驱赶种种不幸；在艰难里，她无怨无悔，坚守清贫，让传统的孝道充满每个细节。虽然艰辛填满四千多个日子，可她的笑容依然灿烂如花。

2. 主要事迹

命运对孟佩杰很残忍，她却用微笑回报这个世界。

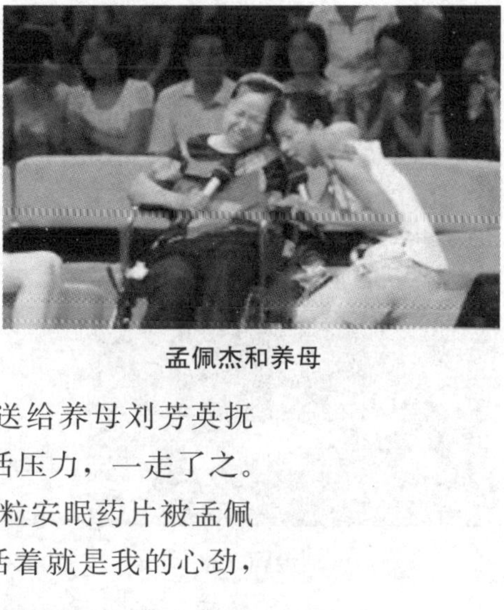

孟佩杰和养母

五岁那年，爸爸遭遇车祸身亡，妈妈将孟佩杰送给养母刘芳英抚养。养母三年后因手术失败瘫痪在床，养父不堪生活压力，一走了之。绝望中，刘芳英企图自杀，但她放在枕头下的 40 多粒安眠药片被孟佩杰发现。“妈，你别死，妈妈不死就是我的天，你活着就是我的心劲，有妈就有家。”

从此，母女二人相依为命，家中唯一的收入来源是刘芳英微薄的病退工资。当别人家的孩子享受宠爱时，八岁的孟佩杰已独自上街买菜，放学回家给养母做饭。个头没有灶台高，她就站在小板凳上炒菜，摔了无数次却从没喊过疼。

在同学们的印象中，孟佩杰总是来去匆匆。她每天早上六点起床，替养母穿衣、刷牙洗脸、换尿布、喂早饭，然后一路小跑去上学。中午回家，给养母生火做饭、敷药按摩、换洗床单……有时来不及吃饭，拿个冷馍就赶去学校了。晚上又是一堆家务活，等服侍养母睡觉后，她才坐下来做功课，那时已经九点了。

“女儿身上最大的特点是有孝心、爱心和耐心。”刘芳英说，如果有来生，她要好好补偿女儿。为配合医院的治疗，孟佩杰每天要帮养母做120个仰卧起坐、拉腿240次、捏腿15分钟。碰上刘芳英排便困难，孟佩杰就用手指一点点抠出来。

2009年，孟佩杰考上了山西师范大学临汾学院。权衡之下，她决定带着养母去上大学，在学校附近租了间房子。大一那年的暑假，孟佩杰顶着炎炎烈日上街发广告传单，拿到工资后的第一件事就是买养母最爱吃的红烧肉。

“我只不过做了每个女儿都会做的事。”不少好心人提出过帮助，都被孟佩杰婉拒了，她坚持自己照顾养母。

虽然孟佩杰的身世可怜，但她不向命运低头，依然勇敢地面对生活。

孟佩杰的毕业愿望是当一名小学老师，安安稳稳，与养母简单快乐地生活。

十、烈火锻造的铁血将帅刘金国

1. 颁奖词

刘金国

贼有未曾经我缚，事无不可对人言。是盾，就矗立在危险前沿，寸步不退。是剑，就向邪恶扬眉出鞘，绝不姑息。烈火锻造的铁血将帅，两袖清风的忠诚卫士。

2. 主要事迹

回忆起“7·16”大连新港火灾事故，相信许多人心有余悸。

2010年7月16日傍晚，大连新港的输油管线在油轮卸油作业时因原油泄漏发生火灾，火势顺排污渠蔓延。火情就是命令。公安部副部长、纪委书记刘金国第一时间率领专家组赶赴现场，指导救灾。面对长达数千米的火线、数十个储量巨大的油罐随时爆炸的危险，刘金国在前沿连续指挥了七个小时，直至将大火扑灭。

每逢重大突发事件，刘金国都亲临一线指挥。2008年的“5·12”汶川特大地震救援中，他担任公安部前线总指挥，紧急调集、指挥全国2万多名公安专业救援力量，从废墟中搜救出被埋压人员8 335人。

铁血将帅的另一张面孔，是两袖清风的忠诚卫士。1995年，刘金国调到河北省公安厅，搬家时他的全部家当只有半卡车旧家具，和一台黑白电视机。单位分给他一套房子，需要交4.6万元的集资款，但刘金国硬是拿不出这笔钱，最后只能找银行贷款。担任领导职务的几十年，刘金国亲手审批过近20万个“农转非”指标，可他自己的38个亲属无一跳出“农门”。

十一、特别敬意——白方礼

白方礼

白方礼生于1913年，祖辈贫寒，13岁起就给人打短工。他从小没念过书，1944年，因日子过不下去而逃难到天津，流浪几年后当上了三轮车夫。

1974年白方礼从天津市河北运输场退休后，曾在一家油漆厂补差。1982年，老人开始从事个体三轮客运。每日里早出晚归、辛劳奔波，攒下了一些钱。1987年，已经74岁的他决定做一件大事，那就是靠自己蹬三轮的收入帮助贫困的孩子实现上学的梦想。这一蹬就是十多年，直到他92岁逝世。

为了让贫困的孩子们能安心上学，白方礼老人靠自己的劳动，在十多年的时间里先后捐款35万元，资助了300多个大学生的学费与生活费。

以下是白方礼同志捐款的不完全记录：

1988年，为中小学幼儿教师奖励基金会捐赠5 000元；

1989年，为天津市教师奖励基金捐款800元；

1990年，为河北沧县大官厅乡教育基金捐款2 000元；

1991年，为天津市、河北区、津南区教师奖励基金、北门东中学和黄纬路小学等捐款8 100元；

1992年，为“希望工程”和家乡白贾村小学捐款3 000元；

1993年，为我国建立的第一个“救助贫困地区失学少年基金”捐款1 000元；

1994年，为天津市河北区少年宫捐款1 000元；

自1995年开始的3年间，为红光中学的藏族困难学生资助近5万元，为天津大学困难学生资助近5万元；

自1996年开始，用“白方礼支教公司”的全部税后利润资助南开大学困难学生，总金额约3.4万元；

2001年，白方礼捐出了最后一笔钱。年近90岁的他已无力再蹬三轮车，也无力再经营他的支教公司，就在车站上给人看车，还把一角、两角的零钱装在一个饭盒里，存够500元后又捐了出去。近14年来，他总计捐款近20万元。此外，在白方礼十几年的蹬车支教历程中，还先后为中国青少年发展基金会、第43届世乒赛、市养老院等捐助款项。

白方礼同志曾获央视“感动中国2004年度人物评选”前20名候选人物之一、首届“中国消除贫困奖”奋斗奖提名奖、全国尊师重教先进个人、全国老有所为精英奖、全国支教模范等称号。2008年3月13

日，白方礼去世3年后，在46家网络媒体联合主办的首届“感动中国人物”评选中，在这个没有奖品、没有奖金、没有颁奖晚会的网上评选中，他终于“感动中国”。2012年，在感动中国的颁奖典礼上，白方礼老人以草根助学的代表成为了特别奖的得奖者之一。感动中国评选组委会以“白方礼们”的形式，对老人表示了敬意，也对和白方礼老人一样的这些默默帮助着失学儿童重返校园的人们表示敬意。在晚会上，主持人对老人评价道：“在《感动中国》走过10年的时候，请接受我们的特别敬意，白方礼们！让我们传递着鲜花，传递着温暖，带着白方礼们给我们的这种人间的温度，走进新的春天。在这新的一年当中，我们已经行走了一段时间，急匆匆的脚步里面，我们留给世界的不能只是背影，还应该有我们的期待，为了爱和幸福，让我们为我们每一个人加油！”

5.5　2011 感动中国十大人物

一、国家利益重于一切的科学泰斗钱伟长

1. 颁奖词

从义理到物理，从固体到流体，顺逆交替，委屈不曲，荣辱数变，老而弥坚，这就是他人生的完美力学，无名无利无悔，有情有义有祖国。

2. 主要事迹

钱伟长（1912—2010），江苏无锡人，中国近代力学之父，著名的科学家、教育家。

钱伟长早年攻读物理学，留学加拿大期间已经显露出非凡才华。28岁时，他的一篇论文已经让爱因斯坦大受震动，并迅速成为国际物理学的明星。

抗战结束后，钱伟长坚持回到祖国，在艰苦的条件下，拒绝美国科学界的诱惑，忠于祖国，坚持实现“科学救国”的抱负。为新中国开创了力学科学教育体系。他学贯中外，对中国科学事业的发展做出了巨大的贡献。

1957年，钱伟长被错划为右派，受到不公正待遇，但是钱仍然没有放弃科研和对祖国的忠诚。1977年以后，他不辞辛劳，去祖国各地做了数百次讲座和报告，提倡科学和教育，宣传现代化，为富民强国出谋划策。1990年以后，他为香港、澳门回归祖国及和平统一祖国的大

业奔走。有人说，钱伟长太全面了，他在科学、政治、教育每个领域取得的成就都是常人无法企及的。钱伟长说：“我没有专业，国家需要就是我的专业；我从不考虑自己的得与失，祖国和人民的忧就是我的忧，祖国和人民的乐就是我的乐。”他用六十多年的报国路诠释了自己一直坚持的专业：爱国。

二、信义兄弟孙水林、孙东林

1. 颁奖词

言忠信，行笃敬，古老相传的信条，演绎出现代传奇，他们为尊严承诺，为良心奔波，大地上一场悲情接力。雪夜里的好兄弟，只剩下孤独一个。雪落无声，但情义打在地上铿锵有力。

2. 主要事迹

孙水林，男，1960 年生。湖北省武汉市黄陂区泡桐镇人，建筑商。

孙东林，男，湖北省武汉市黄陂区泡桐镇人，孙水林弟弟。

2010 年 2 月 9 日，腊月廿六。在北京做建筑工程的孙水林回到天津，原定与暂住在天津的家人和弟弟孙东林聚一天再回武汉，但他查看天气预报了解到，此后几天，天津至武汉沿线的高速公路，部分地区可能因雨雪封路。他决定赶在封路前，赶回武汉，给先期回汉的民工发放工钱。春节前发放工钱，是他对民工的承诺。

当晚，孙水林提取 26 万元现金，带着妻子和三个儿女出发了。次日凌晨，他驾车驶至南兰高速开封县陇海铁路桥段时，由于路面结冰，发生重大车祸，20 多辆车连环追尾，孙水林一家五口全部遇难。

弟弟孙东林为了完成哥哥的遗愿，在大年三十前一天，来不及安慰年迈的父母，将工钱送到了农民工的手中。因为哥哥离世后，账单多已不在，孙东林让民工们凭着良心领工钱，大家说多少钱，就给多少钱。钱不够，孙东林就贴上了自己的 6.6 万元和母亲的 1 万元。就这样，在新年来临之前，60 多名民工都如愿领到工钱，孙东林如释重负。“新年不欠旧年账，今生不欠来生债”。孙水林、孙东林兄弟 20 年坚守承诺，被人们赞为“信义兄弟”。2010 年 9 月，孙水林、孙东林兄弟入选“中国好人榜”。

三、玉树不会忘记的康巴铁汉才哇

1. 颁奖词

对乡亲有最深的爱，所以才不眠不休，对生命有更深的理解，所以才不离不弃，铁打的汉子，是废墟上不倒的柱，不断的梁。他沉静的面孔，是高原上最悲壮的风景。

2. 主要事迹

才哇，男，青海省玉树藏族自治州结古镇扎西达通村第三社社长。

2010年4月14日，青海省玉树县发生7.1级地震，住在玉树藏族自治州粮油公司的才哇在一阵山摇地动中懵了，回过神来以后他立即冲出了家门，开车赶往扎西达通村，他要去救自己的村民。在路上，他看着四处坍塌的房屋和被困的受伤群众，马上停下来投入到救人当中。“才哇，你们家的房屋全塌了，人被压了，你快去看看吧！”一名村干部带来的这一噩耗如晴天霹雳。然而，才哇继续在废墟里刨挖的双手却一直没有停歇下来……在紧张运送了近30多名受伤的各族群众后，他安排好下一步工作，急急忙忙赶回家去。可那个时候，呈现在他眼前的却是亲戚们帮助他料理亲人后事的场面，看着刚从废墟中挖出的3位亲人的遗体，撕心裂肺的巨大痛苦迅速穿透了才哇的身心。当他在中央电视台举办的救灾晚会上接受采访时，他最大的愿望依然是能以最快的速度回到玉树，回到他的村民身边。

四、“雷锋传人”郭明义

1. 颁奖词

他总看别人，还需要什么；他总问自己，还能多做些什么。他舍出的每一枚硬币，每一滴血都滚烫火热。他越平凡，越发不凡，越简单，越彰显简单的伟大。

2. 主要事迹

郭明义，男，1958年12月生，辽宁鞍山人，1982年复员到齐大山铁矿工作。1996年至今，任齐大山铁矿生产技术室采场公路管理员。

入党30年来，他时时处处发挥先锋模范作用，在每个工作岗位上都取得了突出的业绩。从1996年开始担任采场公路管理员以来，他每天都提前2个小时上班，15年中，累计献工15 000多小时，相当于多干了五年的工作量。工友们称他是“郭菩萨”、“活雷锋”，矿业公司领导则称因郭明义使整个“矿山人”的精神得到了升华。

他20年献血6万毫升，是其自身血液的10倍多。2002年，郭明义加入中华骨髓库，成为鞍山市第一批捐献造血干细胞志愿者。2006年，郭明义成为鞍山市第一批遗体和眼角膜自愿捐献者。

1994年以来，他为希望工程、身边工友和灾区群众捐款12万元，先后资助了180多名特困生，而自己的家中却几乎一贫如洗。一家3口人至今还住在鞍山市千山区齐大山镇，一个80年代中期所建的、不到40平方米的单室里。

郭明义曾先后获部队学雷锋标兵、鞍钢劳动模范、鞍山市特等劳动模范、全国无偿献血奉献奖金奖、中央企业优秀共产党员、全国“五一劳动奖章”等荣誉称号，是鞍山市无偿献血形象代言人。

五、大荔军人舟曲之子王伟

1. 颁奖词

大雨滂沱，冲毁了房屋淹没了哭喊。妻儿需要你的肩膀，而人民更需要你的脊梁。五百米的距离，这个战士没有回家。那个最黑暗的夜晚，他留给自己一个永远不能接起的电话，留给我们一种力量。

2. 主要事迹

王伟，27 岁，陕西省大荔县埝桥乡游斜村人，任甘肃总队甘南藏族自治州支队舟曲县中队副中队长。

2010 年 8 月 7 日晚 11 时 20 分，雷电、暴雨笼罩着舟曲县城，27 岁的王伟正在单位值班，不敢一个人住在家的妻子当晚睡在娘家。屋外的雨越下越大，王伟立即向中队领导汇报雨情，准备应对突发事件。哨声响起，73 名战士带上雨披和应急灯开始清点人数。清点完毕不久，营房开始晃动……

11 时 48 分，王伟带领 25 名官兵冒雨冲入泥石流现场。天像裂开了口子，雨水砸在王伟脸上，周围一片漆黑，即使打开应急灯，能见度也不足 5 米。扶着倒塌的碎石，凭借着记忆与呼救声，王伟与救援队战士搜寻着生还者。没有任何工具，王伟和救援官兵徒手掀开瓦砾，他与战友营救 20 多个小时，让 23 条生命逃离了死神的威胁，而自己怀孕 2 个月的妻子和岳父母一家四口人却遇难，被浑浊的泥石流无情吞噬。

救灾的那几天，王伟总会习惯性地掏电话、看妻子的未接来电。“不知道她最后会说什么……”王伟拭去眼泪又说：“我现在就想多救人，多救出一个人，心里才能好受一些！”

六、“草原曼巴”王万青

1. 颁奖词

只身打马赴草原，他一路向西，千里万里，不再回头，风雪行医路，情系汉藏缘。四十载流年似水，磨不去他对理想的忠诚。春风今又绿草原，门吧的故事还会有更年轻的版本。

2. 主要事迹

王万青，男，汉族，66 岁，上海人，中共党员，甘肃省甘南藏族自治州玛曲县人民医院外科主任医师。2003 年退休。

1968 年从上海第一医学院毕业后，自愿到条件极为艰苦的甘南藏族自治州玛曲县工作，在贫穷落后的玛曲草原一待就是 42 年，其间，他放弃了多次回上海的机会，凭着对玛曲人民、对藏族同胞的深厚感情，艰难地通过了生活关、语言关，毅然选择长期留守在高原。40 多年来，他视藏乡为故乡，视牧民为亲人，克服重重困难，全心全意为牧民群众解除病痛，得到了广泛的尊敬和爱戴，书写了一段藏汉水乳交融的民族团结佳话。

王万青在阿万仓卫生院的20余年时间里，每年接诊病人3 500余人次（当时阿万仓乡总人口3 400余人），20年累计接诊7万余人，累计手术上万例，在当时医疗设备不足、乡卫生院基础设施极其简陋的条件下，他以精湛的医术，以一名医生高度的责任心成功救治了无数个生命垂危的患者。在任阿万仓乡卫生院院长的10年中，他建立了全乡3 000余人的门诊病历，使全乡90%的牧民有了健康档案，为开展牧民发病情况分析和提高救治质量奠定了良好基础。调到玛曲县人民医院后，他开展的许多手术填补了玛曲高原外科手术的空白。

王万青高度重视高原疾病预防控制工作，为此，他和藏族妻子凯嫎一起起早贪黑，逐一给当地牧民实施预防接种。他曾背着X光机、心电图机，骑马去冬窝子（冬季定居点）为牧民进行健康体检。1981年他一人独立完成了全乡布病普查任务，因阿万仓乡地域黄河上没有桥也无渡船，为了开展计划免疫，他曾经抓着马尾巴冒险来往黄河两岸。1985年阿万仓乡“四苗”接种率达到85%，成为当时玛曲县至甘南藏族自治州计划免疫工作的先进典型。

现在他的家人子女全都生活、工作在这片土地上，可以说他把一生都奉献给了这片草原，奉献给了玛曲的卫生事业和这里的人民。如今虽然退休了，但他仍然坚持经常指导县医院的外科手术，并经常在家里给上门的藏族群众治病送药，群众亲切地称他为“草原曼巴（好医生）”。他的这种扎根玛曲高原，情系医疗卫生事业的无私奉献精神，在玛曲草原从80年代开始到今天被传为佳话。

七、烈焰之中筑大爱的普通婿丈王茂华、谭良才

1. 颁奖词

烈火是一场生死攸关的测试。生命是一场良知大爱的考验，你们用果敢应战，用牺牲做大！一对侠义翁婿，火海中三进三出，为人们讲述了生命是舍生忘死，人间挚爱！

2. 主要事迹

王茂华，男，1983年11月出生，宜春市袁州区慈化镇伯塘中学教师。谭良才，男，1966年4月出生，宜春市袁州区慈化镇冷水村村民，系王茂华的岳父。

3月21日14:50许，宜春市袁州区慈化镇伯塘村一栋普通民房内，厅堂里有5名幼童在嬉戏，一个孩子打着了手中的打火机，灾难就这样突然到来。王茂华和谭良才得知火情之后，奋不顾身地数次冲进火海，成功救出5名孩子，而王茂华与其岳父谭良才却被严重烧伤。

王茂华烧伤面积达98%，经多方救治无效，于5月2日凌晨1时

19 分不幸去世，年仅 27 岁。谭良才烧伤面积达 85％，目前处于良好的恢复调养期。

满怀无私无畏的爱，王茂华、谭良才这对普通婿丈在刹那间如化茧成蝶般绽放出了耀眼夺目的生命之光。

王茂华与岳父谭良才火海英勇救人的先进事迹感动全国，江西省人民政府，宜春市委、市政府分别作出向英雄表彰学习的决定，王茂华同志被授予革命烈士、五四青年奖章、优秀教师等光荣称号。

八、三栖尖兵何祥美

1. 颁奖词

百折不挠，百炼成钢，能上九天，能下五洋，执著手中抢，百步穿杨，胸怀报国志，发愤图强。百战百胜，他是兵中之王！

2. 主要事迹

自电视剧《士兵突击》在中国播出以来，关于狙击手的种种故事一直是民众的热门话题，而现实中的狙击手要比虚构的冷酷杀手要“柔情”得多。

将到而立之年的上士何祥美已是一个 4 个多月大孩子的父亲。每天在训练之余都要给家人电话或短信问问小孩的成长情况。

担任过何祥美所在部队狙击手集训队队长的郭依衡介绍说，何祥美好奇心强，爱钻研，经常订阅电脑书籍和杂志，现在已经从一窍不通发展为电脑的行家里手。

“平时，他还喜欢摸摸吉他，现在居然弹得有模有样了，”郭依衡说。在部队的十年时间里，何祥美不仅完成了从普通士兵向神枪手的转变，也完成了自己从初中文化到大专文凭的提升。

更重要的是，何祥美已经是一名精通枪械，能够潜水并能在空中操纵新型装备的三栖战士。何祥美告诉记者，驱动他成长的是对祖国和人民的信念。“一名狙击手最重要的是忠诚和信念，”他说。

曾是何祥美第一任连长的柴道国说，从士兵到尖兵，何祥美的经历，都离不开组织的培养，离不开各级领导战友的关心和他自己的勤奋好学。

何祥美所在南京军区某部副政委朱永和介绍说，何祥美的成就体现了这几年部队大抓军事训练的成果。他说：这个兵很全面、很冷静。人民群众希望看到这样的士兵。而这几年部队训练抓得紧，训练强度加大，训练领域不断拓宽。他强调，中国人民解放军是一支热爱人民、热爱和平的军队，推进军事转型是要让人民睡得安稳、过得踏实。

朱永和说，作为“80 后”的一个兵，他特别能吃苦，特别能坚持，有狙击手的灵性，而部队里像何祥美这样的士兵很多。他们民主意识比较强，喜欢提意见，有力地促进了部队的发展、建设。

崇尚不断学习的何祥美正在自学大学本科课程。他入伍时，部队里的大学生可谓凤毛麟角。2009 年 12 月，13 万“80 后”、“90 后”大学生跨入军营大门，为和平之师带来一抹靓色。

面对未来，何祥美对记者说：很珍惜留在部队的机会，部队的需要才是最大的光荣。同时，他表示很想去国外交流学习，把好的经验带回来。

九、“最美”洗脚妹刘丽

1. 颁奖词

为什么是她？一个瘦弱的姑娘，一副疲惫的肩膀。是内心的善良，让她身上有圣洁的光芒。她剪去长发，在风雨里长成南国高大的木棉。红硕的花朵，不是叹息，是不灭的火炬。

2. 主要事迹

刘丽，29 岁，来自安徽颍上县的农村姑娘。

刘丽有五个兄弟姐妹，因家境贫寒，14 岁那年，还在念初中就辍学了，她要外出打工，挣钱为弟弟妹妹交学费、贴补家用。她先后到湖北、江苏等地打工，做过服务员，当过保姆。2000 年至今，刘丽一直在厦门一家足浴城当“洗脚妹”，月薪 2 000～3 000 元，曾被老家的人误会。然而，让身边所有人意想不到的是，为了“生计”打拼的刘丽，把辛辛苦苦攒下来的大部分积蓄都捐助给了那些贫困学生，她自己却仍然过着艰苦朴素的生活。据厦门同安区妇联透露，从 2006 年起，刘丽通过厦门市妇联在同安一些中小学校展开一对一资助，资助人数也从最初的 7 个至 10 个，到现在固定的 37 个。她把赚来的钱几乎都资助了贫困学生，还号召数百位好心人加入她的爱心团队。虽然有人说她“傻”，但更多人认为——她是中国最美的洗脚妹。

十、警界保尔孙炎明

1. 颁奖词

重犯监室年年平安，而自己的生命还要经历更多风险。他抖擞精神，让阳光驱散铁窗里的冰冷，他用微笑诠释着什么是工作，用坚强提示着什么是生活。人生都有同样的终点，他比我们有更多坦然。

2. 主要事迹

孙炎明，男，1962 年 10 月出生，浙江省东阳市看守所监管民警。

从警 28 年来，孙炎明同志立足本职，恪尽职守，教育挽救了一大批失足人员。2004 年被查出患脑癌，6 年来做过三次手术，与死神擦肩而过。但是他始终保持快乐向上的心态，与病魔抗争，并坚持战斗在公安基层一线。

“只要我在岗一天，就要干好一天的工作，监所安全我才心安。”孙炎明说。9 年来，孙炎明分管和协管的监室从未发生过任何安全事故。他分管的两个监室在所里保持着两个最好：在押人员秩序最好，教育改造效果最好。

2008 年，孙炎明所在的看守所住进一位死刑犯，情绪暴躁，屡次闹事。孙炎明仔细问案情、看卷宗，主动要求将叶某调到自己负责管理的监室。经过一段时间的耐心工作，犯人平复下来，并认识到自己的罪行。被执行死刑的那天，犯人要求见孙炎明最后一面。他说：“孙管教，这些日子给你添麻烦了。谢谢你，你的恩情来生再报。”

5.6　2010 感动中国十大人物

一、平凡至伟——卓琳

1. 颁奖词

彩云之南的才女，黄土高原上的琼英。携小平手五十八载，硝烟里转战南北，风雨中起落同随。对她爱的人不离不弃，让爱情变成了信念。她的爱向一个民族的崛起，注入了女性的坚定、温暖与搀扶。

2. 主要事迹

1939 年，卓琳与邓小平相识相知，共结连理。革命战争期间，卓琳在枪林弹雨中紧紧跟随邓小平。从太行山到大别山，从抗日战争到解放战争。新中国成立后，邓小平成为党和国家主要领导人。卓琳在身后甘当无名英雄，相夫教子。

十年动乱中，卓琳又陪伴邓小平在江西度过流放生活；1997 年邓小平逝世后，她亲自赴港见证香港回归，替小平同志完成遗愿。那两天，她彻夜未眠，非常高兴。2008 年汶川大地震发生后，她毅然把个人的 10 万元积蓄捐给了灾区人民。

二、一家之主——朱邦月

1. 颁奖词

这个奇特的家庭，集中了世界上最多的苦难，也凝聚了人间最真的情感。头发花白，面带微笑，这个温和而坚定的老人，胸中盛满四十年的艰难。他这支拐杖，是一家人的翅膀。他这双肩膀，扛住了生命的重量。

2. 主要事迹

40 多年前，朱邦月的朋友临终时，将两岁的儿子以及怀着 5 个月身孕的妻子托付给他。朋友恳求的眼神让朱邦月做了一个他至今未悔的决定：迎娶朋友的遗孀，并将朋友的两个儿子养大。

1986 年 5 月，朱邦月单腿残疾后病退。随后，妻子和两个儿子又都得了绝症——“进行性肌营养不良症”。1991 年，母子三人的病情开始加重，生活不能自理，吃喝拉撒全靠单腿的朱邦月照料。

每天起床后，朱邦月先装上假肢，然后开始打扫卫生，洗米做粥，帮母子三人起床，帮他们洗脸刷牙，喂早饭。随后，他还要上街买菜，为全家人准备午饭。傍晚，他要轮流给三个人擦洗身体。晚上，还得想着夜里起床给他们逐一翻身。一晚上起床数次。

这样的日子，朱邦月过了近 20 年。但他始终坚持，因为他知道，他是一家人生命的烛光，点燃着一个家庭的希望。

三、母爱最真——阿里帕·阿力马洪

1. 颁奖词

不是骨肉，但都是她的孩子，她展开羽翼，撑起他们的天空。风霜饥寒，全都挡住，清贫劳累，一肩担当。在她的家里，水浓过了血，善良超越了亲情。泉水最清，母爱最真！

2. 主要事迹

从 1963 年收养邻居家的 3 个孤儿开始，维吾尔族阿妈阿里帕又先后收养了汉、回、维吾尔、哈萨克 4 个民族的 10 余个孤儿。

为了不让孩子们饿肚子，阿里帕的丈夫阿比包每天下了班就去帮人家打土块。阿里帕则每天都要到菜市场捡别人不要的蔬菜。虽然家里养了两头奶牛，但谁也不舍得喝奶，全部卖了换钱以支付孩子们的学费和购买生活必需品。

2008 年 8 月，操劳一生的阿比包病逝。子女们争抢着赡养阿里帕老人。每到过年过节，孩子们都会回家团聚，180 多口人围在老人身边。每当有孩子问：“阿妈，你对哪个孩子最好?”老人总会大笑说：“手心手背都是肉，一样亲!”

四、践行信念——沈浩

1. 颁奖词

两任村官，六载离家，总是和农民面对面，肩并肩。他走得匆忙，放不下村里道路工厂和农田，对不住家中娇妻幼女高堂。那一年，村民按下红手印，改变乡村的命运；如今，他们再次伸出手指，鲜红手印，颗颗都是他的碑文。

2. 主要事迹

沈浩是安徽省财政厅派驻小岗村的选派干部。他带领村民办工业、兴商贸、科学种田，以市场经济的头脑发展种植、养殖和高效农业，发展农家乐生态旅游。

2006 年，小岗村跻身 2005 年度“全国十大名村”。2007 年年初，小岗村被授予安徽省乡村旅游示范点称号。2006 年年底，沈浩任职三年届满即将离开。小岗村村民们在挽留沈浩的申请书上按满了鲜红的手印，请求沈浩带领他们干三年。沈浩留下来了。又是三年的默默苦干。

2009 年，任期又将期满。186 名小岗村村民又在挽留沈浩的申请书上按下红手印。这一次上天让村民们的愿望落空了。2009 年 11 月 6 日，沈浩在小岗村临时租住的房子内去世，年仅 46 岁。这一次，沈浩永远留在了小岗村。

五、心灵放歌——李灵

1. 颁奖词

一切从零开始，从乡村开始，从识字和算术开始。别人离开的时候，她留下来；别人收获的时候，她还在耕作。她挑着孩子沉甸甸的梦想，她在春天播下希望的种子。她是八零后。

2. 主要事迹

2002 年，李灵从河南省淮阳师范学院毕业。她回家后看到农村有大量留守儿童辍学在家，便萌生了在家乡办学的念头。在父母和亲朋的支持下，她用家里 20 多万元的积蓄办起了周口淮阳许湾乡希望小学。在学校，她是校长兼思想品德老师。在她的辛勤操劳下，这个学校有了 7 个班，300 多名学生。由于所有学生学费全免，学校无力为学生购置教辅读物和课外书籍。7 年来，李灵为了办学已经欠了 8 万元的外债。

为了自己学校的孩子能坐在宽敞的阅览室里看书阅读，李灵趁着放暑假，向父亲要了 200 元只身来到郑州。她买了一辆破旧三轮车，沿街收购各种书籍。烈日下，李灵骑着破三轮车穿街过巷，拿着秤一斤斤地回收旧书本。她用汗水载回了孩子们的“精神食粮”。

六、云帆沧海——翟墨

1. 颁奖词

古老船队的风帆落下太久，人们已经忘记了大海的模样。六百年后，他眺望先辈的方向，直挂云帆，向西方出发，从东方归航。他不想征服，他只是要达成梦想——到海上去！一个人，一张帆，他比我们走得都远！

2. 主要事迹

翟墨是个画家。他原本与航海无缘。当他听到新西兰航海家说，他航海大半辈子，都没有碰到过中国人时。翟墨深受刺激。

2007 年 1 月 6 日，翟墨从山东日照起航。他沿黄海、东海、南海出境，过雅加达、经塞舌尔、好望角、巴拿马，穿越莫桑比克海峡、加勒比海等海域，横跨印度洋、南大西洋、太平洋，经过了亚洲、非洲、南美洲、北美洲的15个国家、地区和岛屿。他航行了二万八千三百海里。2009年8月16日，他终于回到了日照，完成了中国首次无动力帆船环球航海。这两年半，他历经艰险，不断地挑战自身的艰险。

他路过拿破仑的流放地圣赫勒拿岛。上岸后，他直奔拿破仑的墓地。墓地前的留言簿上没有中文。翟墨写下了这样一句话：你曾经说过这样一句话，中国是一头睡狮，一旦睡醒，世界将为之而震动。这次我来，就是告诉你，中国这头睡狮已经睡醒了。

七、母爱齐天——陈玉蓉

1. 颁奖词

这是一场命运的马拉松。她忍住饥饿和疲倦，不敢停住脚步。上苍用疾病考验人类的亲情，她就舍出血肉，付出艰辛，守住信心。她是母亲，她一定要赢，她的脚步为人们丈量出一份伟大的亲情。

2. 主要事迹

陈玉蓉的儿子叶海滨13岁那年被确诊为一种先天性疾病——肝豆状核病变。这种肝病无法医治，最终可能导致死亡。为挽救儿子的生命，陈玉蓉请求医生手术将自己的肝移植给儿子。可是她患有重度脂肪肝，无法捐肝救子。为了挽救孩子的生命，陈玉蓉从医院出来后，当晚就开始了自己的减肥计划——每天走10公里。在随后的7个多月里，她每餐只吃半个拳头大的饭团；走破了四双鞋子，脚上的老茧长了就剐，剐了又长。

当她再次去医院检查时，奇迹出现了：脂肪肝没有了。医生感叹："从医几十年，还没有见过一个病人能在短短7个月内消除脂肪肝，更何况还是重度。"

2009年11月3日，这对母子在武汉同济医院顺利地进行了肝脏移植手术。她赋予了孩子第二次生命。

八、勇者无敌——张正祥

1. 颁奖词

生命只有一次，滇池只有一个，他把生命和滇池紧紧地绑在了一起。他是一个战士，他的勇气让所有人胆寒，他是孤独的，是执拗的，是雪峰之巅的傲然寒松。因为有这样的人，人类的风骨得以传承挺立。

2. 主要事迹

张正祥今年61岁。30多年来，他把心血都花在了滇池保护上。最多一周，他就会绕滇池一圈，检查滇池的污染情况。绕滇池一周的长度是126公里。至今，张正祥已经绕滇池走了1 000多圈。这12万多公里的行走都是为了阻止对滇池的污染和破坏。

在过去的 30 多年里，张正祥花光了所有积蓄，卖了家里的养猪场。妻子无法忍受，离他而去。他的子女也经常受到不明身份人的恐吓，小儿子因此患上了精神分裂症。张正祥自己更是经常遭到毒打。2002 年深秋，当张正祥去一家私挖私采的矿场拍照取证时，矿主的保镖开着车就向他直冲过来，张正祥当即晕倒在地。两个小时后，一场大雨把他浇醒。这次挨打，使其右眼失明，右眼眶骨折。

不理解的人称他为“张疯子”。张正祥说：“不是我疯了，是那些人疯了。是那些人不知天高地厚了，疯得只知道钱了。”

他用牺牲整个家庭的惨重代价，换来了滇池自然保护区内 33 个大、中型矿、采石场和所有采砂、取土点的封停。

九、光明心生——萨布利亚·坦贝肯

1. 颁奖词

她看不到世界，偏要给盲人开创一个新的天地。她从地球的另一边来，为一群不相识的孩子而来，不企盼神迹，全凭心血付出，她带来了光。她的双眼如此明亮，健全的人也能从中找到方向。

2. 主要事迹

萨布利亚·坦贝肯，1970 年出生于德国，12 岁时双目失明。“盲文无国界”组织的创始人。

在波恩大学求学期间，她发现藏文还没有盲文，便借鉴其他语种盲文的开发经验，在世界上第一个开发出藏盲文。1997 年，萨布利亚到西藏旅行。她骑马穿越西藏各地，发现这里的盲童少有接受教育的机会，便萌生了创办西藏盲童学校的想法。

2000 年 11 月，萨布利亚与西藏残联合作建立的盲人康复及职业培训中心正式运作。到目前为止，先后有 96 名盲童在这里接受了日常生活技能培训和藏、汉、英三种语言的盲文基础教育，以及按摩、电脑、手工编织、做奶酪、美术等职业技能培训。一般经过两年的专门培训，这些孩子都可以进入常规学校学习。一些盲童转入常规学校后，成绩非常优秀。

她为西藏盲人的教育和康复事业做出了巨大贡献，并因此获得 2006 年度中国政府颁发的“友谊奖”。

十、壮志凌云——宋文骢

1. 颁奖词

少年伤痛，心怀救国壮志；中年发奋，澎湃强国雄心。如今，他的血液已流进钢铁雄鹰。青骥奋蹄向云端，老马信步小众山。他怀着千里梦想，他仍在路上。

2. 主要事迹

国庆 60 周年大阅兵时，歼-10 的飒爽英姿飞过天空，让世界瞩目。这是我国自行研制、具备当今世界先进水平的新一代、高性能、全天候战斗机。随着歼-10 战机的研制定型，我国形成了一整套具有自主知识产权的第三代战斗机设计技术。

宋文骢是歼-10 战机的总设计师，现任中国航空工业第一集团公司成都飞机设计研究所首席专家、型号总设计师、自然科学研究员。

上世纪 80 年代中后期，我国提出要研制一种适合我国空军 2000 年以后作战环境的歼击机，并列为国家重大专项，代号为“十号工程”。56 岁的宋文骢，被国防科工委正式任命为歼-10 飞机总设计师。

1998 年 3 月 23 日，歼-10 首飞成功。宋文骢喜极而泣，把自己的生日从 3 月 26 日改成了 3 月 23 日。

十一、特别奖——何东旭、陈及时、方招等勇救落水儿童的大学生集体

2009 年 10 月 24 日，长江大学文理学院的 40 多名同学结伴出游，来到湖北荆州市宝塔河江段的江堤上野炊。下午 2 时左右，一些同学在长江边游玩时，突然发现两个小男孩在江中挣扎。同学们迅速冲了过去，先救起了一个男孩。但是在救另一个男孩时并不顺利。危急时刻，站在沙滩上的十多名同学赶紧手拉手组成人梯下水搭救，另一名少年也获救。但是，由于水情复杂，加上学生们体力不支，最终搭起的人梯被冲垮了，很多学生落入江中。岸边的同学们大声呼救。附近的冬泳队队员闻声赶来，相继从水中救起 6 名大学生。而陈及时、何东旭、方招 3 人却因救人后体力不支消失在湍急的江水中，献出了年仅 19 岁的宝贵生命。